Special Thanks to

세상이 아무리 바쁘게 돌아가더라도
책까지 아무렇게나 빨리 만들 수는 없습니다.

길벗은 독자 여러분이
가장 쉽게, 가장 빨리 배울 수 있는 책을
한 권 한 권 정성을 다해 만들겠습니다.

독자의 1초를 아껴주는 정성을 만나보세요.

미리 책을 읽고 따라해 본 2만 베타테스터 여러분과
무따기 체험단, 길벗스쿨 엄마 2% 기획단,
시나공 평가단, 토익 배틀, 대학생 기자단까지!
믿을 수 있는 책을 함께 만들어주신 독자 여러분께 감사드립니다.

김시연, 서지영 지음

일잘러를 위한
최고의 업무 파트너

M365 코파일럿
Copilot
무작정 따라하기

길벗

일잘러를 위한 최고의 업무 파트너
M365 코파일럿 무작정 따라하기
The Cakewalk Series - M365 Copilot for Work Smarter Professionals

초판 1쇄 발행 2025년 4월 18일

지은이 김시연, 서지영
발행인 이종원
발행처 (주)도서출판 길벗
출판사 등록일 1990년 12월 24일
주소 서울시 마포구 월드컵로 10길 56(서교동)
대표 전화 02)332-0931 | **팩스** 02)323-0586
홈페이지 www.gilbut.co.kr | **이메일** gilbut@gilbut.co.kr

기획 및 책임편집 최동원(cdw8282@gilbut.co.kr) | **디자인** 박상희 | **제작** 이준호, 손일순, 이진혁
영업마케팅 전선하, 박민영, 서현정 | **유통혁신** 한준희 | **영업관리** 김명자 | **독자지원** 윤정아

교정·교열 안종군 | **전산편집** 김정미 | **CTP 출력 및 인쇄** 교보피앤비 | **제본** 신정문화사

· 잘못 만든 책은 구입한 서점에서 바꿔 드립니다.
· 이 책은 저작권법에 따라 보호받는 저작물이므로 무단전재와 무단복제를 금합니다.
  이 책의 전부 또는 일부를 이용하려면 반드시 사전에 저작권자와 (주)도서출판 길벗의 서면 동의를 받아야 합니다.
· 인공지능(AI) 기술 또는 시스템을 훈련하기 위해 이 책의 전체 내용은 물론 일부 문장도 사용하는 것을 금지합니다.

ⓒ 김시연, 서지영, 2025

ISBN 979-11-407-1312-7 03000
(길벗 도서번호 007195)

정가 22,000원

· 이 책은 '2025년 3월'을 기준으로 작성하였습니다. 사용하는 컴퓨터의 사양과 소프트웨어의 업데이트 상황에 따라
  화면의 모양이 다를 수 있으나 학습에는 무리가 없습니다.

독자의 1초를 아껴주는 정성 길벗출판사

길벗 IT교육서, IT단행본, 경제경영서, 어학&실용서, 인문교양서, 자녀교육서 ▶ www.gilbut.co.kr
길벗스쿨 국어학습, 수학학습, 어린이교양, 주니어 어학학습, 학습단행본 ▶ www.gilbutschool.co.kr
페이스북 www.facebook.com/gilbutzigy
네이버 포스트 http://post.naver.com/gilbutzigy

Thanks to

저자 **김시연**

처음 집필 제안을 받았을 때 방대한 기능과 배경을 어떻게 쉽게 전달할 수 있을지 많은 고민을 했습니다. 하지만 한편으로는 Copilot과 함께 변화하는 업무 방식을 더 많은 사람에게 빠르게 알릴 수 있다는 생각에 설레기도 했습니다.

이제 AI는 단순한 기술이 아니라 우리의 삶 속에 의지와 상관없이 적극적으로 스며들고 있습니다. 결국, AI와 함께 살아가는 것은 선택이 아니라 필수입니다. AI를 단순한 기술이 아니라 나를 돕는 동료로 받아들인다면 이전보다 몇 배 더 높은 생산성을 만들어 낼 수 있는 강력한 협력 관계를 구축할 수 있을 것입니다.

책을 완성할 수 있도록 이끌어 주신 서지영 님에게 깊은 감사를 드립니다. 또한 이 책을 쓰는 데 Microsoft Korea의 많은 동료들의 조언과 도움을 받았습니다. 특히 Copilot의 성공을 이끌고 있는 Modern Work Cloud의 기술 전문가 김진우, 조윤호, 최정우, 김지연, 고현 그리고 윤진섭 님의 도움에 깊은 감사를 드립니다.

저자 **서지영**

우리는 AI가 빠르게 변화하는 시대를 살아가고 있습니다. 과거에는 일부 전문가만 다룰 수 있는 기술이 이제는 업무와 일상 전반에 필수 도구로 자리 잡았습니다. 특히, Microsoft 365 Copilot은 업무 방식을 혁신적으로 변화시키고 있습니다.

AI를 효과적으로 활용하면 생산성을 높이고 업무의 효율성을 극대화할 수 있지만 이해가 부족하면 변화의 흐름에서 뒤처질 수 있습니다. AI는 더 이상 선택이 아닌 필수입니다.

이에, 누구나 AI를 쉽게 활용할 수 있도록 이 책을 집필하였습니다. 이 책은 누구나 쉽게 따라 할 수 있도록 구성했으며, 실제 업무에서 바로 적용할 수 있는 실용적인 내용을 담았습니다.

누구나 AI를 부담 없이 익히고, 자신의 업무에 효과적으로 적용할 수 있기를 바랍니다. 또한 새로운 시대에 적응하고 성장하는 데 이 책이 작은 도움이 되기를 기대합니다.

마지막으로, 이 책이 나오기까지 함께 노력해 주신 김시연 님과 최동원 님께 깊은 감사를 드립니다. 또한, 업무와 집필에 온전히 집중할 수 있도록 늘 곁에서 든든히 지원해 주신 송금자 여사님께도 진심으로 감사드립니다.

머리글

10년 전 사티아 나델라 회장이 취임한 이후, Micorosoft는 Windows와 Office 중심의 구조에서 클라우드 기업으로 전환하기 시작했습니다. Azure와 함께 O365를 시작으로 보안과 생산성을 갖춘 M365로 시장을 선도하고 있습니다.

국내외 많은 기업이 M365를 활용해 협업하고 생산성을 높이고 있습니다. 이제 Micorosoft는 AI 시대의 전환점을 맞아 AI 트랜스포메이션을 가속화하며 시장을 선도하고 있습니다. 그 중심에 M365 Copilot이 있습니다.

M365 Cpoliot이란?

M365 Copilot은 Copilot(부조종사)이라는 이름에서 알 수 있듯이, 개인의 생산성을 가속화하는 AI 비서입니다. Copilot이 출시되자 많은 사람이 영화 속 상상이 현실이 되는 모습에 열광하면서도 AI가 '나'를 대체할 수 있다는 우려도 함께 제기되었습니다.

그러나 Copilot은 '나'를 대신하는 것이 아니라 '내 업무'를 도와주는 도구입니다. Copilot의 기능을 이해하는 것만큼 중요한 것은 이를 어떻게 활용해 더 나은 결과를 만들어 낼 것인지를 고민하는 것입니다. Copilot은 스스로 움직이지 않습니다. 정확한 지시(Prompt)를 받아야 응답합니다. 즉, 사용자가 자신의 업무 중 Copilot과 협력할 부분을 찾아 정확하게 지시하는 것이 중요합니다. 이는 단순한 기술 습득이 아니라 AI 시대에 요구되는 핵심 역량입니다.

Copilot을 효과적으로 활용하기 위한 질문

- 내 업무의 핵심 목적은 무엇인가?
- 내 업무 프로세스는 어떻게 이루어지며, 얼마나 시간이 소요되는가?
- 반복적인 업무는 무엇이며, 자동화할 수 있는 부분은 어디인가?
- 업무 효율성을 높이기 위해 어떤 도움이 필요한가?인
- 내가 원하는 최종 결과는 무엇인가?

이러한 질문에 답해 보세요. Copilot은 사용자의 지시에 따라 움직이는 업무 동료입니다. 우리가 동료와 협업하며 최상의 결과를 만들어 내듯이 Copilot을 잘 활용하면 업무 생산성을 극대화하고, 주어진 시간 내에 더 좋은 결과를 만들어 낼 수 있습니다.

이 책을 통해 Copilot의 기본 개념을 익히고, 나만의 활용법을 개발하며 AI 시대를 주도하는 한 걸음을 내딛길 바랍니다.

김시연

Microsoft 365 Copilot은 단순한 AI 도구가 아니라 업무 생산성을 극대화하는 강력한 조력자입니다. Copilot의 핵심 역할은 자연어 이해, 문서 자동 생성, 데이터 분석, 이메일 작성, 일정 관리 등 단순 반복 작업을 줄이고, 창의적이고 전략적인 업무에 집중할 수 있도록 지원하는 것입니다.

왜 Microsoft 365 Copilot이 필요한가?

빠르게 변화하는 업무 환경에서 AI를 활용하지 않는다면 비효율적인 업무 방식에 갇혀 경쟁력을 잃을 수밖에 없습니다. Copilot을 활용하면 문서 작성이 간편해지고, 데이터 분석이 직관적으로 이루어지며, 회의록 정리나 이메일 작성 같은 반복적인 업무도 손쉽게 처리할 수 있습니다. 결과적으로, 사용자는 더 중요한 업무에 집중할 수 있습니다.

이 책의 예상 독자

- 기업 임직원: 업무 효율성을 높이고 전략적인 의사 결정을 원하는 직장인
- 교육 종사자: 문서 작성, 강의 자료 준비, 이메일 관리를 효과적으로 하고 싶은 교사 및 연구자
- 프리랜서 및 창작자: 문서 정리, 프로젝트 관리, 협업 등에 AI를 활용하고 싶은 전문가
- 학생 및 연구원: 논문 작성, 보고서 정리, 데이터 분석 등을 보다 스마트하게 수행하고 싶은 학습자

이 책을 통해 얻을 수 있는 것

- Microsoft 365 Copilot의 기본 개념과 기능을 쉽게 이해할 수 있습니다.
- Copilot을 업무에 적용하는 다양한 실전 사례와 활용법을 익힐 수 있습니다.
- AI 프롬프트 작성법을 배우고, Copilot을 효과적으로 활용하는 방법을 습득할 수 있습니다.
- 최신 Copilot 업데이트와 트렌드를 반영한 실용적인 팁을 얻을 수 있습니다.

Copilot은 계속 진화하고 있습니다

Microsoft 365 Copilot은 지속적으로 발전하고 있으며, 앞으로도 새로운 기능이 계속 추가될 예정입니다. AI는 정직인 기술이 아니라 사용자의 활용 방식에 따라 무한한 가능성을 열어 주는 도구입니다. 따라서 Copilot을 최대한 활용하려면 새로운 프롬프트를 꾸준히 시도하고, 업데이트되는 기능을 적극적으로 탐색하는 태도가 중요합니다.

이 책이 여러분이 Copilot을 활용해 더 스마트하고 효율적으로 업무를 수행하는 데 도움이 되길 바랍니다. AI와 함께 변화하는 시대를 맞이하여 새로운 업무 방식에 도전해 보기를 바랍니다.

서지영

〈M365 코파일럿 무작정 따라하기〉로 이런 걸 할 수 있어요

이 책은 실습을 통해 자연스럽게 생성형 AI와 M365 Cpoloit 지식과 활용법을 습득할 수 있도록 구성했습니다.

◉ M365 Copilot을 위한 프롬프트 가이드

Copilot을 효과적으로 활용하려면 다음 몇 가지 원칙을 따르는 것이 좋습니다. 응답의 정확성을 검토하고 원본 출처를 확인해야 하며, 새로운 작업을 요청할 때는 새 토픽으로 시작하는 것이 좋습니다. 이외에 Copilot 사용에 도움을 주는 프롬프트를 알아봅니다.

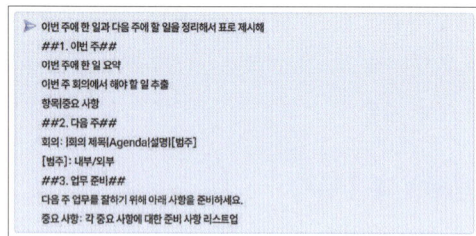

◉ 엑셀 Copilot

엑셀 Copilot을 활용하여 복잡한 수식 계산과 데이터를 쉽게 분석하는 방법을 다룹니다. 수식이나 함수를 몰라도 Copilot을 통해 그래프를 생성하고 원하는 분석을 수행할 수 있습니다. 또한, 최신 업데이트를 통해 파이썬 기반의 상세한 분석과 예측 기능까지 활용하는 법을 익힐 수 있습니다.

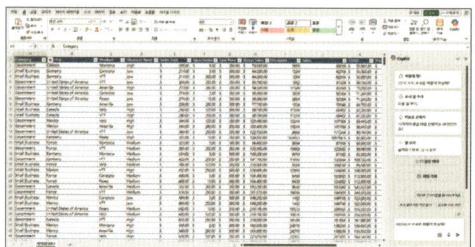
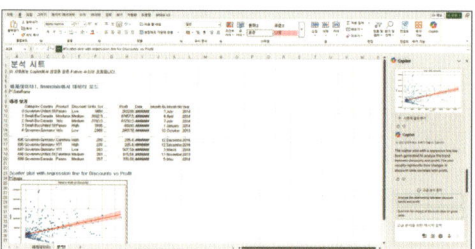

◉ 워드 Copilot

워드 Copilot을 활용하여 생성형 AI로 문서를 효율적으로 작성하고 편집하는 방법을 다룹니다. 문서 요약, 비교, 인사이트 도출, 이미지 생성은 물론, 초안을 빠르게 작성하고 내용을 보강하는 기능까지 배울 수 있습니다.

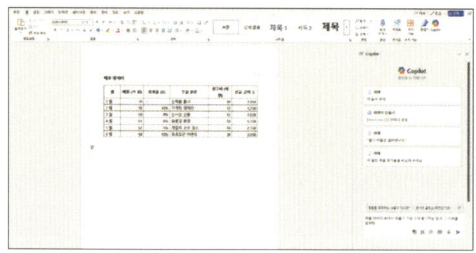
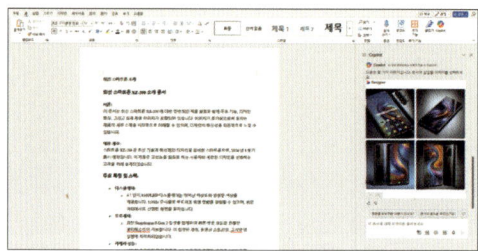

M365의 다양한 앱과 Copilot 활용법을 익히면 지금까지 경험하지 못했던 생산성 향상을 경험할 수 있을 것입니다.

▶ 파워포인트 Copilot

파워포인트 Copilot을 활용하여 프레젠테이션을 직접 생성하고 슬라이드를 수정하는 방법을 배울 수 있습니다. 프레젠테이션 내용을 바탕으로 스크립트를 작성하거나 다양한 언어로 번역하는 법도 익힐 수 있으며, 문서나 키워드를 활용해 효과적인 슬라이드를 만드는 방법도 익힐 수 있습니다.

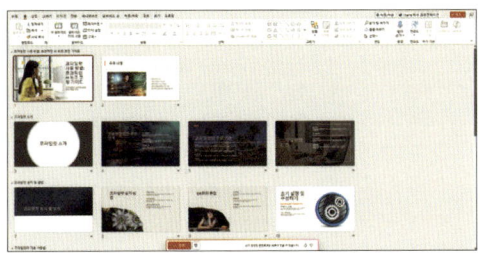

▶ 유용한 Copilot

M365에는 아웃룩, 루프, 원노트 등 생산성을 향상하는 다양한 앱이 포함되어 있으며, M365 Copilot을 활용해 이 앱들에서도 Copilot 기능을 사용할 수 있습니다. 특히 업무에 도움이 되는 앱을 중심으로 Copilot을 실무에 바로 적용하는 방법을 익힐 수 있습니다.

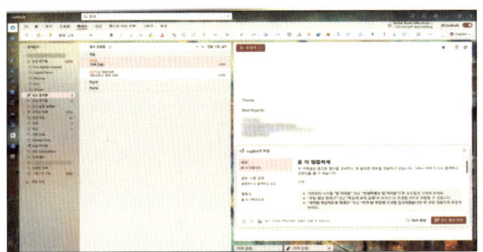
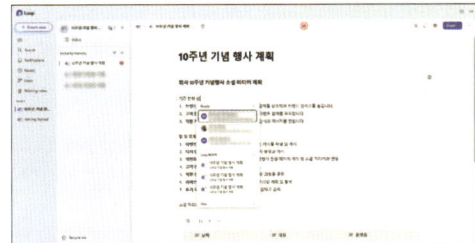

▶ Copilot Chat

Copilot Chat은 M365 팀즈에 내장된 Copilot Bot으로, 웹 데이터와 업무 데이터를 기반으로 다양한 콘텐츠를 효율적으로 통합할 수 있습니다. 또한, 검색, 통합, 비교, 요약, 생성, 분석 등 M365 Copilot의 다양한 기능을 확장하여 활용하는 방법을 배울 수 있습니다.

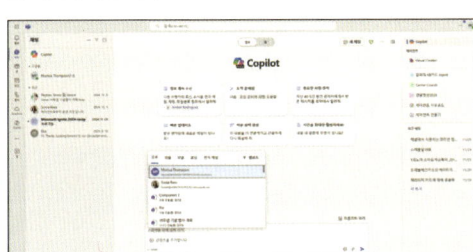
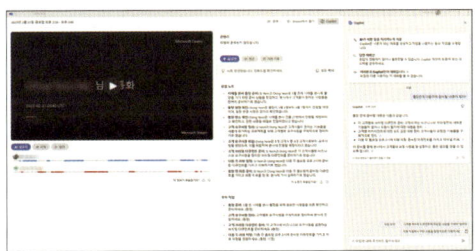

이 책을 보는 방법

이론

아직도 Copilot이 낯설기만 한가요? M365 Copilot의 핵심 요소와 작동 원리를 이해하면 M365 Copilot을 훨씬 쉽게 이용할 수 있습니다. 또한, M365 Copilot 프롬프트 가이드를 활용하면 업무에 Copilot을 업무에 적극적으로 활용할 수 있습니다.

최근 사람들의 입에 가장 많이 오르내리는 기업은 Microsoft와 OpenAI입니다. 특히 OpenAI가 ChatGPT를 공개한 이후 많은 사람이 생성형 AI에 관심을 갖기 시작했습니다. 생성형 AI(Generative AI)는 자연어 처리 모델을 방대한 데이터로 학습시킨 결과물입니다.

다음 그림에서 ChatGPT, GPT-4가 생성형 AI 또는 거대 언어 모델(Large Language Model, 이

실습

엑셀, 워드, 파워포인트뿐만 아니라 아웃룩, 루프, 원노트 그리고 모든 M365 앱스를 통합하여 중추적인 역할을 하는 Copilot Chat까지, Copilot이 제공되는 모든 M365 앱스를 실습으로 구성해 구체적인 Copilot 사용법을 차근차근 설명합니다.

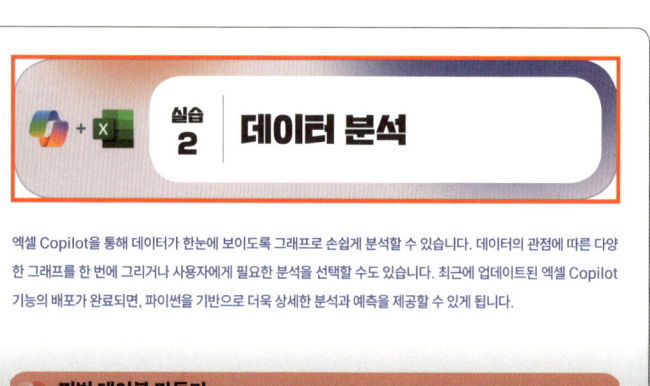

엑셀 Copilot을 통해 데이터가 한눈에 보이도록 그래프로 손쉽게 분석할 수 있습니다. 데이터의 관점에 따른 다양한 그래프를 한 번에 그리거나 사용자에게 필요한 분석을 선택할 수도 있습니다. 최근에 업데이트된 엑셀 Copilot 기능의 배포가 완료되면, 파이썬을 기반으로 더욱 상세한 분석과 예측을 제공할 수 있게 됩니다.

➡ 피벗 테이블 만들기 　　　예제음8이터1

프롬프트 입력 창

실무에서 바로 활용할 수 있는 Copilot 프롬프트를 제시하여 명확하고 구체적인 프롬프트 작성법과 수정·보완을 통한 최적화 방법을 안내합니다.

▶ 이메일 주소는 이름.성@도메인으로 구성되어 있어. 이름과 성만 추출해서 새 열에 추가해.

▶ 다음 키워드를 주제로 한글 프레젠테이션을 생성해. 지구 온난화, 해수면 상승, 극한 기상 현상, 온실가스 배출, 빙하 감소, 생태계 파괴, 산불 증가, 농업 생산성 감소, 기후 난민, 해양 산성화

▶ 회사 10주년 기념 행사를 계획 중이야. 소셜 미디어에 게시할 전체 계획을 기획해 줘. 기존 전략이 있어야 하며 할 일 목록과 내용, 소셜 미디어 캘린더는 D-Day 기준으로 정리해 줘.

▶ Use python and analyze the trend in profit when the discount rates are changed.(파이썬을 사용하여 할인율이 변경될 때 이익의 추세를 분석해)

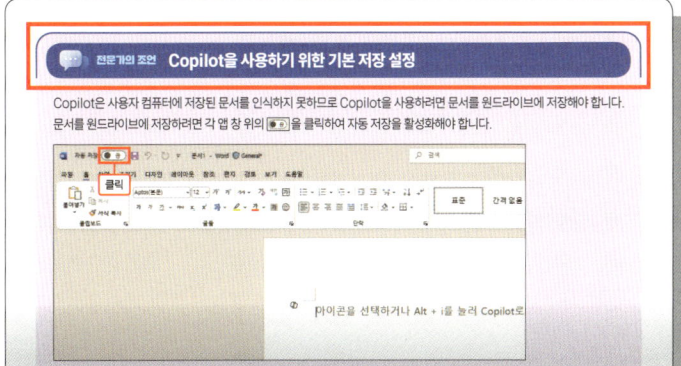

전문가의 조언

Copilot이 알려 주는 생성형 AI 활용 노하우와 알아 두면 도움이 되는 다양한 정보를 일목요연하게 정리했습니다.

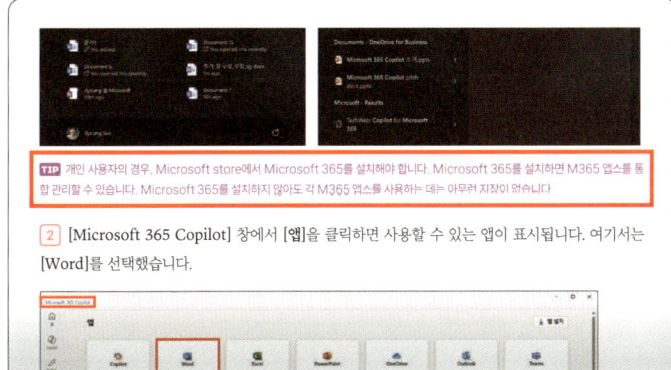

TIP

조금 어렵거나 다른 방법이 궁금하다면 친절하게 다시 한번 설명해 줄게요.

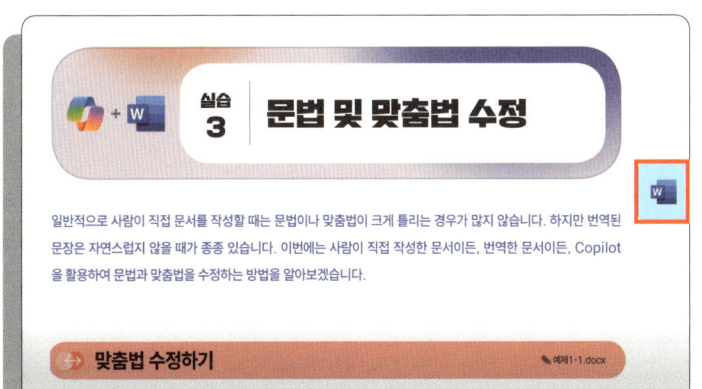

검색 탭

엑셀, 워드, 파워포인트뿐만 아니라 아웃룩, 루프, 원노트 그리고 모든 M365 앱스를 통합하는 Copilot Chat까지, 원하는 Copilot을 사용할 수 있는 M365 앱스를 바로 찾아 업무에 빠르게 적용해 보세요.

목차

첫째마당 1 — M365, 사무실Office의 미래

1장 — Copilot이란?

01	**Microsoft와 OpenAI**	**019**
02	**Copilot이 적용된 M365**	**021**
	Copilot이란?	024
03	**M365 Copilot의 핵심 요소**	**025**
	M365 Copilot의 기본, LLM	026
	Copilot의 핵심, 시맨틱 검색	028
	Microsoft 그래프	030
	M365 앱스	032
04	**Copilot은 어떻게 작동하나요?**	**033**

2장 — M365 Copilot 시작하기

실습 1	**M365 Copilot 시작하기**	**037**
	앱에서 시작하기	037
	내 컴퓨터에서 시작하기	039
02	**M365 Copilot을 위한 효율적인 프롬프트 가이드**	**043**
	Copilot 프롬프트 가이드	044
	프롬프트 예시 ① 목표와 출력 형태 명확하게 하기	046
	프롬프트 예시 ② 문맥과 톤	049
	프롬프트 예시 ③ 역할 부여	050
03	**M365 Copilot 프롬프트 갤러리**	**053**
	워드 Copilot	054
	파워포인트 Copilot	055
	엑셀 Copilot	056

| 04 | **M365 Copilot을 위한 업무 시나리오** | **057** |

　　워드 Copilot　　　　　　　　　　　　　　　　　　　057
　　엑셀 Copilot　　　　　　　　　　　　　　　　　　　058
　　파워포인트 Copilot　　　　　　　　　　　　　　　　058
　　아웃룩 Copilot　　　　　　　　　　　　　　　　　　059
　　팀즈 Copilot　　　　　　　　　　　　　　　　　　　059
　　Microsoft 365 Copilot　　　　　　　　　　　　　　060

| 05 | **사용 조건과 발전 가능성** | **063** |

　　사용 조건　　　　　　　　　　　　　　　　　　　　063
　　M365 Copilot의 현재와 미래　　　　　　　　　　　064

둘째마당 2 M365 Copilot 무작정 따라하기

1장 ── 엑셀 Copilot

| 실습 0 | **엑셀 Copilot 준비 사항** | **069** |

　　엑셀 Copilot을 사용하기 위한 요구 사항　　　　　069

| 실습 1 | **엑셀 Copilot 기본** | **071** |

　　엑셀 Copilot이 제공하는 다양한 기본 예제들　　　071
　　Copilot에게 엑셀 사용 도움받기　　　　　　　　　073
　　기본 수식 만들기　　　　　　　　　　　　　　　　075
　　데이터 정렬하기　　　　　　　　　　　　　　　　　076
　　조건부 서식 적용하기　　　　　　　　　　　　　　078
　　수식에 대한 설명　　　　　　　　　　　　　　　　079

| 실습 2 | **데이터 분석** | **081** |

　　피벗 테이블 만들기　　　　　　　　　　　　　　　081
　　그래프 그리기　　　　　　　　　　　　　　　　　　084

목차

Copilot에 데이터 인사이트 요청하기	087
파이썬으로 엑셀 데이터 분석하기	093
실습 3 데이터 추출하기	**096**
문자열에서 데이터 추출하기	096
설문 답변에서 인사이트 얻기	099
실습 4 여러 테이블 사용하기	**100**
두 개의 테이블 조합하기	100
엑셀 Copilot에서 함수 사용하기	101
Copilot에게 작업 요청하기	103
에러 확인 및 수정하기	106

2장 ─ 워드 Copilot

실습 1 문서 요약하기	**109**
전체 문서 요약하기	109
키워드 요약하기	110
문장별 요약하기	112
시간 순서로 요약하기	114
두 개 이상의 문서 요약하기	115
실습 2 문서를 표로 가공하기	**118**
문서를 요약하여 표로 가공하기	118
실습 3 문법 및 맞춤법 수정	**121**
맞춤법 수정하기	121
문법 수정하기	122
실습 4 내용 비교 및 분석	**124**
두 버전의 문서 비교하기	124
두 제품의 장단점 비교하기	126
실습 5 문서 번역하기	**129**
영문 이메일을 한글로 번역하기	129
제품 설명서 번역하기	130

실습 6	**표 분석하기**	**132**
	매출 데이터 분석하기	132
	프로젝트 진행 상황 분석하기	134
	시장 점유율 분석하기	136
실습 7	**회의록에서 작업 목록 작성**	**139**
	참석자 발언 요약하기	139
	회의록에서 작업 목록 작성하기	141
	문맥 기반 제안 및 피드백 추가하기	142
실습 8	**문서에 이미지 추가하기**	**144**
	제품에 대한 이미지 추가하기	144
	프로필 이미지 추가하기	147
	보고서에 이미지 추가하기	148
실습 9	**콘텐츠 자동 생성(초안 작성)**	**150**
	보고서 초안 작성하기	150
	문서에서 일부 내용 작성하기	153

3장 ── 파워포인트 Copilot

실습 1	**프레젠테이션 만들기**	**157**
	주제어로 프레젠테이션 만들기	157
	다수의 키워드로 프레젠테이션 생성하기	160
	파일을 이용하여 프레젠테이션 생성하기	162
실습 2	**다양한 언어로 번역**	**166**
	영어 프레젠테이션을 한글로 변환하기	166
실습 3	**스크립트 작성**	**169**
	한글 프레젠테이션 스크립트 작성하기	169
	다른 언어에 대한 스크립트 작성하기	171
실습 4	**프레젠테이션 요약**	**174**
	프레젠테이션 요약하기	174
	요약 슬라이드 생성하기	176

	목차 슬라이드 추가하기	177
실습 5	**이미지 추가하기**	**179**
	프레젠테이션에 적합한 이미지 추가하기	179
	이미지 찾기	181
실습 6	**프레젠테이션 시간 관리**	**183**
	불필요한 슬라이드 정리하기	183
실습 7	**프레젠테이션 가독성 높이기**	**186**
	문장을 자연스럽게 변경하기	186
	텍스트를 표로 가공하기	189

4장 ── 유용한 M365 Copilot 앱

실습 1	**아웃룩 Copilot**	**193**
	메일 초안 만들기	193
	메일 코칭받기	197
	메일 요약하기	198
	모바일에서 메일 요약하고 답장하기	201
실습 2	**원노트 Copilot**	**205**
	원노트 Copilot으로 필기 내용 요약하기	205
	할 일 목록 만들기	209
	미팅 메모를 바탕으로 프로젝트 초안 만들기	212
실습 3	**루프 Copilot**	**214**
	루프의 세 가지 요소	214
	계획 초안 만들고 협업하기	216

5장 ── Copilot Chat

실습 1	**Copilot Chat 시작하기**	**223**
실습 2	**Copilot Chat 실무에 활용하기**	**226**

파일 비교	226
보고서 초안 생성하기	229
내부 문서 및 기업 정책 검색하기	232
회의 내용 요약하기	234
Copilot Chat으로 협업하기	235
실습 3 · 나만의 비서, Copilot Agent	**240**
Copilot Agent 사용하기	241

Special — Copilot이 가져올 미래

개인 삶의 변화	248
업무 환경의 변화	249
노동 시장의 변화	250
미래 인간관계의 변화	252

실습 예제 다운로드 및 사용 방법

이 책에 사용된 예제는 길벗출판사 홈페이지(www.gilbut.co.kr)에서 다운로드할 수 있습니다.
홈페이지 회원으로 가입하지 않아도 누구나 실습 예제 파일을 다운로드할 수 있습니다.

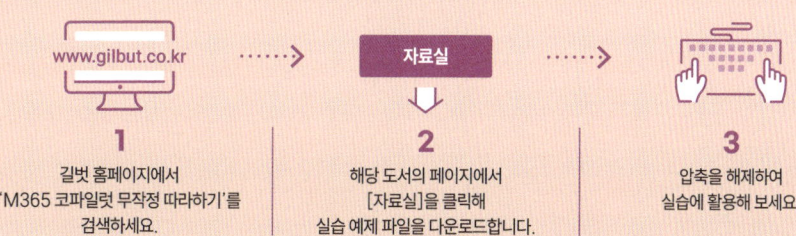

1 길벗 홈페이지에서 'M365 코파일럿 무작정 따라하기'를 검색하세요.

2 해당 도서의 페이지에서 [자료실]을 클릭해 실습 예제 파일을 다운로드합니다.

3 압축을 해제하여 실습에 활용해 보세요.

1 첫째마당

- Copilot이란?
- M365 Copilot 시작하기

M365,
사무실Office의 미래

Copilot이란?

Microsoft는 OpenAI와 협력하여 Copilot 서비스를 출시했습니다. 현재 Copilot은 M365뿐만 아니라 Windows, GitHub 등 다양한 제품에 하나의 기능으로써 통합되어 제공되고 있습니다. 이번에는 M365 Copilot의 핵심 요소와 활용 방법을 알아보겠습니다.

01 | Microsoft와 OpenAI

최근 사람들의 입에 가장 많이 오르내리는 기업은 Microsoft와 OpenAI입니다. 특히 OpenAI가 ChatGPT를 공개한 이후 많은 사람이 생성형 AI에 관심을 갖기 시작했습니다. 생성형 AI(Generative AI)는 자연어 처리 모델을 방대한 데이터로 학습시킨 결과물입니다.

다음 그림에서 ChatGPT, GPT-4가 생성형 AI 또는 거대 언어 모델(Large Language Model, 이하 LLM)에 해당합니다. LLM이라는 이름은 자연어 처리 모델을 방대한 양의 데이터로 학습시켰다고 해서 붙여진 이름이기도 합니다.

▲ 생성형 AI

즉, 생성형 AI는 방대한 데이터와 그에 따른 패턴을 활용하여 새로운 내용(텍스트, 이미지)을 생성합니다. 생성형 AI의 대표적인 모델로는 앞에서 언급했던 ChatGPT, GPT-4가 있으며, 이미지 생성 모델로는 DALL-E 등이 있죠. Microsoft는 ChatGPT를 개발한 OpenAI에 10조 원 이상을 투자하고 자사 제품인 Office, Windows에도 ChatGPT와 같은 기능을 서비스하겠다고 밝혔는데요. 이것이 바로 Copilot입니다.

▲ M365 Copilot과 Windows Copilot

> **전문가의 조언 OpenAI**
>
> OpenAI는 2015년에 설립된 연구 기반의 인공 지능 회사로, 인간 수준의 지능을 가진 AI를 개발하고 연구하는 데 중점을 두고 있습니다. OpenAI는 미국 캘리포니아 주 실리콘밸리 지역에 위치하고 있으며, AI 및 딥러닝 연구에서 선두적인 역할을 하고 있습니다. 특히 2022년 11월에 발표한 ChatGPT가 사람들의 관심을 끌면서 OpenAI라는 회사 역시 관심을 받게 되었습니다. OpenAI에서 제공하는 대표적인 모델은 다음과 같습니다.
> - **텍스트 생성 AI**: ChatGPT, GPT-4
> - **이미지 생성 AI**: 달리(DALL·E)
> - **영상 생성 AI**: 소라(Sora)
> - **음성을 텍스트로 변환**: 위스퍼(Whisper)

과거에는 많은 사람이 Microsoft라고 하면 Office와 Windows를 가장 먼저 떠올렸습니다. Microsoft는 여전히 Office와 Windows를 제공하는 기업이지만, Azure와 M365로 대표되는 클라우드 사업으로 전환하면서 비즈니스 측면에서 큰 변화를 이루었습니다.

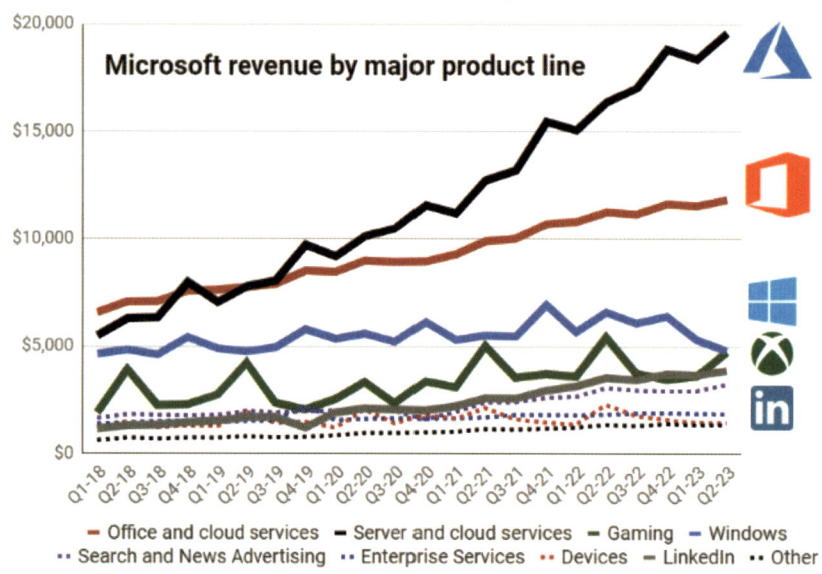

▲ Microsoft의 제품별 매출

최근 들어 Microsoft는 생성형 AI를 적극 활용하여 AI 기업으로 또 한 번의 변화를 꾀하고 있습니다. 이제 사람들은 Microsoft라고 하면, Windows와 Office뿐만 아니라 클라우드와 AI를 떠올리게 될 것입니다.

02 | Copilot이 적용된 M365

Microsoft는 생성형 AI 기반의 Copilot을 자사의 많은 제품에 적용하고 있습니다. 이번에는 Microsoft 365(Microsoft 365, 이하 M365)를 집중적으로 살펴보겠습니다. 참고로 M365는 기업이 업무를 수행하는 데 필요한 업무 생산성 솔루션을 엔터프라이급 보안 기능과 함께 제공하는 통합 업무 플랫폼입니다.

기존 Office 제품군은 이제 'M365 Apps'라는 이름으로 제공되며, 워드, 엑셀, 파워포인트 등 핵심 애플리케이션을 포함합니다. M365는 이에 더해 팀즈(Teams), 원드라이브(OneDrive), 셰어포인트(SharePoint) 등과 같은 다양한 클라우드 기반 생산성 및 협업 도구를 제공함으로써 기업 사용자들이 높은 보안성을 유지하면서도 생산성을 극대화하는 데 도움을 주는 SaaS 솔루션입니다. 또한 Microsoft는 M365를 비롯한 다양한 제품에서 AI를 활용한 생산성 향상을 지원하기 위해 Copilot을 제공합니다. Copilot은 Microsoft의 생성형 AI 제품을 통칭하는 브랜드로, 각 솔루션에 맞춰 최적화된 형태로 제공하고 있습니다. 예를 들어 M365, GitHub, Power Platform, Power BI 등 Microsoft가 제공하는 대부분의 제품에서 Copilot을 활용할 수 있습니다.

 전문가의 조언 **SaaS란?**

SaaS(Software as a Service)는 소프트웨어를 클라우드 기반의 인터넷을 통해 사용자에게 제공하는 클라우드 서비스 모델입니다. SaaS는 전통적인 소프트웨어를 구매해서 설치하는 것과 대조적으로 소프트웨어를 구매하거나 설치하지 않고 웹 브라우저를 이용해 액세스할 수 있습니다.

SaaS의 주요 특징 및 장점은 다음과 같습니다.

① **웹 기반 액세스**: 웹 브라우저를 통해 언제 어디서나 액세스할 수 있습니다. 사용자는 별도의 소프트웨어 설치 없이도 최신 버전의 소프트웨어를 사용할 수 있습니다.

② **유지 관리 및 업그레이드**: SaaS 제공 업체는 소프트웨어의 유지 관리, 보안 패치 및 업그레이드를 처리합니다. 따라서 사용자는 이러한 업무를 직접 수행할 필요가 없으므로 편리하게 사용할 수 있습니다.

③ **자동 업데이트**: SaaS 제공 업체는 애플리케이션을 주기적으로 업데이트하기 때문에 사용자는 항상 새로운 기능을 사용할 수 있습니다.

대표적인 SaaS 서비스로는 파일을 공유하고 저장할 수 있는 Dropbox와 업무 메시징 및 협업 도구인 Slack 등이 있습니다.

그렇다면, 이렇게 다양한 제품에 적용되는 Copilot을 어떻게 구별할까요? 제품의 이름을 보면 됩니다. 예를 들어, M365 Copilot은 M365 제품에서 작동하는 Copilot을, Windows Copilot은 Windows의 사용을 지원하는 AI 도우미를 의미합니다. 이처럼 특정 제품의 기능에 AI를 접목하여 좀 더 빠르고 효율적인 생산성을 발휘하도록 돕는 것이 바로 Copilot입니다. 이 책에서는 M365 Copilot, 즉 기업용 업무 플랫폼인 M365 내에서 작동하는 Copilot을 중심으로 설명합니다.

가장 먼저 Office, M365 등과 같은 용어를 명확하게 정리하고 넘어가겠습니다. 설치형이었던 Office 제품은 Microsoft가 비즈니스를 클라우드로 전환하면서 Office 365(O365)라는 이름으로 변경되었습니다.

▲ Office 2019와 Office 365의 차이

Office에는 단순히 워드, 엑셀, 파워포인트와 같은 Office 제품뿐만 아니라 아웃룩(Outlook), 원드라이브(OneDrive)와 업무 협업 플랫폼인 팀즈(Teams) 등 다양한 생산성 앱이 함께 포함되지만, 제공되는 앱의 종류는 라이선스에 따라 달라질 수 있습니다.

- 아웃룩: Microsoft가 제공하는 메일 및 일정 관리 애플리케이션
- 원드라이브: 드롭박스와 같은 클라우드 스토리지
- 팀즈: 채팅 및 화상 회의 기능을 지원하는 협업 애플리케이션

이후 Microsoft는 2020년 4월 22일 'Office 365(O365)'라는 이름을 'Microsoft 365(M365)'로 변경하면서 보안을 강화하고, 생산성이 더욱 향상될 수 있도록 개선했습니다.

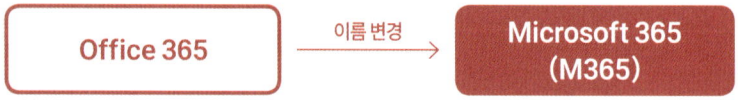

▲ M365로 이름 변경

그리고 2023년 11월 1일부터 Office를 포함한 M365 내의 다양한 앱에 Copilot 기능을 추가하여 M365 Copilot을 서비스하고 있습니다.

▲ M365 Copilot

현재 M365는 여러 가지 구매 방식을 제공합니다. 다음 URL에서 M365의 다양한 구매 옵션을 확인할 수 있습니다.

https://www.microsoft.com/ko-kr/microsoft-365/products-apps-services

M365는 개인, 교육, 기업용으로 나눌 수 있으며 기업용은 비즈니스와 엔터프라이즈로 나뉩니다. 따라서 개인 사용자라면 자신의 환경에 맞는 라이선스를 구매해야 하고 기업 사용자라면 우리 기업에서 어떤 라이선스를 가지고 있는지 확인해야 합니다.

▼ M365 구매 옵션

구분	M365 구매 옵션	설명
개인용		개인이 사용
교육용		학교나 기관에서 교육 용도로 사용
기업용	비즈니스	300인 이하 중소기업에서 사용
	엔터프라이즈	300인 이상 대기업에서 사용

다시 M365 Copilot으로 돌아가 보면, M365 Copilot은 생성형 AI(다음 그림에서는 LLM을 의미하겠죠?)를 활용하여 업무 생산성을 높여 줍니다. 또한 M365 Copilot은 LLM, Microsoft 그래프, M365 앱스로 구성됩니다. 이에 대한 좀 더 자세한 내용은 3장에서 다룰 예정이므로 '이러한 요소들이 결합되어 Copilot이 되는구나' 정도로만 이해하고 넘어가도 좋습니다.

▲ M365 Copilot

TIP Copilot의 자연어 처리에는 LLM(생성형 AI), Microsoft 그래프, M365 앱스가 활용됩니다. 좀 더 자세한 내용은 26쪽을 참고하세요.

Copilot이란?

Copilot은 우리가 '어떤 작업'을 보다 빠르고 편리하게 수행하기 위해 생성형 AI를 활용하는 도구입니다. 여기서 '어떤 작업'이란, 워드나 엑셀을 이용한 작업일 수도 있고, 애플리케이션을 개발하기 위한 작업일 수도 있습니다. 이처럼 문서 작업에서부터 소프트웨어 개발과 같은 창의적인 작업에 이르기까지 AI가 우리를 도와 업무를 수행할 수 있도록 돕는 것이 바로 'Copilot'입니다.

Microsoft가 Copilot을 출시한 목적은 개인 맞춤형 AI 비서를 제공하여 사용자의 업무 생산성을 높이기 위한 것입니다. Copilot은 생성형 AI로 만들어진 서비스입니다. 하지만 Microsoft는 Copilot을 단순한 기술이 아닌 '사용자의 생산성 향상 경험'이라는 관점에서 접근했습니다. 다소 말장난처럼 들릴 수도 있지만, 엄밀히 따지면 Copilot은 '기술'이 맞습니다. 그러나 단순한 기술에 머물지 않고 이를 사용자가 효과적으로 활용할 수 있도록 기술을 서비스로 전환한 것이 Copilot의 핵심입니다.

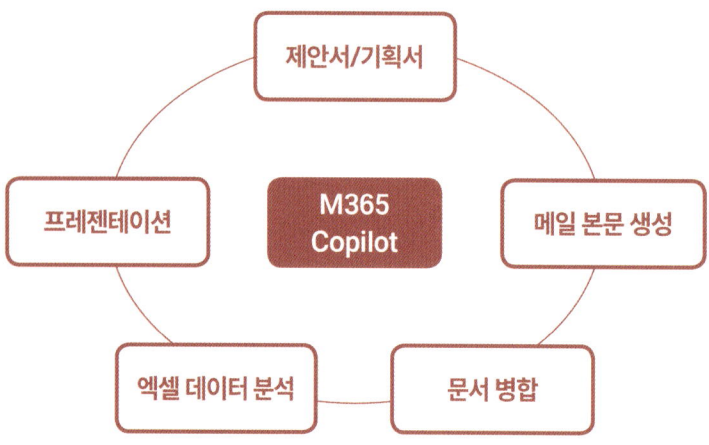

▲ M365 Copilot으로 할 수 있는 일

TIP Copilot의 작동 원리에 대한 좀 더 자세한 내용은 33쪽을 참고하세요.

03 M365 Copilot의 핵심 요소

M365 Copilot은 LLM, Microsoft 그래프, M365 앱스로 구성되어 있습니다. 이 세 가지는 Copilot을 구성하는 핵심 요소로, 서로 유기적으로 연동되므로 이 중 하나라도 빠지면 Copilot이 제대로 작동하지 않습니다.

LLM, Microsoft 그래프, M365 앱스의 작동 방식을 간략하게 요약하면 다음과 같습니다. 생소한 용어는 하나씩 자세히 알아보겠습니다.

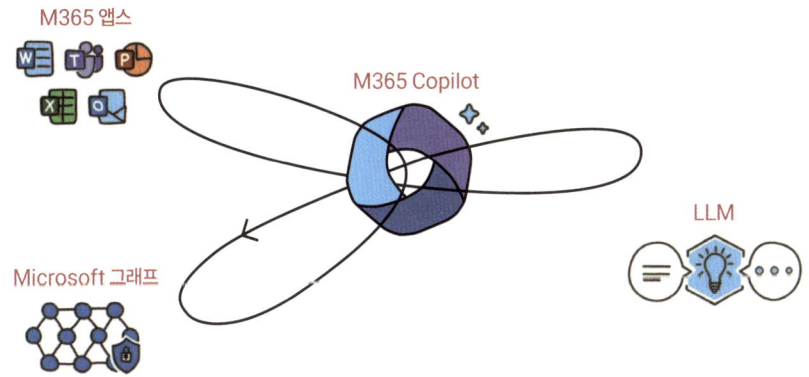

▲ M365 Copilot의 핵심 요소

1 사용자는 워드 Copilot에 파워포인트 문서를 기반으로 제안서를 작성해 달라는 명령(프롬프트)을 입력합니다.

2 Copilot은 Microsoft 그래프에 저장된 사용자의 온라인 데이터(예 원드라이브나 팀즈에 저장된 문서 등)에 접근을 시도합니다.

3 Copilot은 사용자의 M365 기반 권한을 확인한 후 시맨틱 검색을 이용해 필요한 데이터를 검색합니다.

4 찾은 데이터를 LLM(GPT-4)에 보내 문장을 자연스럽게 다듬은 후 최종 결과를 Copilot에 전달합니다.

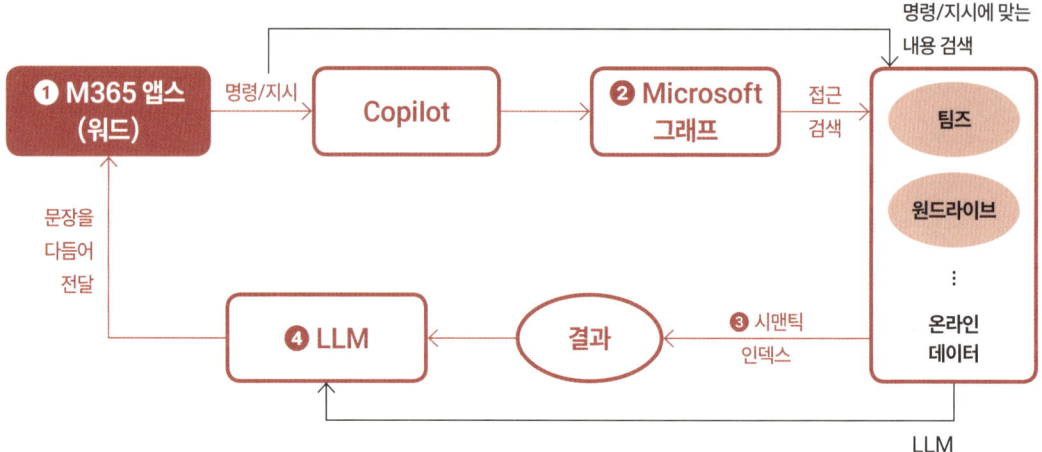

▲ M365 Copilot의 작동 과정

M365 Copilot의 기본, LLM

ChatGPT를 떠올리면 LLM을 좀 더 쉽게 이해할 수 있습니다. ChatGPT의 등장으로 많은 사람이 인공지능에 대해 관심을 갖기 시작했고 뛰어난 성능으로 인기가 식을 줄 모르는 상황이죠. Microsoft는 GPT-4 기반의 LLM을 Copilot에 적용하였습니다.

언어 모델은 다양한 AI 중 인간의 언어를 이해하고 처리하는 데 사용되는 AI 모델입니다. 그렇다면 인간의 언어를 이해하려면 AI가 얼마나 많은 데이터를 학습해야 할까요? LLM은 그 이름과 같이 수백 테라바이트(Tera-Byte, TB)의 텍스트 데이터를 학습한 모델입니다. 일반적인 워드 파일의 크기가 몇 메가바이트(Mega-Byte, MB)가 넘지 않는 것을 생각한다면 얼마나 많은 양의 텍스트를 학습한 것인지 쉽게 유추할 수 있을 것입니다.

> **전문가의 조언 ChatGPT, GPT-4**
>
> ChatGPT는 OpenAI가 개발한 대화형 인공지능 모델로 GPT 모델을 기반으로 개발되었습니다. ChatGPT의 특징은 다음과 같습니다.
>
> 1. **자연어 이해**: 다양한 자연어 질문과 문장을 이해하고 분석할 수 있습니다.
> 2. **문맥 파악**: 이전 대화 내용을 고려하여 현재 대화의 문맥을 파악하고 답변을 생성합니다.
> 3. **자연스러운 대화**: 자연스러운 대화 스타일로 응답을 생성하며, 사용자와의 상호 작용을 원활하게 만듭니다.
> 4. **다양한 주제**: 다양한 주제에 대한 대화를 수행할 수 있으며, 일상적인 대화, 정보 검색, 질의 응답, 창의적인 글쓰기 등 다양한 작업에 활용됩니다.
> 5. **API 서비스**: API 형태로 제공함으로써 개발자가 쉽게 통합하여 사용할 수 있습니다.

ChatGPT는 ChatBot, 가상 비서, 고객 지원, 정보 검색, 자연어 이해 작업과 같은 다양한 분야에서 사용되고 있습니다. GPT-4는 다음과 같이 ChatGPT에서 진화한 버전이라고 보면 됩니다.

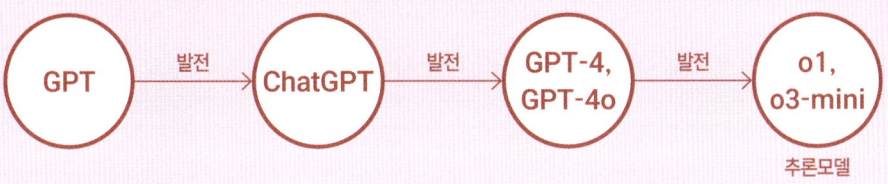

▲ ChatGPT와 GPT

> 💬 **전문가의 조언** **데이터 단위**

컴퓨터가 이해할 수 있는 것은 전기적 신호인 0과 1뿐입니다. 그리고 우리는 0과 1을 '비트(bit)'라고 부릅니다. 따라서 비트는 컴퓨터가 데이터를 처리하는 가장 기본적인 단위라고 할 수 있습니다.

한편 사람이 인식하는 단위를 '바이트'라고 합니다. 바이트는 다음 그림과 같이 8개의 비트를 묶어 놓은 것입니다.

| 0 | 0 | 1 | 0 | 1 | 1 | 1 | 0 |

8비트 = 1바이트

▲ 바이트

예를 들어 영어의 'a', 'b', 'c' 등을 포함해 독일어, 프랑스어는 문자 하나가 1바이트가 되고, 한글의 'ㄱ', '기', '각' 등을 포함해 일본어, 중국어는 문자 하나에 2바이트가 됩니다.

데이터를 나타내는 단위는 더 많습니다. 바이트를 1,024배하면 킬로바이트(Kilo-Byte, KB)가 되고, 여기에 1,024배하면 메가바이트(Mega-Byte)가 됩니다. 여기에 1,024배하면 기가바이트(Giga-Byte, GB)가 되고 여기에 또다시 1,024배하면 테라바이트(Tera-Byte)가 됩니다.

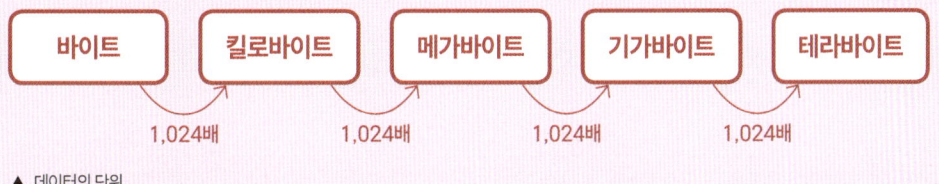

▲ 데이터의 단위

LLM을 사용하면 무엇이 좋을까요? 단적인 예를 하나 들어 보겠습니다. LLM이 아닌 단순 규칙 기반의 ChatBot은 사용자의 질문에 다음과 같이 답변할 가능성이 높습니다. 규칙 기반이라는 것 자체가 "A라는 질문에 B라고 답변해."라고 사전에 정의해 놓았기 때문이죠.

- 사용자: "택배 발송 일자가 지났는데 도대체 언제 보내 주는 거야?"
- ChatBot: "죄송합니다. 날짜를 확인할 수 없습니다."

반면, LLM이 적용된 ChatBot은 같은 질문에 다르게 답변할 것입니다. 비록 원하는 답변을 얻지 못하더라도 앞선 대화만큼 사용자가 기분 나쁘지는 않겠죠. LLM은 인간의 언어를 학습했기 때문에 인간의 마음(기분)을 헤아려서 답변할 수 있기 때문이죠.

- 사용자: "택배 발송 일자가 지났는데 도대체 언제 보내 주는 거야?"
- ChatBot: "택배 발송에는 다양한 요소가 영향을 미칠 수 있으며 예상 배송 일자는 택배 회사, 발송 위치, 수령 위치, 제품 유형 등에 따라 다를 수 있습니다. 해당 정보를 빠르게 확인하여 문자 알림을 발송하겠습니다."

LLM이 적용된 ChatBot이 위와 같이 답변할 수 있는 이유는 인간의 언어를 대량으로 학습했기 때문입니다. 인간도 언어를 배우기 전에는 사용할 수 있는 단어의 수가 제한적입니다. 처음에는 '엄마', '아빠', '밥 줘.'처럼 생존에 필수적인 단어만 사용할 수 있죠. 하지만 성장하면서 수많은 단어에 노출되고 학습을 반복하다 보면 자연스럽게 어휘력이 늘어나고, 좀 더 다양한 문장을 구사할 수 있게 됩니다. LLM 역시 방대한 데이터를 학습할수록 인간의 언어를 더 잘 이해하고, 보다 정확한 답변을 생성할 가능성이 높아집니다.

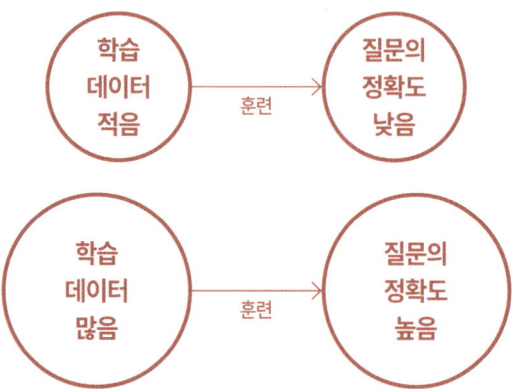

▲ 학습 데이터와 질문의 정확도 관계

⇨ Copilot의 핵심, 시맨틱 검색

Microsoft 그래프를 이해하려면 먼저 '시맨틱 검색'이라는 개념을 파악하는 것이 중요합니다. 시맨틱 검색에 대해 알아본 후 Microsoft 그래프를 살펴보겠습니다. 사람들은 대부분 궁금한 것이 있을 때 네이버, 구글과 같은 검색 엔진을 이용합니다. 검색 엔진에 궁금한 내용을 입력하면, 내부 및 외부 데이터를 조회하여 적절한 답변을 제공합니다. 이때 사용되는 것이 '키워드 검색(Keyword Search)'입니다. 예를 들어, 사용자가 'AI 기술 동향'이 궁금하여 검색창에 입력했다고 가정해 보겠습니다. 그러면 검색 엔진은 문서에서 'AI', '기술', '동향'이라는 개별 단어를 검색합니다. 이 검색은 다음과 같은 과정을 거칩니다.

- AI 기술 동향 분석 및 전망(2024) → 완벽한 키워드 매칭
- AI 기술의 미래: 최신 연구 및 사례 → 일부 키워드 매칭
- 기술 트렌드와 AI의 발전 방향 → 부분 일치
- AI 기반 스마트 제조 기술 적용 사례 → 관련성 낮음

이후 관련성이 낮은 항목을 제외한 나머지가 결과로 반환됩니다. 즉, 'AI 기술 동향'과 유사한 표현인 'AI 발전 상황', 'AI 최신 트렌드' 같은 문서는 검색되지 않을 가능성이 높습니다. 이제 시맨틱 검색을 적용해 보겠습니다. 사용자가 "AI가 산업에서 어떻게 사용되고 있는지?"라는 질문을 했다고 가정해 보겠습니다. 그러면 검색 엔진은 문장의 의미를 분석하여 가장 관련성이 높은 문서를 반환합니다. 예를 들어, 다음과 같은 문서 중 마지막 문서를 제외한 나머지 문서를 결과로 반환합니다.

- AI 기술의 산업 적용 사례 및 발전 방향 → 맥락적으로 매우 유사
- AI가 제조업에 미치는 영향과 자동화 기술 → AI의 산업적 활용 관련
- AI 연구 개발 트렌드 및 최신 기술 동향 → AI 기술 발전 관련
- AI 기반 이미지 인식 기술의 발전 → 산업 전반보다는 특정 분야에 초점

시맨틱 검색은 키워드 검색뿐만 아니라 연관된 개념과 유사한 의미의 문장까지 고려하여 결과를 제공합니다. 이는 시맨틱 인덱스(Semantic Index) 덕분에 가능한데, 여기서 시맨틱 인덱스는 대규모 문서를 보다 빠르고 효과적으로 검색할 수 있도록 텍스트의 의미를 기반으로 색인을 생성하는 기술을 말합니다. 따라서 단순히 키워드의 일치 여부만 따지는 것이 아니라 의미적으로 유사한 개념까지 찾아낼 수 있습니다.

그렇다면 시맨틱 검색은 Copilot과 어떻게 연계될까요? 시맨틱 검색은 주어진 데이터에서 특정 문장과 관련된 모든 문서를 조회하는 기능을 합니다. 이러한 특성을 바탕으로, M365 Copilot의 시맨틱 검색은 단순한 문서 검색을 넘어 파일, 사람, 그룹(팀), 보안(접근 권한), 연락처, 이메일 주소, 채팅, 회의 내용 등 광범위한 데이터를 대상으로 검색을 수행합니다. 즉, 기존 키워드 검색과 달리, 더 많은 정보를 포함하여 보다 포괄적인 검색이 가능합니다.

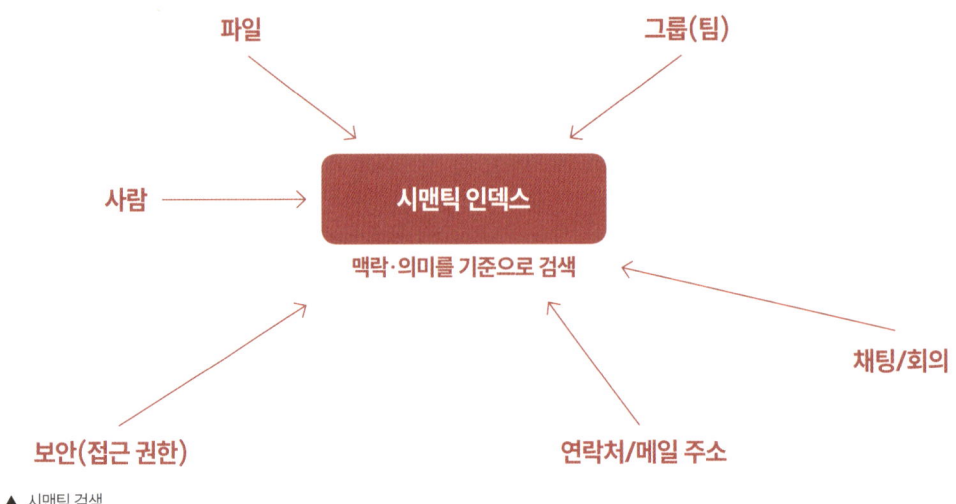

▲ 시맨틱 검색

Microsoft 그래프

Copilot의 핵심 요소 중 하나인 LLM은 그 특성상 추가 데이터를 지속적으로 학습해야 높은 정확도를 유지할 수 있습니다. 예를 들어, ChatGPT는 학습하지 않은 최신 이벤트에 대한 질문을 하면 엉뚱한 답변을 하거나 아예 답변을 못할 수도 있습니다. 실제로 다음 ChatGPT(https://chatgpt.com/)에 접속해 "2025년 미국 대통령은 누구야?"라고 질문해 보세요. 아마도 모른다고 답변할 것입니다.

이러한 문제를 보완하려면, Copilot이 '나' 또는 '우리 기업'의 추가 데이터를 활용할 수 있는 환경을 조성해야 합니다. 여기서 '추가 데이터'란 원드라이브나 팀즈와 같이 온라인에 저장된 개인 또는 조직의 문서를 의미합니다. 하지만 데이터가 많다고 해서 자동으로 활용할 수 있는 것은 아닙니다. 이 데이터에 접근하고 효과적으로 활용할 수 있어야 하는데, 이를 가능하게 하는 것이 바로 'Microsoft 그래프'입니다. 즉, Microsoft 그래프는 M365 데이터에 액세스하기 위한 도구입니다.

▲ Microsoft 그래프

Microsoft 그래프는 시맨틱 검색과 밀접하게 연관되어 있습니다. 사용자가 자연어로 질의하면, Microsoft 그래프는 먼저 문서에 대한 액세스 권한을 확인한 후 시맨틱 검색을 통해 M365 내의 파일, 사용자, 일정 등의 데이터를 찾아 제공합니다.

▲ Microsoft 그래프

정리하면, 시맨틱 검색과 Microsoft 그래프는 M365 Copilot의 핵심 요소로, '나' 또는 '우리'의 데이터를 효과적으로 활용할 수 있도록 가장 적합한 데이터를 찾아 제공하는 역할을 합니다. '나' 또는 '우리'의 데이터를 활용하는 또 다른 방법이 있습니다. 바로 '플러그인(Plugin)'입니다. 플러그인에 대한 좀 더 자세한 내용은 전문가의 조언을 참고하세요.

> **전문가의 조언 플러그인**
>
> M365 Copilot을 사용하면 생산성 경험을 할 수 있지만 우리의 일을 완전히 대체할 수는 없습니다. 따라서 추가 서비스 연계가 필요한데, 이때 플러그인이 사용됩니다. 플러그인은 Copilot과 기업에서 사용하는 다양한 앱이나 솔루션을 연결하는 가교 역할을 합니다. Copilot에 다른 앱이나 솔루션을 연결한다는 것은 업무 자동화를 의미합니다. 예를 들어, M365 Copilot의 엑셀을 활용해 매월 영업 실적 보고서를 작성할 때 이를 다른 사람과 쉽게 공유하려면 시각화 도구와 연계하는 것이 유용합니다. Copilot을 활용해 정리된 데이터를 시각화 서비스와 연동할 때 플러그인을 사용하면 더욱 효율적으로 작업할 수 있습니다.

M365 앱스

M365의 각 앱은 과거에는 Microsoft의 Office가 설치형 앱으로 제공되었지만, 이제는 M365라는 클라우드 기반 솔루션으로 진화하여 웹과 앱을 통해 공동 작업이 가능해졌습니다. M365는 Office에 포함되었던 워드, 엑셀, 파워포인트뿐만 아니라 팀즈, 셰어포인트, 원드라이브 등 다양한 생산성 앱을 포함합니다. 특히 셰어포인트에서는 오피스 문서를 공동 편집할 수 있습니다. M365 앱스는 이러한 모든 생산성 앱을 포괄하는 개념으로, 설치형 Office를 넘어 웹과 앱에서 자유롭게 문서를 편집하고 협업할 수 있도록 지원합니다.

웹 브라우저에서 작업하는 것이 불편하다면, 문서를 데스크톱에서도 확인할 수 있습니다. 웹 브라우저에 있는 [**보기**(Viewing)]를 클릭한 후 [**내 컴퓨터에서 열기**(Open in Desktop App)]을 선택하면 웹 브라우저에서 열린 문서를 사용자 컴퓨터에 설치된 파워포인트에서 편집할 수 있습니다.

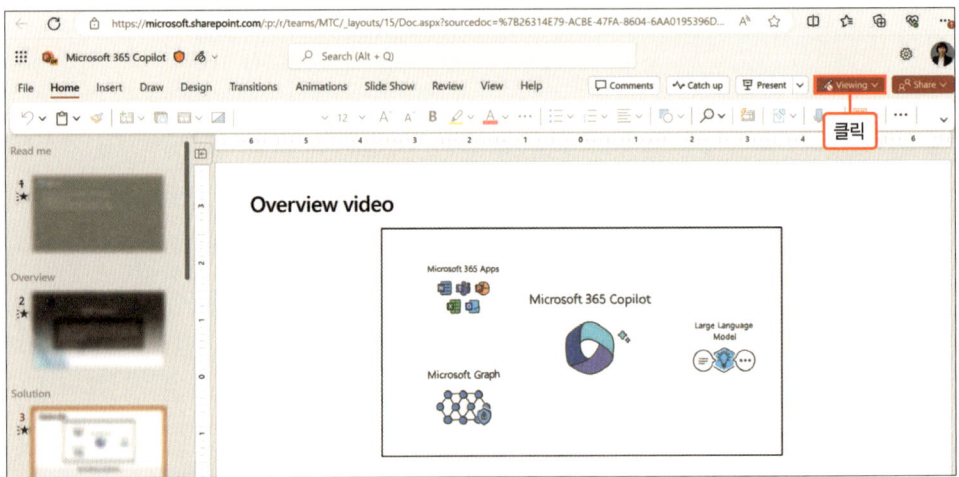

▲ 웹 브라우저에서 파워포인트 열기

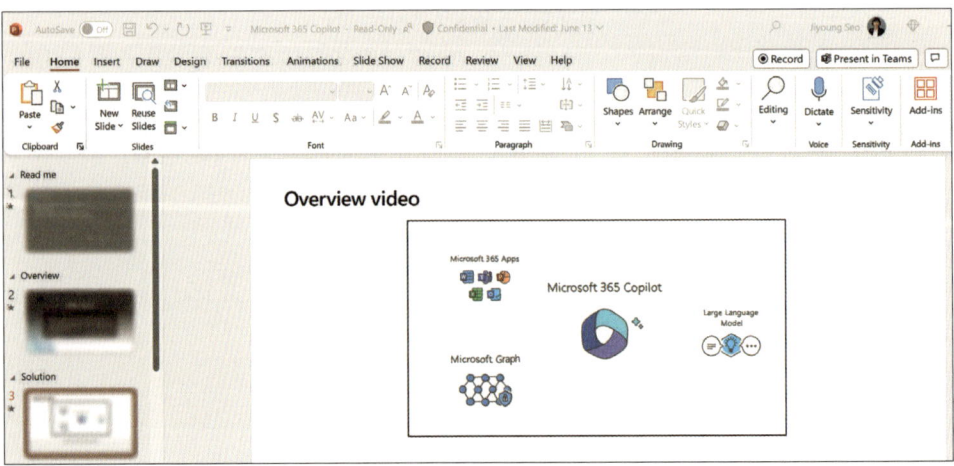

▲ 설치형 앱에서 파워포인트 열기

04 | Copilot은 어떻게 작동하나요?

Copilot은 LLM을 기반으로 자연어를 이해하고, 사용자의 요청에 맞춰 적절한 응답을 생성하는 AI 도구입니다. 또한 Microsoft 그래프를 활용하여 M365 앱스에서 필요한 데이터를 검색하고 분석하며, 이를 바탕으로 문서 작성, 데이터 정리, 일정 관리 등의 작업을 지원합니다. 결국, Copilot이 원활하게 작동하려면 LLM, Microsoft 그래프, 그리고 M365 앱스가 유기적으로 연결되어야 합니다.

앞에서 설명한 M365 Copilot의 세 가지 구성 요소인 LLM, Microsoft 그래프, M365 앱스는 어떻게 유기적으로 작동할까요? 이번에는 M365 Copilot의 워드를 활용하여 신제품 기획서를 작성하는 과정을 통해 각 구성 요소가 어떻게 작동하는지 단계별로 알아보겠습니다.

워드 Copilot에 다음과 같은 명령(프롬프트)을 입력하면 이 명령은 M365에 전달됩니다.

> 신제품 기획서를 작성해 줘.

1 Microsoft 그래프를 활용하여 사용자가 요청한 데이터에 대한 접근 권한이 있는지 확인합니다. 이처럼 사용자의 명령을 이해하고, 이를 실제 데이터나 정보와 연결하는 과정을 '그라운딩(Grounding)'이라고 합니다.

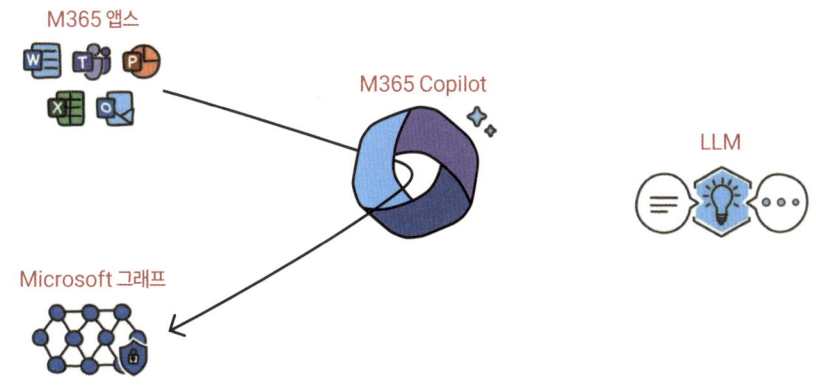

▲ Microsoft 그래프에 접근

2 Microsoft 그래프가 접근하여 가져온 데이터는 Copilot에 전달됩니다. 이후 Copilot은 검색된 문서와 사용자의 명령을 LLM에 전달합니다.

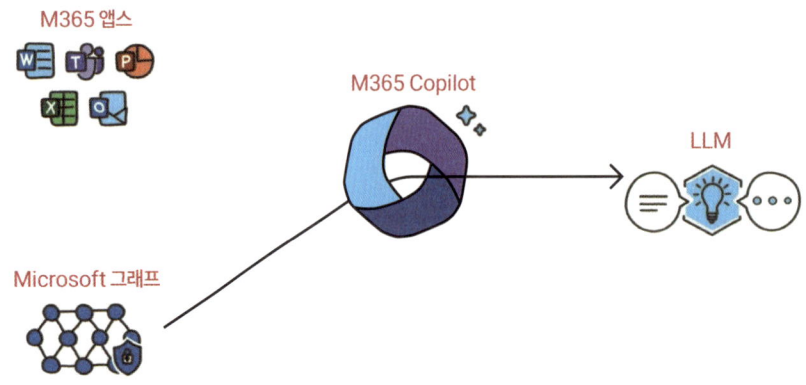

▲ LLM에 데이터 보내기

3 LLM은 1에서 받은 명령을 바탕으로 텍스트를 생성하여 Copilot에 전달합니다. 이때, Copilot이 제공한 데이터를 참고하여 보다 정확한 응답을 생성합니다.

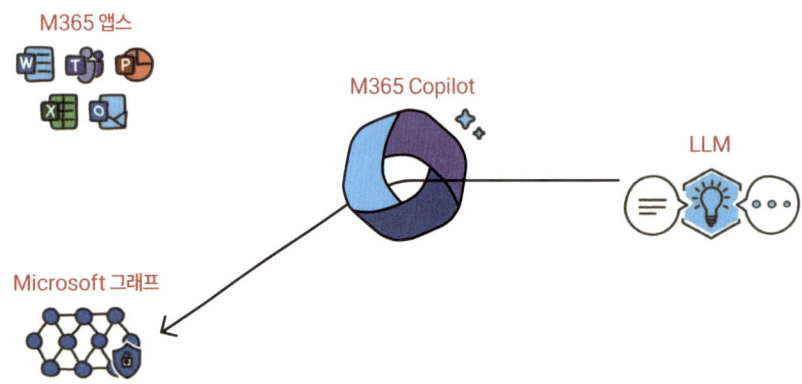

▲ LLM으로부터 답변받기

4 마지막으로 Copilot은 LLM이 생성한 텍스트가 다음 사항에 위배되는지를 검토한 다음 최종적으로 사용자에게 전달합니다.

- 책임 있는 AI(Responsible AI)
- 기업의 보안 정책
- 사용자의 개인정보 보호(Privacy)

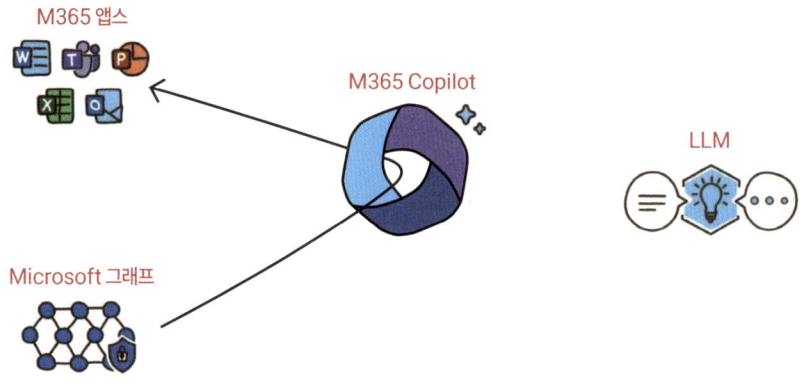

▲ LLM으로부터 답변받기

Copilot은 내부적으로 매우 복잡하고 어려운 기술이 사용됐지만 Copilot의 구현 원리를 이해하면 Copilot을 활용하는 데 많은 도움이 됩니다. 그럼 2장에서 본격적으로 M365 Copilot을 하나씩 사용해 보겠습니다.

> **전문가의 조언 책임 있는 AI란?**
>
> 책임 있는 AI(Responsible AI)는 인공지능 시스템의 개발, 배포 및 사용 과정에서 윤리적, 법적, 사회적 책임을 고려하는 개념입니다. 인공지능 기술이 발전하면서 많은 기업이 AI를 적용할 때 윤리적·도덕적 이슈에 직면하게 됩니다. 이에 따라 책임 있는 AI는 이러한 문제에 보다 책임감 있게 대응하는 접근 방식을 제공합니다. 책임 있는 AI의 주요 원칙은 다음과 같습니다.
>
> 1. **공정성(Fairness)**: AI 시스템은 다양한 인종, 성별, 연령, 경제적 상황 등과 관계없이 모든 사용자 및 관련 당사자에게 공평하게 대우해야 한다.
> 2. **투명성(Transparency)**: AI 시스템의 작동 및 의사 결정 프로세스는 명확하게 문서화해야 하며, 사용자와 관련 당사자가 시스템의 작동 방식을 이해할 수 있어야 한다.
> 3. **사용자 개인정보 보호(Privacy)**: AI 시스템은 사용자의 개인정보를 적절하게 보호해야 하며, 데이터 수집 및 처리에 대한 규정을 준수해야 한다.
> 4. **안전성(Safety)**: AI 시스템은 사용자 및 환경에 대한 안전을 고려해야 하며, 예상치 못한 상황에서도 예측 가능한 방식으로 작동해야 한다.

M365 Copilot 시작하기

Copilot을 효과적으로 활용하려면 프롬프트의 사용이 중요합니다. 프롬프트는 Copilot에게 전달하는 질문이나 명령을 의미하며, 입력 방식에 따라 답변의 정확성이 달라질 수 있습니다. 프롬프트를 적절하게 사용하면 원하는 정보를 얻을 수 있지만, 모호하게 사용하면 원하는 정보를 얻을 수 없습니다. 이번에는 효과적인 프롬프트 작성 방법과 Copilot을 활용하기에 적합한 업무 시나리오를 살펴보겠습니다.

실습 1 | M365 Copilot 시작하기

M365를 사용하는 방법에는 두 가지가 있습니다. 하나는 웹 브라우저에서 앱을 실행하는 방식, 다른 하나는 데스크톱에서 실행하는 방식입니다. 이에 따라 Copilot을 활용하는 방법도 달라질 수 있습니다. 이번에는 이 두 가지 환경에서 Copilot을 시작하는 방법을 살펴보겠습니다.

M365 Copilot은 웹 앱과 설치형 앱 모두에서 사용할 수 있습니다. 특히 웹 앱에서는 Copilot 기능이 비교적 빠르게 업데이트되기 때문에 설치형 앱에서 제공되지 않는 기능을 웹 앱에서 먼저 만나볼 수 있는 경우가 많습니다.

→ 앱에서 시작하기

1 https://m365.cloud.microsoft/에 접속한 후 [로그인]을 클릭합니다.

2 사용자 계정과 암호를 입력하여 로그인합니다. 기업 사용자의 경우, 로그인 이후 추가 인증 과정이 필요할 수 있으며 인증 과정 역시 기업의 정책에 따라 다르므로 이후 인증 과정은 관리자에게 문의하세요.

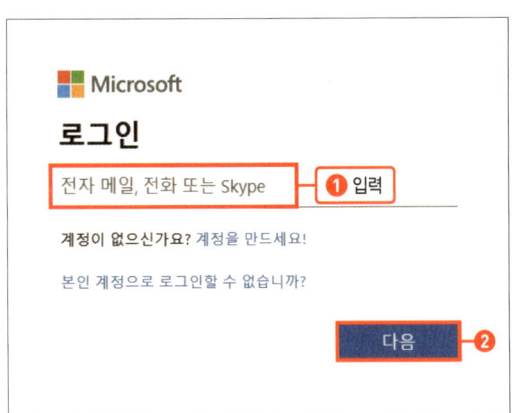
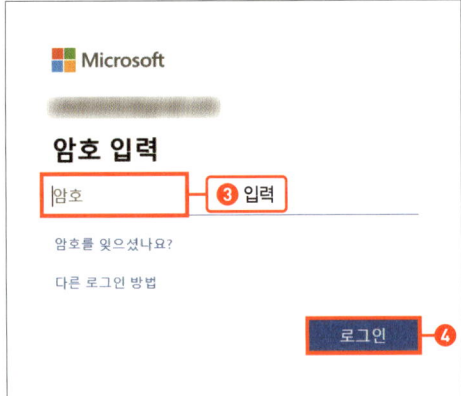

TIP 이전에 로그인한 기록이 있다면 로그인 화면의 아래 표시되는 계정을 선택하여 바로 로그인할 수 있습니다.

3 Copilot 시작 화면의 [앱]에서 원하는 프로그램을 선택하면 Copilot을 사용할 수 있습니다.

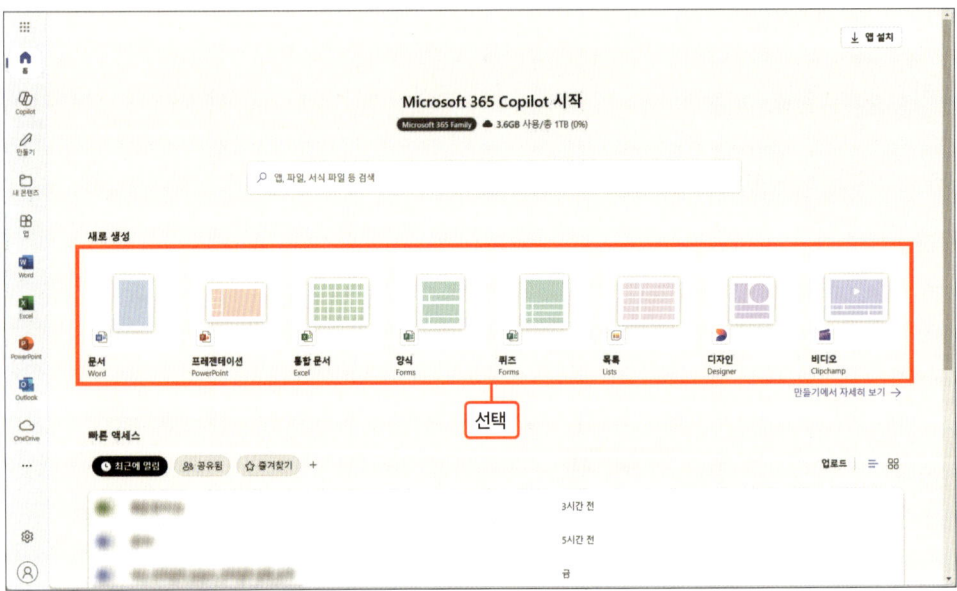

TIP Copilot 시작 화면의 [앱 설치]를 클릭하면 내 컴퓨터에 M365를 설치할 수 있습니다.

내 컴퓨터에서 시작하기

1. Windows의 [시작]-[Microsoft 365 Copilot]을 선택합니다. [Microsoft 365 Copilot]이 보이지 않는다면 검색창에서 [Microsoft 365 Copilot]을 검색해 보세요.

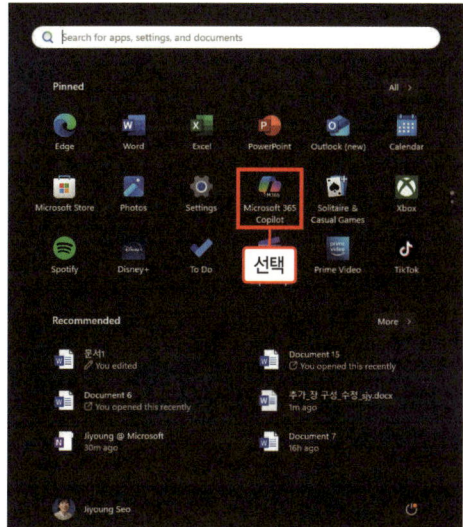
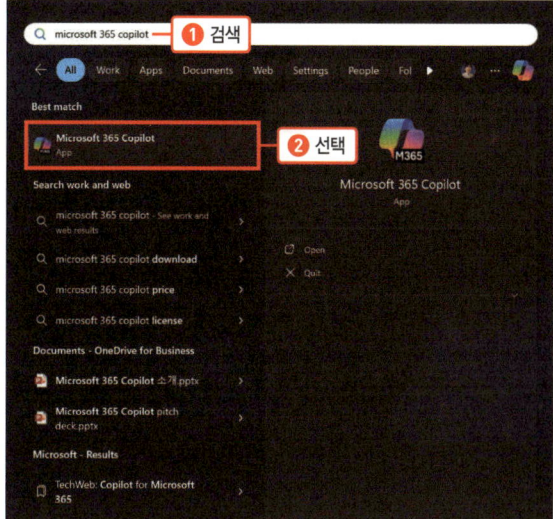

TIP 개인 사용자의 경우, Microsoft store에서 Microsoft 365를 설치해야 합니다. Microsoft 365를 설치하면 M365 앱스를 통합 관리할 수 있습니다. Microsoft 365를 설치하지 않아도 각 M365 앱스를 사용하는 데는 아무런 지장이 없습니다.

2. [Microsoft 365 Copilot] 창에서 [앱]을 클릭하면 사용할 수 있는 앱이 표시됩니다. 여기서는 [Word]를 선택했습니다.

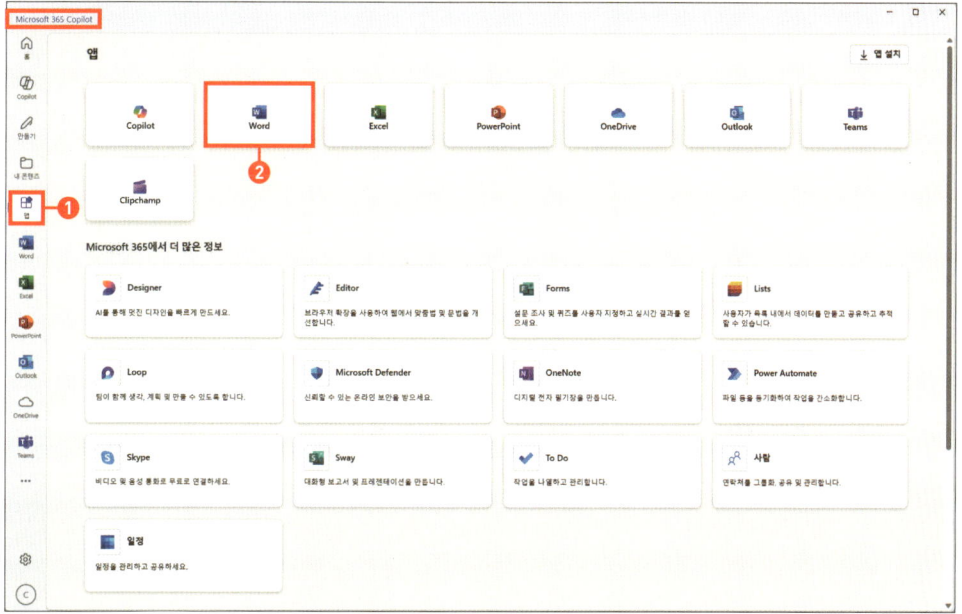

TIP 사용자 설정에 따라 표시되는 언어가 다를 수 있습니다.

3 워드에서 사용할 수 있는 다양한 문서 스타일이 표시됩니다. 여기서는 [빈 문서]를 선택했습니다.

4 작업 화면이나 메뉴의 [홈]에서 [Copilot] 을 선택하면 Copilot을 사용할 수 있습니다.

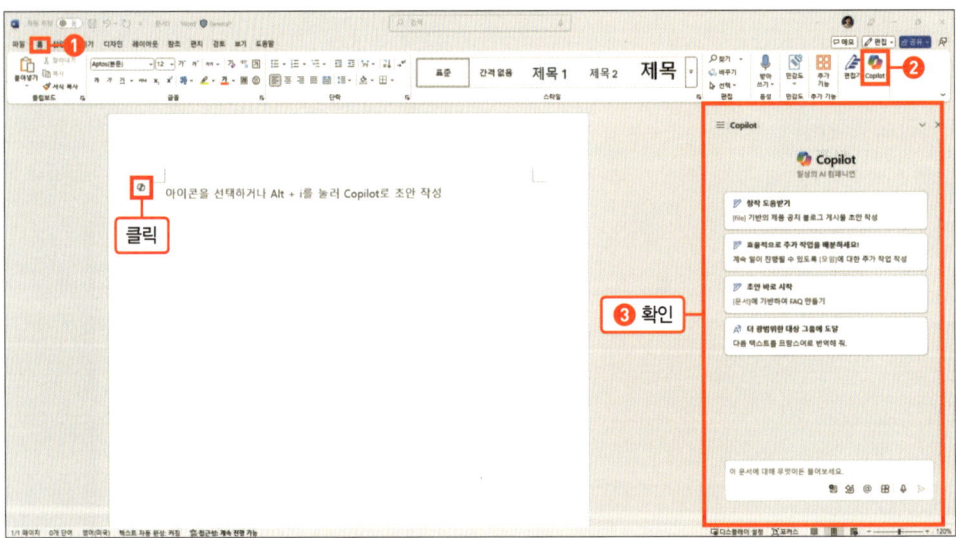

전문가의 조언 Copilot을 사용하기 위한 기본 저장 설정

Copilot은 사용자 컴퓨터에 저장된 문서를 인식하지 못하므로 Copilot을 사용하려면 문서를 원드라이브에 저장해야 합니다. 문서를 원드라이브에 저장하려면 각 앱 창 위의 [●끔] 을 클릭하여 자동 저장을 활성화해야 합니다.

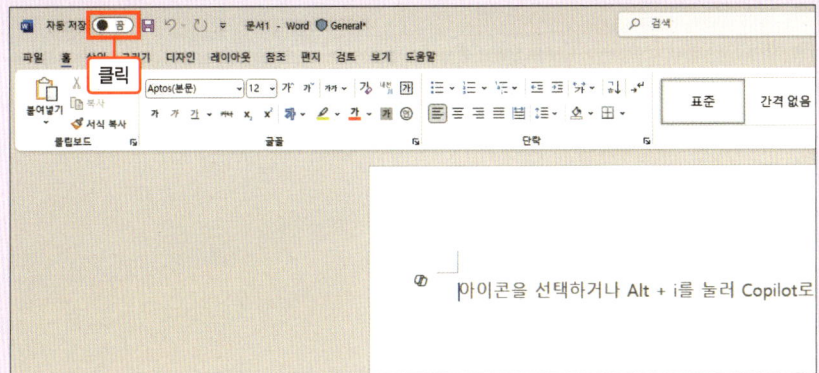

원드라이브 로그인 창이 나타납니다. 원드라이브에 로그인한 후 문서 이름을 입력하고 **[확인]**을 클릭합니다.

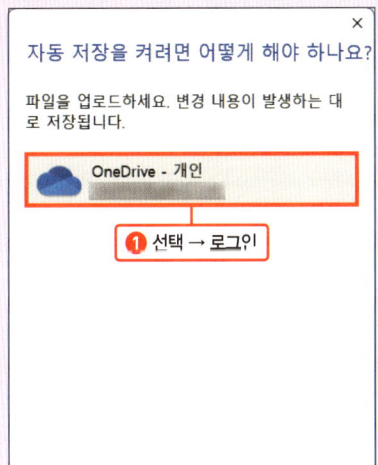
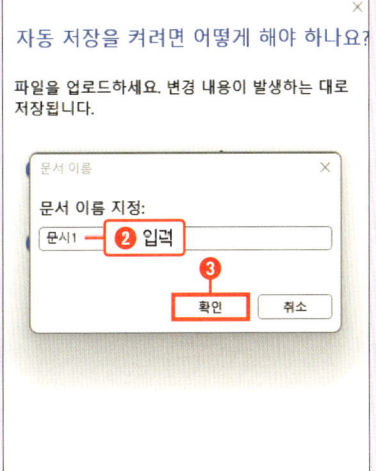

자동 저장에 활성화되면 저장 버튼이 [💾]에서 [☁]로 변경됩니다. 이 상태에서는 기본 저장 위치가 원드라이브로 변경됩니다.

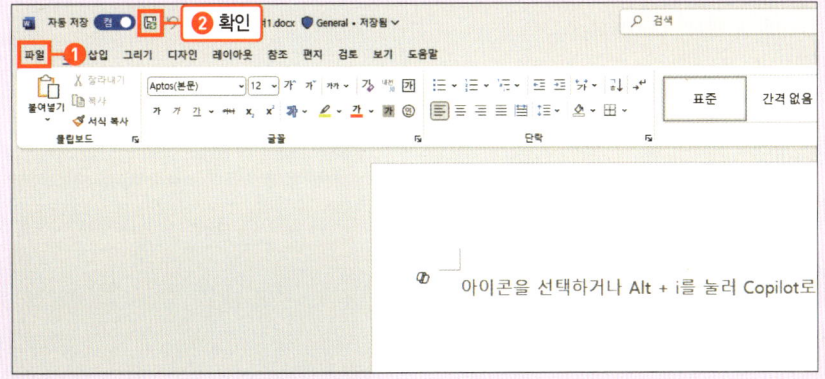

2장 M365 Copilot 시작하기 041

자동 저장이 활성화된 상태에서 메뉴의 [파일]을 선택하면 [다른 이름으로 저장]이 [복사본 저장]으로 변경됩니다. 또한 기본 저장 위치에 원드라이브가 표시됩니다.

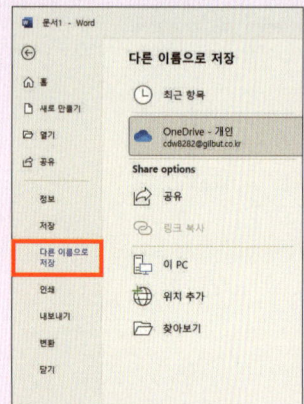 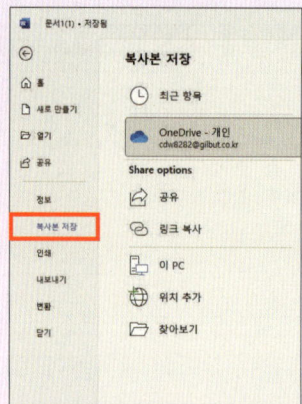

▲ 자동 저장 활성화 전   ▲ 자동 저장 활성화 후

Copilot을 활용하려면 문서를 모두 원드라이브에 저장해야 합니다. 원드라이브에 저장된 문서를 참조하려면 문서의 [공유]-[링크 복사]를 선택하면 됩니다. 여러 문서를 참조하는 방법은 각 Copilot의 실습을 참고하세요.

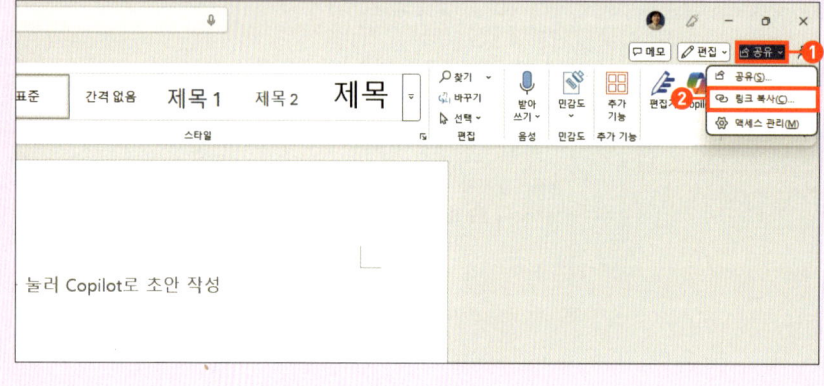

02 M365 Copilot을 위한 효율적인 프롬프트 가이드

Copilot에서 사용하는 프롬프트는 사용자의 입력을 기반으로 LLM이 적절한 응답을 생성하도록 유도하는 지침이나 질문입니다. 프롬프트에는 목표, 컨텍스트, 출처, 형식 등의 요소가 포함됩니다. 따라서 Copilot을 효과적으로 활용하려면 이러한 지침을 잘 구성하는 것이 좀 더 정확한 답변을 얻는 데 도움이 됩니다.

ChatGPT에 익숙하다면 '프롬프트(Prompt)'라는 용어를 많이 들어 봤을 텐데요. 프롬프트는 M365의 Copilot에게 원하는 작업을 지시하는 입력 문장을 의미합니다. 예를 들어, 문서를 생성, 요약, 편집, 변환하는 등의 작업을 수행할 수 있습니다. 최상의 응답을 받으려면 Copilot 프롬프트를 작성할 때 다음과 같은 핵심 요소에 집중하는 것이 중요합니다.

목표는 Copilot에게 원하는 결과 또는 답변의 유형을 명확하게 요청하는 것입니다. 예를 들어, 다음과 같이 Copilot이 제공해야 할 주요 작업을 구체적으로 명시합니다.

- "3~5개의 핵심 포인트를 생성하여 고객과의 회의 준비를 도와줘."
- "이 보고서를 1페이지 요약본으로 만들어 줘."

컨텍스트는 Copilot에게 답변의 배경 정보와 관련된 사람 또는 상황을 설명하는 것입니다. 예를 들어 다음과 같이 구체적인 상황을 제시합니다.

- "이 데이터는 지난 6개월간의 판매 실적이며, 다음 분기의 전략 수립에 사용될 예정이야."

- "이 프로젝트는 우리 팀의 마케팅 전략 기획을 위해 필요해."

출처는 Copilot이 참고할 데이터, 문서, 정보의 원천을 제시하는 것입니다. 예를 들어, 다음과 같이 특정 파일의 페이지를 제공함으로써 Copilot이 특정 데이터를 바탕으로 답변을 생성할 수 있도록 유도할 수 있습니다.

- "6월 이후 이메일 및 팀즈 채팅 내용을 참고해."
- "지난 분기의 매출 데이터(엑셀 파일)에서 주요 트렌드를 분석해 줘."

형식은 Copilot이 어떤 형식, 스타일, 수준으로 응답해야 하는지를 정의하는 것입니다. 예를 들어, Copilot의 응답 스타일과 형식을 지정하여 원하는 방식으로 정보를 제공받을 수 있도록 합니다.

- "간단한 언어를 사용해서 빠르게 이해할 수 있도록 해 줘."
- "공식적인 보고서 형식으로 작성해 줘."

물론, 간단하게 "이 문서를 한 문장으로 요약해 줘."라고 요청할 수도 있습니다. 실제로 이 책에서는 간단한 프롬프트를 사용합니다. 하지만 앞에서 언급한 네 가지를 염두에 두고 지시한다면 좀 더 정교하면서도 정확한 답변을 받을 수 있습니다.

→ Copilot 프롬프트 가이드

생성형 AI인 Copilot은 프롬프트라는 사람의 명령을 통해 답변을 생성해 줍니다. 그렇다면 프롬프트란 무엇일까요? 쉽게 말하면 'Copilot과 사용자의 대화'입니다. 사람과 사람의 대화를 생각해 봅시다. 어떤 것을 동료에게 요청할 때 정확하고 구체적으로 요청하는 경우와 이해하기 어려운 문장으로 요청하는 경우, 결과는 크게 달라집니다. Copilot과의 대화도 이와 마찬가지입니다. Copilot에게 요청하고자 하는 목표를 구체적으로 전달해야 합니다. 즉, 무엇을 어떻게 해 달라고 명확히 요청해야 내가 원하는 결과를 얻을 수 있습니다. 프롬프트는 긴 문장일 수도, 짧은 문장일 수도 있습니다. 프롬프트 사용에 정해진 정답은 없습니다. 따라서 원하는 목표를 위해 프롬프트를 수정·보완하며 지속적으로 발전시켜 나가는 것이 중요합니다. 무엇보다 중요한 것은 Copilot에게 요청하고자 하는 목표를 명확히 설정하는 것입니다.

> **TIP** Copilot을 포함한 생성형 AI는 정중하고 윤리적이며 합법적인 방식으로 사용해야 하며 자신 또는 다른 사람에게 피해를 줄 수 있는 목적으로 Copilot을 사용하지 마세요. AI는 책임 있는 AI 원칙을 준수해야 합니다. 책임 있는 AI에 대한 좀 더 자세한 내용은 35쪽을 참고하세요.

어떤 프롬프트를 사용해야 원하는 목표를 달성할 수 있을지 알기 어렵다면, 다음 사항을 바탕으로 프롬프트를 작성해 보세요. 여기서 소개하는 기본 원칙을 준수하는 것만으로도 원하는 목표를 훨씬 쉽게 달성할 수 있습니다.

1 Copilot에서 받은 응답을 검토하고 확인합니다.

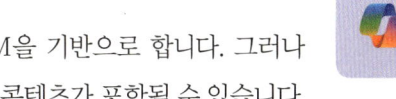

Copilot은 텍스트를 예측하고 생성하도록 설계된 고급 도구인 LLM을 기반으로 합니다. 그러나 LLM의 방대한 데이터 사용 특성으로 인해 Copilot의 응답에 잘못된 콘텐츠가 포함될 수 있습니다. 따라서 Copilot이 제시하는 답변의 원본 출처를 확인하고, 이를 통해 응답을 평가해야 합니다.

2 동일한 프롬프트를 여러 번 사용하면 다른 응답이 발생할 수 있습니다.

LLM은 일부 무작위적 요소가 포함된 방식으로 작동합니다. 따라서 동일한 입력 프롬프트를 사용하더라도 매번 다른 결과가 나올 수 있지만 내용 측면에서는 동일합니다.

3 새로운 토픽일 때는 새 창에서 시작합니다.

프롬프트의 문맥이 변하거나 새로운 업무를 요청할 경우, 새 Copilot 입력 창을 표시하여 새롭게 대화를 시작하는 것이 좋습니다.

4 명확하게 요구하거나 구분합니다.

문장 부호, 문법 및 대문자 표시를 명확하게 사용하세요. 특정 단어는 " "로 감싸 강조할 수 있습니다. 이렇게 하면 Copilot이 무엇을 작성, 수정, 변경해야 하는지 정확히 이해할 수 있습니다.

5 Copilot이 처리할 수 있는 문서의 길이를 이해해야 합니다.

Copilot이 처리할 수 있는 문서의 단어 수에는 제한이 있으며 이 제한은 제품이 업데이트되면서 점점 늘어나고 있습니다. 현재 최적의 단어 수는 한국어의 경우 40,000개의 단어이고 영어는 80,000개의 단어입니다. 이보다 긴 문서도 Copilot이 일부 도움을 줄 수 있지만, 문서의 첫 부분에 초점을 맞추는 경향이 있습니다. 이는 책의 처음 몇 장만 읽고 나머지를 추측하는 것과 유사합니다. 따라서 Copilot에게 문서를 제공할 때는 길이에 맞게 조정하는 것이 중요합니다.

> **전문가의 조언** **긴 문서를 위한 팁**
>
> Copilot을 사용할 때 문서의 길이가 제한을 초과하는 경우, 다음 방법을 활용해 보세요.
>
> - **분할하기**: 긴 문서는 더 작은 단위로 나누어 개별적으로 Copilot에 제공하는 것이 좋습니다. 이렇게 하면 Copilot이 각 부분을 효과적으로 처리할 수 있습니다.
> - **부분별 요약하기**: 긴 보고서나 원고의 경우, Copilot을 사용하여 내용을 일정한 단위로 나누어 요약할 수 있습니다. 예를 들어 문서를 여러 부분으로 나눈 후 각 섹션을 복사하여 Copilot에 입력하고 별도로 요약하는 방식으로 진행할 수 있습니다. 이렇게 하면 Copilot이 보다 정확하고 관련성 높은 응답을 제공할 수 있습니다.

Copilot의 프롬프트는 '주요 요소'와 '부연 요소'로 구분할 수 있습니다. 주요 요소에는 목표, 출력 형태가 있고, 부연 요소에는 문맥, 역할, 톤(스타일), 참고 자료가 있습니다. 주요 요소는 프롬프트를 작성할 때 반드시 포함해야 하는 요소이고, 부연 요소는 반드시 포함되어야 하는 요소는 아니지만 어떻게 사용하느냐에 따라 더 정확한 결과를 얻을 수 있는 요소입니다.

구분	항목	설명
주요 요소	목표	가장 중요한 요소로, 명확한 목표와 목적을 제시해야 합니다.
	출력 형태	원하는 결과물의 형태를 명확히 설정해야 합니다. 출력 형태의 구조화 및 명시는 필수적이며, 구어체가 아닌 마크다운 기법을 활용한 항목별 나열이 포함될 수 있습니다.
부연 요소	문맥	필요한 경우, 문맥에 대한 추가 설명이 가능합니다. 그러나 이해하기 어려운 부연 설명은 Copilot의 내용 파악을 방해할 수 있으므로 적절한 수준의 설명을 활용하는 것이 중요합니다.
	역할	특정 관점에서의 답변 제시 또는 주관적인 의견의 대리 표현이 필요할 때 효과적입니다.
	톤(스타일)	업무 성격에 적합한 어조 및 스타일의 지정이 필요합니다.
	참고 자료	Copilot이 결과를 생성할 때 참고해야 할 특정 정보의 범위를 명확히 지정해야 합니다.

주요 요소와 부연 요소는 좀 더 나은 프롬프트를 만들기 위한 구성 요소이므로 적절히 활용해야 합니다. 너무 과한 설명은 오히려 Copilot에게 혼선을 줄 수 있습니다. 또한, Copilot에게 제공하는 배경 정보나 문맥은 일관성을 유지해야 합니다. 서로 상충되는 정보를 제공하면 Copilot이 혼란을 겪게 되므로 원하는 답변을 얻기 어려울 수 있습니다.

목표	출력 형태
프롬프트를 통해 얻고자 하는 결과 • ○○○를 세 가지 항목으로 나열해. • ○○○를 달성할 수 있는 효율적인 방법을 제시해.	사용자가 원하거나 Copilot이 만들어야 하는 결과물의 최종 형태 • ○○○를 요약해서 표 형태로 제시해. • ○○○ 기사를 찾아서 기호로 정리해.

문맥	역할	톤(스타일)	참고 자료
Copilot이 목표를 수행하기 위해 필요한 배경, 상황, 사전 정보 등 • ○○○는 바둑에 사용되는 용어야. • ○○○가 문학 작품에 사용된 사례를 제시해.	Copilot이 수행할 특정 역할 • 너는 영문학 번역가야. ○○○를 영문학 번역가의 입장에서 번역해. • 너는 유치원 선생님이야. ○○○를 유치원 학생이 이해할 수 있게 설명해.	Copilot이 제시할 답변 스타일 • 격식 있는 어조로 작성해. • 친근한 어조로 작성해.	Copilot이 목표를 수행하기 위해 참고해야 할 자료 • ○○○을 참고해서 정리해. • ○○○안의 결과를 요약해.

↔ 프롬프트 예시 ① 목표와 출력 형태 명확하게 하기

Copilot이 수행해야 할 명확한 목표와 결과물을 어떤 방식으로 제시해야 하는지 구체적으로 요청해야 합니다. 복잡한 형태의 결과를 원할 경우, 프롬프트를 구어체로 길고 복잡하게 설명하는 것보다 구조화하여 나열하는 것이 원하는 결과를 얻는 데 도움이 됩니다. 간단한 프롬프트로 요청했을 때의 결과와 프롬프트를 구조화하여 구체적으로 원하는 바를 예시와 함께 요청했을 때의 결과를 비교해 보면 후자가 훨씬 정교한 답변을 제공한다는 것을 알 수 있습니다.

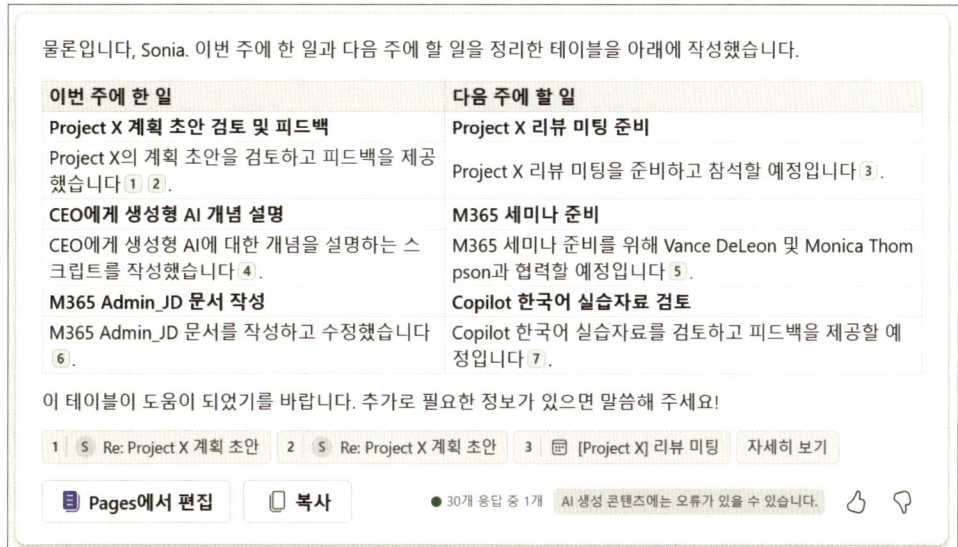

▲ 기본 프롬프트를 사용한 경우

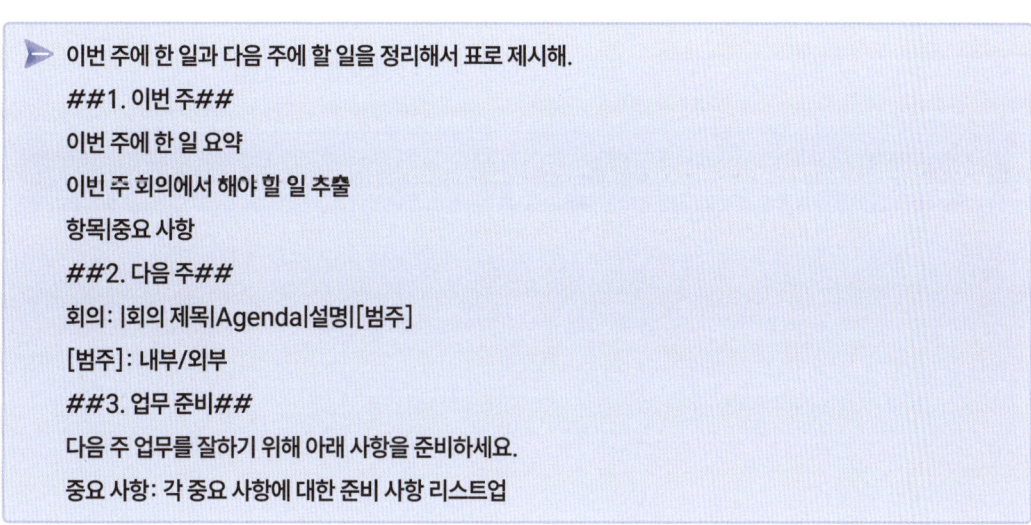

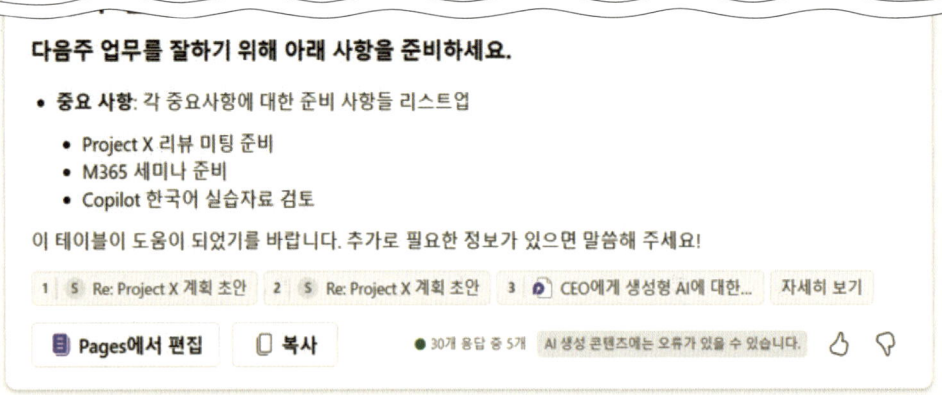

▲ 구조화된 프롬프트를 사용한 경우

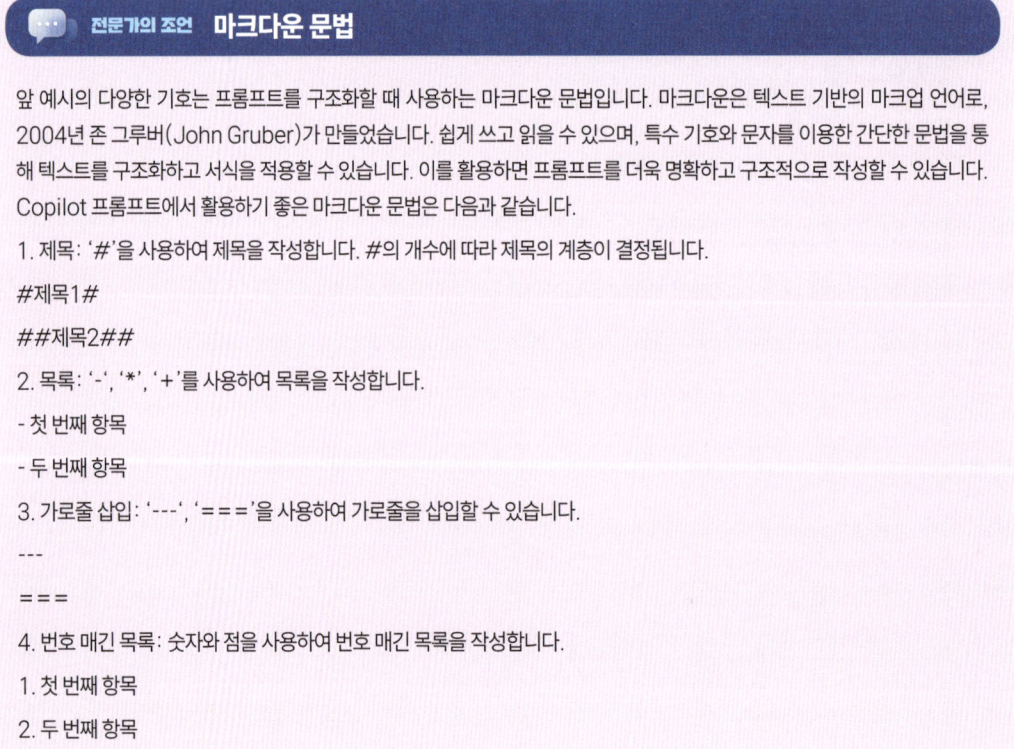

5. 강조: '*' 또는 '_'를 사용하여 기울임체를, '**', '__'를 사용하여 굵은 글씨체를 작성합니다.

기울임체, _기울임체_

굵은 글씨체, __굵은 글씨__

프롬프트
###뉴스 기사 요약### 이번 주에 게시된 뉴스 중 '과기정통부'와 관련한 기사들을 조사하여 아래의 형식으로 보여 줘. **기사 날짜**: YYYY-MM-DD **언론사**: 언론사 이름 **제목**: 기사 제목 **요약**: 기사 요약 **레퍼런스**: 기사 웹페이지 주소

결과
뉴스 기사 요약 • **기사 날짜**: 2024-12-04 • **언론사**: 연합뉴스 • **제목**: 과기정통부, 간부회의 소집… "통신망 안정적 제공 등 논의" • **요약**: 과기정통부는 비상계엄 선포·해제와 관련해 간부회의를 소집하여 통신망 안정적 제공 등 현 상황과 관련한 논의를 진행했습니다. 유상임 과기정통부 장관은 장차관과 실장, 총괄국장이 참석한 회의에서 부처 업무를 차질 없이 수행하고 복무에 철저히 해 줄 것을 당부했습니다. • **기사 날짜**: 2024-11-06 • **언론사**: 한국일보 • **제목**: 내년 기초연구에 2조3400억 투입… 과학자 성장 사다리 다시 세운다 • **요약**: 과기정통부는 2025년도 기초연구사업 시행계획을 발표하며, 내년도 기초연구 지원을 위해 2조3400억 원을 투입할 계획입니다. 젊은 연구자의 성장 기반 마련과 중견 연구자의 역량 확장을 목표로 다양한 지원 사업을 추진할 예정입니다 • **레퍼런스**: 한국일보 [3] [1]: 연합뉴스 [2]: KBS 뉴스 [3]: 한국일보 이 외에도 더 궁금한 점이 있으시면 언제든지 말씀해 주세요!

위 예시와 같이 프롬프트를 마크다운으로 작성하면, Copilot이 원하는 형식에 맞춰 결과를 제공할 수 있습니다. 또한, 프롬프트를 마크다운 형식으로 구조화하면 Copilot이 좀 더 정확하고 일관된 결과를 생성하는 데 도움이 됩니다.

↔ 프롬프트 예시 ② 문맥과 톤

Copilot이 수행할 목적에 대한 배경, 사전 정보, 범위 등에 대한 정보를 제공하고, 결과의 톤을 지정하면 Copilot이 더욱 적절한 결과를 생성하는 데 도움이 됩니다. 그러나 이러한 부연 설명은 적절하게 사용해야 하며, 너무 과한 정보는 오히려 Copilot에게 혼선을 줄 수 있습니다. 다음 두 개의 예시 메일을 비교해 봅시다. 답변의 스타일, 참고할 자료 그리고 배경 설명을 함께 제시하였습니다. 같은 프롬프트를 사용하더라도 요청한 답변 스타일에 따라 메일의 분위기가 어떻게 달라지는지 비교할 수 있습니다.

상세하고 공식적인 어투로 메일 초안을 작성한 경우	친근하고 이해하기 쉬운 어투로 메일 초안을 작성한 경우
안녕하세요. Monica, 현재 에이전시와 함께 진행 중인 Project X에 대한 검토를 진행하고 있습니다. 그러나 내부적으로 진행이 원활하지 않아 이에 대한 조정이 필요합니다. Project X.docx 파일을 참고하여 우리가 해야 할 일을 정리하였습니다. 아래의 사항들을 확인해 주시고, Vance와 Peyton에게 각각의 할 일을 나누어 주시기 바랍니다. 또한, 팀 내 미팅을 소집하여 이 사항들을 논의할 수 있도록 준비해 주세요.	안녕하세요. Monica, 현재 에이전시와 함께 진행 중인 Project X에 대한 검토를 하고 있는데, 내부적으로 잘 진행되지 않고 있어요. 그래서 우리가 해야 할 일을 정리해 봤어요. Project X 2.docx 파일을 참고했으니 Vance와 Peyton에게 각각의 할 일을 나누어 주시고, 팀 내 미팅을 소집해 주세요.

➡️ 프롬프트 예시 ③ 역할 부여

Copilot에게 특정 역할을 부여하면, 좀 더 전문적이고 적절한 응답을 받을 수 있습니다. 역할을 명확히 지정하면 Copilot이 해당 분야의 맥락을 고려하여 답변을 생성하므로 원하는 정보를 좀 더 정확하게 얻을 수 있습니다. 예를 들어, "마케팅 전문가로서 신규 제품의 홍보 전략을 제안해 주세요.", "HR 담당자로서 효과적인 채용 공고를 작성해 주세요." 와 같이 역할을 부여하면, 일반적인 응답보다 더욱 전문적인 내용이 포함된 답변을 얻을 수 있습니다. 또한, Copilot에게 특정 스타일이나 톤을 요청할 수도 있습니다. 공식적인 보고서 형식, 친근한 이메일 작성, 간결한 요약 등 원하는 스타일을 지정하면 더욱 일관된 결과를 얻을 수 있습니다. 다음 예시를 참고하여 Copilot을 더욱 효과적으로 활용해 보세요.

> ▶ **프롬프트**: 너는 변호사야. 음주 운전을 한 운전자가 어떤 처벌을 받게 되는지 근거를 들어 표로 설명해.

음주운전한 운전자가 어떻게 처벌받게 되는지에 대해 설명드리겠습니다. 아래 표는 음주운전 처벌의 근거와 처벌 내용을 정리한 것입니다.

처벌 근거	처벌 내용
도로교통법 제44조	음주운전 금지
도로교통법 제148조의2	음주운전으로 인한 처벌 규정
형법 제268조	교통사고로 인한 업무상 과실치사상

도로교통법 제44조
- **내용**: 누구든지 술에 취한 상태에서 자동차 등을 운전해서는 안 됩니다.

형법 제268조
- **내용**: 교통사고로 인한 업무상 과실치사상.
- **처벌**: 교통사고로 인한 사망 또는 상해 시 징역형 또는 벌금형 부과.

이 표를 통해 음주운전의 처벌 근거와 내용을 이해하실 수 있습니다. 추가로 궁금한 사항이 있으시면 언제든지 말씀해 주세요.

📄 Pages에서 편집　📋 복사　● 30개 응답 중 1개　AI 생성 콘텐츠에는 오류가 있을 수 있습니다.

> 프롬프트: 너는 초등학교 선생님이야. 학생들에게 세종대왕의 위대함을 설명해 줘.

안녕하세요, 여러분! 오늘은 우리나라 역사에서 아주 중요한 인물인 세종대왕에 대해 이야기해볼 거예요.

세종대왕은 조선 시대의 네 번째 왕으로, 우리나라를 더 발전시키기 위해 많은 일을 하셨어요. 가장 유명한 업적 중 하나는 바로 한글을 만든 것이에요. 한글은 우리가 지금 사용하는 글자예요. 세종대왕은 백성들이 쉽게 읽고 쓸 수 있도록 한글을 만들었어요. 그 덕분에 많은 사람들이 글을 배우고, 서로 소통할 수 있게 되었답니다.

또한, 세종대왕은 과학과 기술에도 큰 관심을 가지셨어요. 예를 들어, 해시계와 물시계 같은 새로운 도구들을 만들어서 시간을 정확하게 알 수 있게 했어요. 그리고 농사짓는 방법을 개선해서 농민들이 더 많은 수확을 거둘 수 있도록 도와주셨어요.

세종대왕은 음악과 예술도 사랑하셨어요. 그래서 많은 예술가들이 세종대왕의 지원을 받아 훌륭한 작품들을 만들 수 있었어요. 세종대왕은 이렇게 다양한 분야에서 많은 업적을 남기셨기 때문에, 우리는 그를 위대한 왕으로 기억하고 있어요.

여러분도 세종대왕처럼 다른 사람들을 돕고, 새로운 것을 배우고, 열심히 노력하는 사람이 되길 바랄게요! 질문이 있으면 언제든지 물어보세요.

Microsoft에서는 Copilot 사용자들을 위해 프롬프트 작성에 도움이 되는 다양한 자료를 제공하고 있습니다. Copilot 프롬프트 갤러리에서는 Copilot과 Copilot 프롬프트에 대한 소개뿐만 아니라 다양한 예시도 함께 제공합니다. M365에서 제공하는 다양한 생산성 앱별로 Copilot 프롬프트가 제시되며 지속적으로 업데이트되고 있습니다. 또한, 프롬프트 갤러리에서는 유용한 프롬프트를 저장하거나 다른 사용자와 공유하여 활용할 수도 있습니다.

> **TIP** 프롬프트 갤러리에 대한 좀 더 자세한 내용은 53쪽을 참고하세요.

이밖에도 Microsoft의 Copilot 학습 허브(https://learn.microsoft.com/ko-kr/copilot) 페이지에서는 Copilot 사용법과 프롬프트를 포함한 온라인 무료 교육 등 다양한 정보를 얻을 수 있습니다.

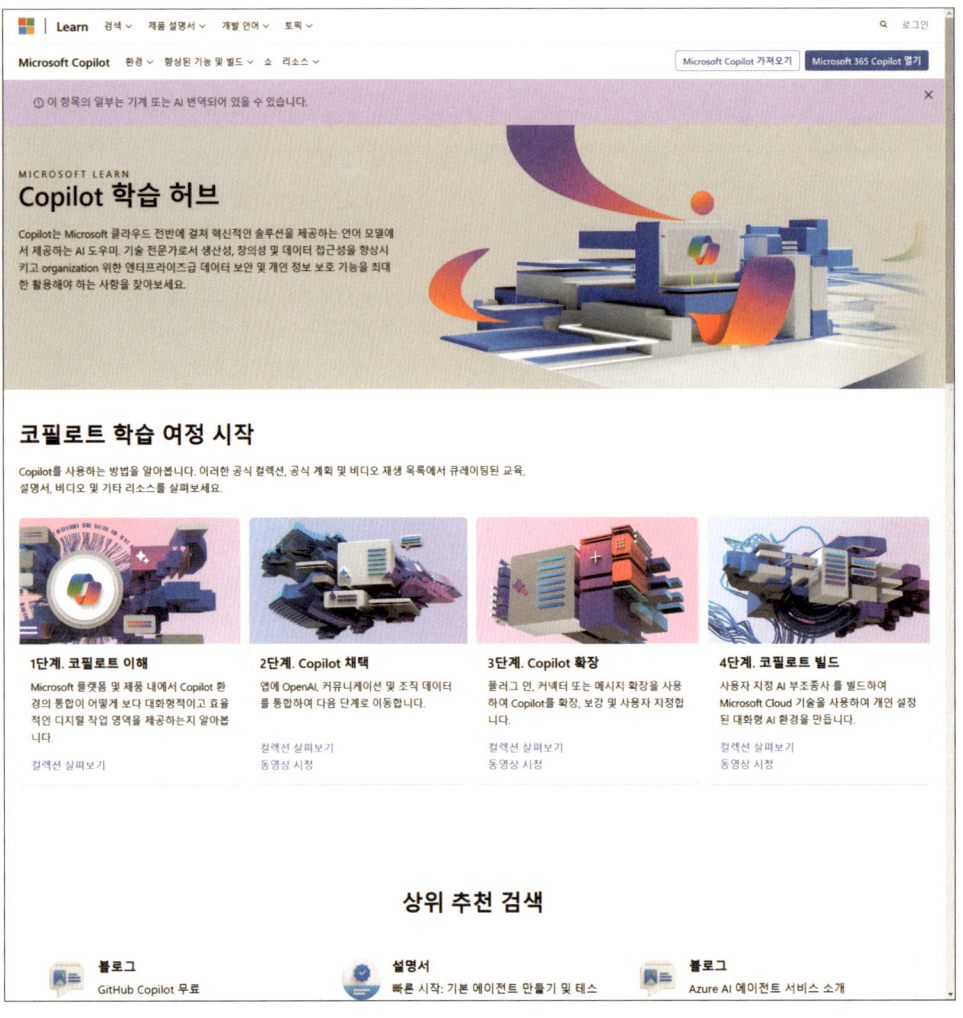

▲ Copilot 학습 허브 페이지

03 | M365 Copilot 프롬프트 갤러리

M365의 각 애플리케이션에서 Copilot을 활용하는 방식은 조금씩 다릅니다. 하지만 시행착오를 거치면서 익히다 보면 시간과 노력이 많이 들고 효율이 떨어질 수 있습니다. 이때 도움이 되는 것이 바로 '프롬프트 갤러리'입니다. M365에서 제공하는 다양한 프롬프트 예시를 활용하면 Copilot을 보다 효과적으로 사용할 수 있습니다. 이번에는 이러한 프롬프트 가이드를 활용하는 방법을 알아보겠습니다.

M365의 각 앱 메뉴에서 [Copilot] 을 선택하면 작업 화면 오른쪽에 Copilot 창이 나타납니다. 이 창에 직접 프롬프트를 입력해도 되지만 [프롬프트 보기]를 클릭하면 표시되는 [Copilot 프롬프트 갤러리]에서 다양한 유형의 프롬프트를 확인할 수 있습니다.

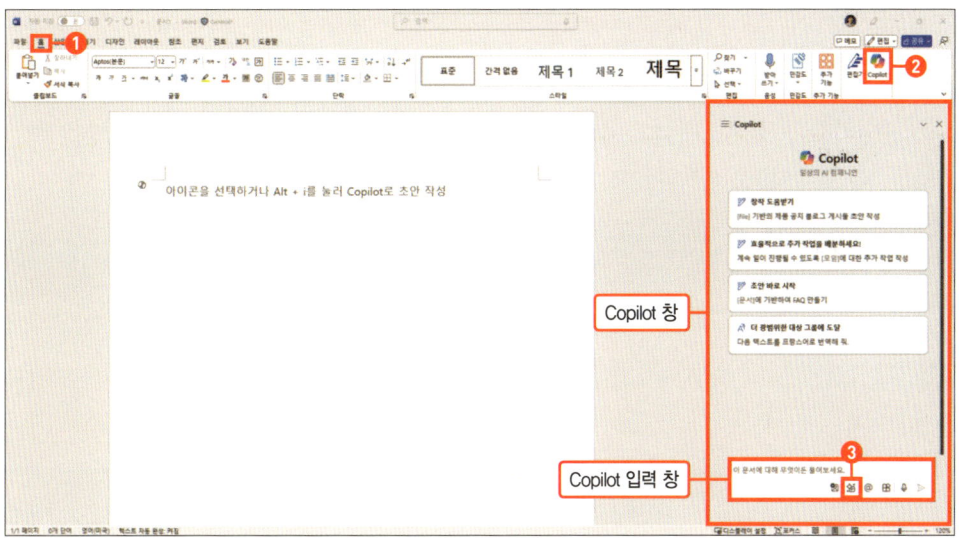

Copilot 프롬프트 갤러리에서는 M365 Copilot을 좀 더 효과적으로 활용하는 데 도움을 주는 템플릿과 추천 프롬프트 모음을 확인할 수 있습니다. [Copilot 프롬프트 갤러리]는 사용자가 Copilot의 기능을 손쉽게 탐색하고, 다양한 상황에 적합한 프롬프트를 빠르게 선택하거나 참고할 수 있도록 구성되어 있습니다.

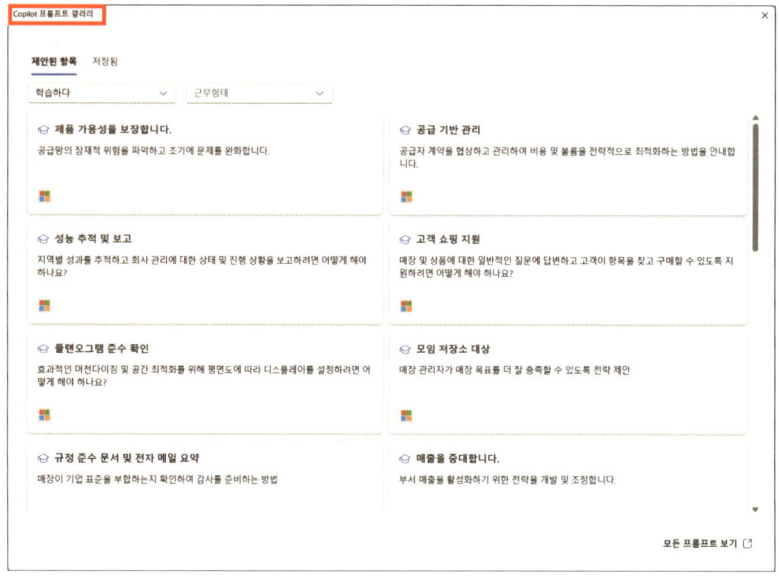

▲ 워드의 [Copilot 프롬프트 갤러리]

워드 Copilot

워드 Copilot의 프롬프트 갤러리는 워드에서 사용할 수 있는 다양한 프롬프트 예시를 제공합니다. 사용자는 이 갤러리를 통해 워드에서 Copilot을 활용하여 문서 작성, 요약, 편집 등의 작업을 효율적으로 수행할 수 있는 다양한 프롬프트를 확인할 수 있습니다.

예를 들어, 특정 주제에 대한 초안을 작성하거나, 기존 문서를 요약하거나, 문법 및 스타일 교정을 요

청하는 등과 같은 작업을 자연어 명령을 통해 수행할 수 있습니다. 구체적으로 핵심 메시지를 추출하는 프롬프트를 사용하고자 할 경우, [Copilot 프롬프트 갤러리]로 이동한 후 다음과 같이 선택하면 사용 가능한 프롬프트를 확인할 수 있습니다.

→ 파워포인트 Copilot

파워포인트 Copilot의 프롬프트 갤러리는 프레젠테이션 작업과 관련된 다양한 프롬프트 예시를 제공합니다. 사용자는 이 갤러리를 통해 파워포인트에서 Copilot을 활용하여 프레젠테이션 생성, 편집, 요약 등의 작업을 효율적으로 수행할 수 있는 다양한 프롬프트를 확인할 수 있습니다.

예를 들어, 특정 주제에 대한 프레젠테이션 초안을 작성하거나, 기존 슬라이드를 요약하거나, 슬라이드 디자인을 개선하는 등과 같은 작업을 자연어 명령을 통해 수행할 수 있습니다. 좀 더 상세하게 프레젠테이션을 생성하기 위한 프롬프트를 사용하고자 할 경우, [Copilot 프롬프트 갤러리]로 이동

한 후 다음과 같이 선택하면 사용 가능한 프롬프트를 확인할 수 있습니다.

엑셀 Copilot

엑셀 Copilot의 프롬프트 갤러리는 엑셀 작업 중에 사용할 수 있는 다양한 프롬프트 예시를 제공합니다. 사용자는 이 갤러리를 통해 데이터 분석, 차트 생성, 수식 작성 등의 작업을 효율적으로 수행할 수 있는 다양한 프롬프트를 확인할 수 있습니다.

04 M365 Copilot을 위한 업무 시나리오

M365에 포함된 워드, 엑셀, 파워포인트 등은 각기 다른 사용 목적을 가지고 있습니다. Copilot을 목적에 맞게 활용하면 더욱 효과적으로 사용할 수 있는데요. 이번에는 각 앱에서 Copilot을 어떤 상황에서 활용하면 좋을지에 대해 알아보겠습니다.

워드 Copilot

우리가 워드를 이용해 문서를 만드는 목적은 누군가와 그 문서를 공유하기 위함입니다. 가장 대표적인 것이 '보고서'이지요. 또한 공유 과정에서 편집이 필요한 경우도 많습니다. Copilot은 이러한 작업을 좀 더 편리하게 해 주는 도구로 활용할 수 있습니다. Copilot의 대표적인 활용 시나리오는 다음과 같습니다.

- 개요나 아이디어를 텍스트로 생성하기
- 어조, 문구 수정과 같은 기존 문서의 편집하기
- 텍스트를 기반으로 표 추가하기

워드 Copilot을 사용하기 위한 예시는 다음 표를 참고하세요.

항목	워드 Copilot 사용 예시
생성	• 워드 문서에 콘텐츠 추가하기(새로운 콘텐츠 및 다른 문서를 참고한 콘텐츠 생성)
편집	• 새로운 문장 추가하기 • 설명을 기반으로 이미지 추가하기 • 텍스트 형식 변경하기(예 좀 더 비즈니스적인 문장으로 변경)
요약	• 요약 만들기
요청(명령)	• 문서에 대한 일반적인 질문하기

TIP 워드 Copilot에 대한 자세한 좀 더 내용은 108쪽을 참고하세요.

엑셀 Copilot

엑셀 데이터를 분석하기 위해 계산을 하거나 수식을 작성하는 용도로 사용합니다. 어떤 과정을 진행하든 그 목적은 결국 데이터를 분석하여 인사이트를 얻는 것입니다. Copilot 역시 데이터에서 인사이트를 도출할 수 있는 용도로 사용할 수 있습니다. 대표적인 시나리오는 다음과 같습니다.

- 추세나 특이점을 식별 등 인사이트 발굴하기
- 정보를 강조하는 차트 만들기

구체적으로 엑셀 Copilot을 사용하기 위한 예시는 다음 표를 참고하세요.

항목	엑셀 Copilot 사용 예시
추가	• 피벗 차트 만들기 • 수식이 포함된 열 추가하기 • 수식이 포함된 행 추가하기
편집	• 텍스트 글꼴 변경 또는 셀 색상 업데이트하기 • 특정 콘텐츠 강조 표시하기 • 데이터 필터링 및 정렬하기

TIP 엑셀 Copilot에 대한 자세한 내용은 68쪽을 참고하세요.

파워포인트 Copilot

파워포인트는 주로 연구, 기획, 발표 등과 같은 목적으로 사용합니다. 콘텐츠를 빠른 시간에 효과적으로 전달하고자 할 때 텍스트와 이미지를 사용합니다. 대표적인 시나리오는 다음과 같습니다.

- 아이디어를 프레젠테이션으로 전환하기
- 워드 문서를 프레젠테이션으로 전환하기
- 기존 프레젠테이션 개선하기
- 핵심 내용을 요약하고 슬라이드 노트를 작성하기

파워포인트 Copilot을 사용하기 위한 예시는 다음 표를 참고하세요.

항목	파워포인트 Copilot 사용 예시
생성	• 설명을 바탕으로 프레젠테이션 만들기 • 워드 문서를 기반으로 프레젠테이션 만들기
편집	• 문서 주제에 대한 슬라이드 추가하기 • 설명을 기반으로 이미지 추가하기 • 텍스트 형식 변경하기

요약	• 요약 만들기 • 주요 키워드 찾기
이해	• 프레젠테이션에 대해 질문하기 • 언어 번역하기(예 한국어 번역)
요청(명령)	• 텍스트 서식을 다시 지정하기 • 새 슬라이드 만들기

TIP 파워포인트 Copilot에 대한 자세한 내용은 156쪽을 참고하세요.

아웃룩 Copilot

아웃룩은 메일을 보내거나 일정을 관리하는 등의 목적으로 사용됩니다. 즉, 메일을 작성하거나 상대방이 보낸 메일을 읽어야 하고, 회의 일정을 관리할 수도 있습니다. 따라서 아웃룩 Copilot 역시 다음과 같은 시나리오에서 사용될 수 있습니다.

- 수십 개의 이메일 스레드에서 요약 내용을 확인하기
- 새 이메일 초안을 작성하거나 스레드에 답장하기
- 이메일 내용을 기반으로 액션 아이템(Action Item) 확인하기

구체적으로 아웃룩 Copilot을 사용하기 위한 예시는 다음 표를 참고하세요.

항목	아웃룩 Copilot 사용 예시
생성	• 이메일 초안 작성하기 • 작성한 이메일의 톤(예 캐주얼하게 작성, 비즈니스적으로 작성)과 길이를 조절하기
편집	• 어조, 감정, 명확성에 대한 제안을 제공하기
요약	• 이메일 스레드를 요약하기

TIP 아웃룩 Copilot에 대한 자세한 내용은 193쪽을 참고하세요.

팀즈 Copilot

팀즈는 채팅 및 온라인 회의 등의 기능을 통해 실시간으로 동료 및 외부와 커뮤니케이션할 수 있는 도구입니다. 따라서 1:1 커뮤니케이션은 물론 1:그룹 형태의 커뮤니케이션도 가능합니다.

이러한 특징을 고려할 때 팀즈 Copilot의 대표적인 시나리오는 다음과 같습니다.

- 요약, 핵심 사항, 참가자들의 감정 등을 질문
- 요약이나 질문을 통해 회의 내용 파악

팀즈 Copilot을 사용하기 위한 예시는 다음 표를 참고하세요.

항목	팀즈 Copilot 사용 예시
생성	• 채팅 내용에 대한 질문하기 • 일정 기간 동안 주고받았던 채팅 내용 요약하기 • 결정해야 할 항목, 미결 항목, 해야 할 일 등에 대해 질문하기 • 특정인이 뭐라고 말했는지 질문하기
요약	• 지금까지의 회의 요약 보기 • 주요 논의 사항하기 • 누가 무슨 말을 했는지 확인하기 • 의견 합의를 보지 못한 사항이 무엇인지 확인하기 • 액션 아이템 정리하기

> **TIP** 팀즈 Copilot은 현재(2025년 3월) Copilot Chat으로 통합되었으며, 실습도 Copilot Chat을 기준으로 안내됩니다. Copilot Chat에 대한 좀 더 자세한 내용은 222쪽을 참고하세요.

→ Microsoft 365 Copilot

Microsoft 365 Copilot은 ChatGPT나 Bing Chat과 유사합니다. 단지 검색 대상이 M365로 만들어진 문서라는 것만 다를 뿐이죠. Microsoft 365 Copilot은 Copilot 시작 화면에서 [Copilot] 을 선택하면 사용할 수 있습니다.

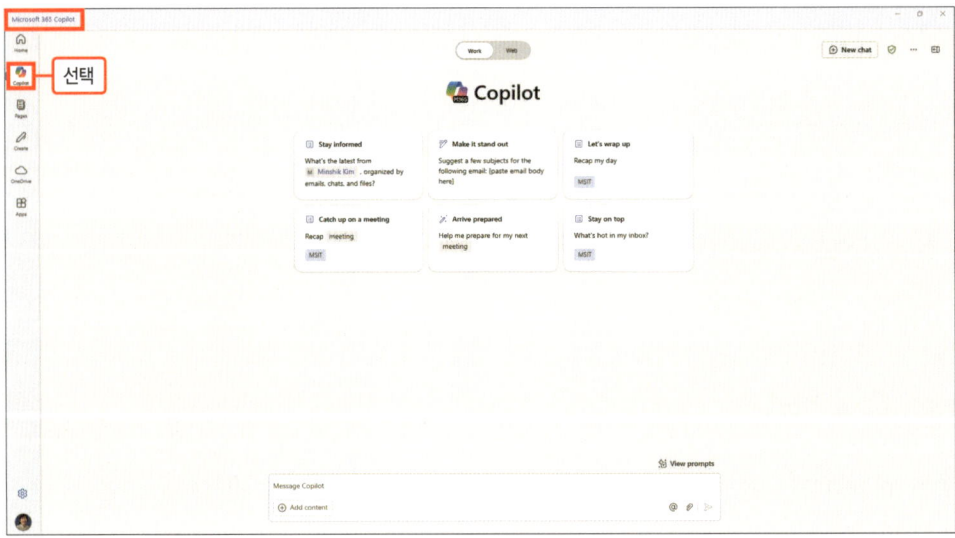

앞에서도 언급했듯이 Microsoft 365 Copilot은 Bing Chat과 비슷합니다. 따라서 사용자의 질문에 대해 M365 문서뿐만 아니라 웹에서 검색한 결과도 함께 보여 줍니다. 먼저 "팀즈에서 최근 원고 관련된 대화를 요약해 줘."와 같이 M365와 관련된 질문을 하면 다음과 같이 답변해 줍니다.

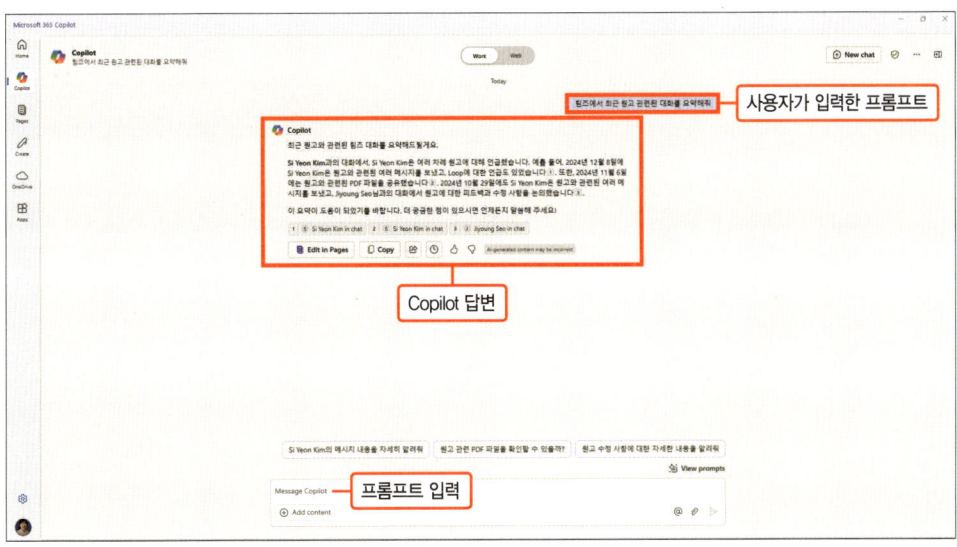

이번에는 M365와 관련 없는 "Copilot 사용할 때의 장단점에 대해 알려 줘."라는 질문을 해 봅니다. 그러면 다음과 같이 답변해 주는데, 이때 문장의 끝에 있는 숫자에 마우스 커서를 올려놓으면 출처를 보여 줍니다.

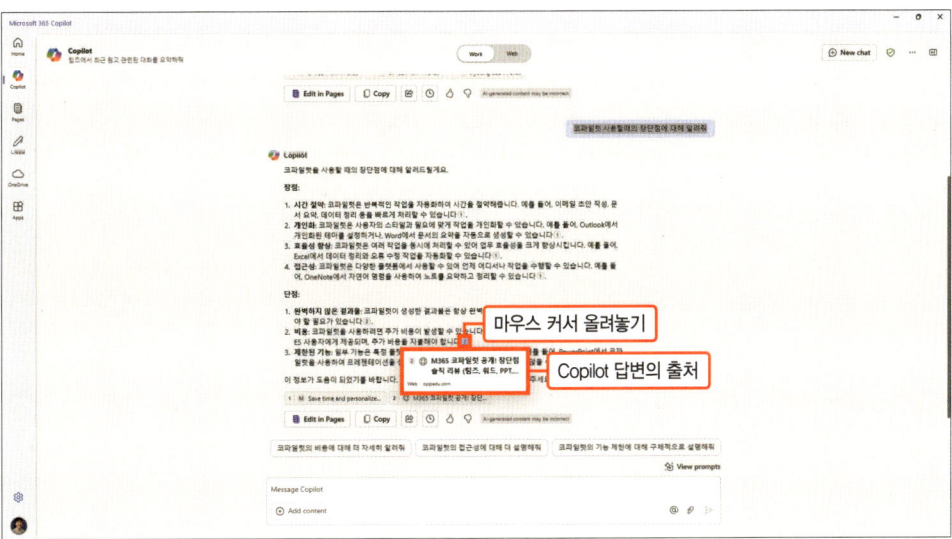

M365 및 웹 검색에 특화된 Microsoft 365 Copilot의 대표적인 시나리오는 다음과 같습니다.

- 문서 작성 및 편집하기
- 코드 작성 및 디버깅하기
- 데이터 분석하기

2장 M365 Copilot 시작하기

Microsoft 365 Copilot을 사용하기 위한 예시는 다음 표를 참고하세요.

항목	Microsoft 365 Copilot 사용 예시
채팅	• 특정 대화 내용에 대한 질문하기 • 일정 기간 동안 주고받았던 채팅 내용 요약하기 • 결정해야 할 항목, 미결 항목, 해야 할 일 등에 대해 질문하기 • 특정인이 어떤 말을 했는지 검색하기
회의	• 지금까지의 회의 요약 보기 • 주요 논의 사항 정리하기 • 누가 무슨 말을 했는지 확인하기 • 의견 합의를 보지 못한 사항 확인하기 • 액션 아이템 정리하기
문서 작성	• 초안 생성 및 문서 요약하기 • 보고서 자동 생성 및 문법 수정하기 • 이메일 초안 작성하기 • 특정 주제에 대한 개요 작성하기
코딩 및 디버깅	• 특정 기능 구현 코드 작성하기(예 API 호출, 데이터 처리) • 코드 오류 디버깅 및 최적화하기
데이터 분석	• 엑셀 데이터를 기반으로 특정 지표 분석하기 • SQL 쿼리 자동 생성 및 최적화하기 • 주요 트렌드 및 패턴 분석하기

05 사용 조건과 발전 가능성

Copilot을 업무에 활용하면 혁신을 기대할 수 있지만, 사용 조건이 까다롭습니다. 이번에는 Copilot을 사용하기 위한 조건과 발전 가능성에 대해 알아보겠습니다.

사용 조건

Copilot은 초기 발표 당시 일부 라이선스에서만 사용할 수 있었지만, 이제는 개인 사용자도 이용할 수 있습니다. 개인 사용자의 경우, Microsoft 365 Personal 또는 Family를 구매한 후 Microsoft 계정으로 로그인하면 사용할 수 있습니다. 비즈니스 및 엔터프라이즈 고객이라면 엔터프라이즈 또는 비즈니스용 라이선스를 구매하여 사용할 수 있습니다. 좀 더 자세한 내용은 다음 표를 참고하세요.

▼ M365 라이선스와 비용

구분	라이선스	설명	비용(부가세 미포함 금액)
가정용	Microsoft 365 Family	1~6명까지 사용 가능	11,900원/월
	Microsoft 365 Personal	1명만 사용 가능	8,900원/월
비즈니스용 (최대 300명 사용)	Microsoft 365 Business Basic	• 웹 및 모바일 앱에서만 사용 가능 • 데스크톱 버전의 앱을 제공하지 않음	7,500원 사용자/월
	*Microsoft 365 Business Standard	Premium에서는 보안 측면에서 더 강력한 기능을 제공	15,600원 사용자/월
	*Microsoft 365 Business Premium		27,500원 사용자/월
300인 이상의 기업 (사용자 제한 없음)	Microsoft 365 E1	• 웹 및 모바일 앱에서만 사용 가능 • 데스크톱 버전의 앱을 제공하지 않음	12,500원 사용자/월
	Microsoft 365 E3	사용가능한 앱은 같지만, E5는보안 측면에서 더 강력한 기능을 제공(CA 클라우드 앱 보안)	28,700원 사용자/월
	Microsoft 365 E5		47,400원 사용자/월

TIP 라이선스 가격과 구성은 달라질 수 있습니다. 좀 더 자세한 내용은 Microsoft 홈페이지(https://www.microsoft.com/ko-kr/microsoft-365/copilot#keyfeatures)를 참고하세요.

Copilot은 오프라인에서 작동하지 않습니다. 반드시 인터넷이 연결된 온라인 환경을 유지해야 합니다. 이 말은 모든 데이터가 온라인(원드라이브, 팀즈 등)에 저장되어 있어야 한다는 것을 의미하기도

합니다. 또한 Copilot을 사용하기 위해서는 최신 버전의 M365 앱스가 필요합니다.

→ M365 Copilot의 현재와 미래

M365 Copilot이 정식 출시된 지 1년이 넘었습니다. 처음 발표 당시, 많은 사람은 Copilot이 대부분의 업무를 대신해 줄 것이라 기대하며, Microsoft가 추구하는 '적은 시간으로 더 많은 일을 할 수 있는(Do More with Less)' 시대가 현실화되고 있다고 생각했습니다.

1년이 지난 지금, AI 비서 Copilot은 실제로 사용자를 대신해 파워포인트나 워드 문서의 초안을 작성하고, 업무의 여러 순간에서 AI 비서 역할을 수행하고 있습니다. 그러나 현재의 Copilot은 아직 완벽하지 않으며, 기능적으로 부족한 부분이 있습니다. 하지만 지속적인 개선과 업데이트를 통해 점점 더 발전하고 있습니다. AI는 업무뿐만 아니라 삶 전반에 큰 영향을 미치는 기술이므로 Copilot을 사용하는 사람들은 현재 기능을 이해하고, 앞으로의 발전을 기대해야 합니다.

[1] **Copilot의 기능과 원리를 이해해야 합니다.**

Copilot은 동일한 요청을 입력하더라도 사용자의 환경에 따라 다른 결과를 제공합니다. 이는 Copilot이 M365 업무 플랫폼에서 사용자의 업무 데이터와 소통 기록을 기반으로 작동하기 때문입니다. 즉, M365에 충분한 데이터가 쌓이지 않았다면 Copilot이 생성하는 결과가 기대에 미치지 못할 수 있습니다.

따라서 Copilot을 효과적으로 활용하려면 M365 업무 도구를 적극적으로 사용해야 합니다. 또한, Copilot이 어떤 원리로 작동하는지 이해하고, 엑셀, 아웃룩 등 M365의 다양한 앱과 결합해 업무 효율을 극대화하는 전략을 고민해야 합니다.

[2] **Copilot은 계속 진화하고 있습니다.**

Copilot은 초기 출시 이후 빠르게 발전하고 있으며, 현재도 지속적으로 새로운 기능이 추가되고 있습니다. 발표 당시 기능과 비교하면 지금의 Copilot은 훨씬 강력해졌습니다. AI 기술의 발전 속도가 빨라지면서 Copilot도 점점 더 정교해지고 있습니다.

지금 당장은 Copilot이 원하는 결과를 완벽하게 제공하지 못할 수도 있습니다. 하지만 부족한 기능은 앞으로 개선될 가능성이 크며, 요청을 어떻게 입력하느냐에 따라 결과가 크게 달라질 수 있습니다. 보다 정교한 방식으로 Copilot을 활용하면 원하는 결과를 얻을 확률이 높아집니다. Copilot이 완벽하지 않다고 실망하기보다 프롬프트 작성법을 연구하고 M365의 다양한 기능과 함께 활용하는 것이 좀 더 중요한 전략입니다.

3 Copilot의 결과에 대한 책임은 사용자에게 있습니다.

Copilot은 업무를 보조하는 AI 비서일 뿐, 사용자의 업무를 완전히 대신하지 않습니다. 따라서 Copilot이 제공한 결과를 무조건 신뢰해서는 안 됩니다. 결과의 정확성을 검토하고, 업무에 적절히 적용하는 것은 전적으로 사용자의 몫입니다.

Copilot의 성능은 사용자가 얼마나 효과적인 요청을 입력했는지에 따라 달라집니다. 명확하고 구체적인 요청을 입력하면 좀 더 좋은 결과를 얻을 수 있습니다. 하지만 Copilot이 생성한 콘텐츠를 그대로 사용할 수는 없으며, 반드시 사용자가 검토하고 수정해야 합니다.

결국, Copilot을 잘 활용하는 것은 사용자의 역량에 달려 있습니다. 자신의 업무 프로세스에서 Copilot을 어느 단계에서 어떻게 활용할지 전략적으로 고민하는 것이 중요합니다.

2 둘째마당

1 | 엑셀 Copilot

2 | 워드 Copilot

3 | 파워포인트 Copilot

4 | 유용한 M365 Copilot 앱

5 | Copilot Chat

Special | Copilot이 가져올 미래

M365 Copilot 무작정 따라하기

1장

엑셀 Copilot

엑셀 Copilot은 복잡한 수식 계산과 문서의 인사이트를 대화형으로 쉽게 처리하고 이해할 수 있도록 도와줍니다. 또한 기존의 수식을 자연어로 활용할 수 있도록 지원하므로 기존에는 1+1와 같은 형식으로 수식을 직접 입력해야 했다면, 이제는 "한 개와 한 개를 더하면 얼마지?"처럼 일상적인 대화 형태로도 엑셀을 사용할 수 있습니다.

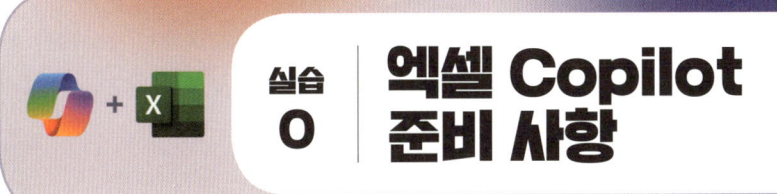

실습 0 | 엑셀 Copilot 준비 사항

엑셀 Copilot은 기존의 데이터를 기반으로 작동하기 때문에 사전에 데이터가 Copilot이 사용할 수 있도록 준비되어 있어야 합니다.

엑셀 Copilot을 사용하기 위한 요구 사항

엑셀 Copilot을 사용하기 위해서는 다음과 같은 몇 가지 요구 사항을 충족해야 합니다.

1 엑셀 파일은 .xlsx 또는 .xslm 형식으로 저장해야 합니다.

2 엑셀 파일의 자동 저장 기능이 활성화되어 있어야 합니다. 만약 이 기능이 활성화되어 있지 않으면 Copilot을 사용하려고 할 때 자동 저장 기능을 활성화하라는 메시지가 표시됩니다.

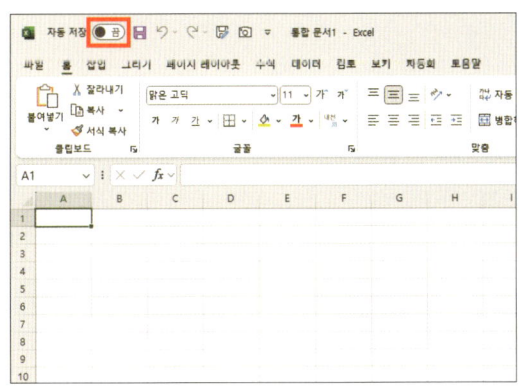
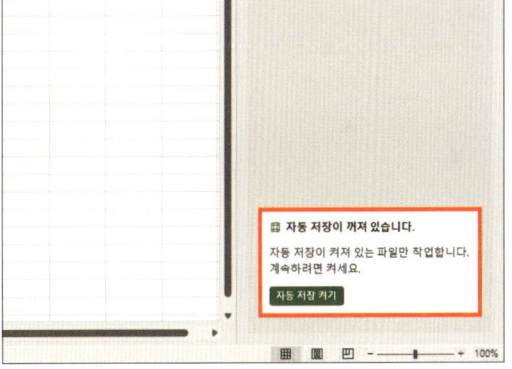

TIP 자동 저장, 원드라이브에 대한 좀 더 자세한 내용은 41쪽을 참고하세요.

3 Copilot은 원드라이브나 셰어포인트에 저장된 파일에서만 작동합니다. 메뉴의 [Copilot]이 활성화되지 않는다면 먼저 파일을 원드라이브나 셰어포인트에 저장하세요.

TIP 실습은 원드라이브가 내 컴퓨터에 설치되어 있다는 전제하에 진행되므로 원드라이브를 설치한 후에 실습을 진행해 주세요. 원드라이브 설치 파일은 Microsoft 홈페이지의 원드라이브 페이지(https://www.microsoft.com/ko-kr/microsoft-365/onedrive/download)에서 다운로드할 수 있습니다.

엑셀 Copilot은 엑셀 메뉴의 **[삽입]-[표]**를 선택해 생성한 표 또는 머릿글 행이 포함된 표 형식의 데이터에서 사용할 수 있습니다. 데이터는 엑셀에서 수식을 적용할 수 있는 범위 내에서 유지해야 하며, 일반적으로 수식을 사용할 수 있는 데이터라면 엑셀 Copilot을 활용하는 데 큰 문제가 없습니다.

- 머리글 행은 하나만 있어야 합니다.
- 머리글은 행이 아닌 열에 있어야 합니다.
- 머리글은 고유해야 하며 중복되거나 비어 있으면 안 됩니다.
- 데이터의 형식은 일관된 방식으로 지정해야 합니다.
- 부분합, 빈 행 또는 열, 병합된 셀이 없어야 합니다.

▼ Copilot에서 사용할 수 있는 데이터 범위의 예

Year	Category	Model	Sales
1/1/2007	Compact	BMW 3-Series	142490
1/1/2007	Compact	BMW 5-Series	54142
1/1/2007	Fullsize	BMW 7-Series	14773
1/1/2008	Compact	BMW 3-Series	112464
1/1/2008	Compact	BMW 5-Series	45915

TIP 생성형 AI의 특성상 Copilot 실행 결과가 매번 다르게 나타날 수 있습니다. 이러한 특성 때문에 실습의 실행 결과가 이 책과 다를 수 있습니다.

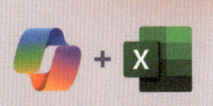

실습 1 | 엑셀 Copilot 기본

엑셀 Copilot은 표를 기반으로 작동하여 자동으로 범위를 지정하고, 새로운 데이터가 추가되면 자동으로 업데이트되므로 수식을 적용하기 쉽고 오류가 발생할 가능성이 낮습니다. 따라서 엑셀 Copilot을 활용하면 수식이나 함수를 잘 몰라도 업무 효율을 높일 수 있습니다.

Copilot을 활용할 때 새로운 주제나 질문을 입력하려면 기존 창을 닫고 다시 시작하는 것이 좀 더 정확한 답변을 받는 데 도움이 됩니다. Copilot을 사용하다가 에러가 발생했다면 당황하지 말고 Copilot 창을 닫았다가 다시 열거나 엑셀을 다시 실행하면 간단하게 해결할 수 있습니다. Copilot의 다양한 활용법을 살펴보기 전에 기본 프롬프트를 알아보겠습니다.

엑셀 Copilot이 제공하는 다양한 기본 예제들

📎 예제데이터1

1 메뉴에서 [홈]-[Copilot] 을 선택합니다.

2 Copilot 창에 바로 사용할 수 있는 프롬프트가 표시됩니다. 프롬프트 목록 아래에 있는 [더 많은 예제]를 클릭하면 새로운 프롬프트가 표시됩니다.

TIP Copilot 창에 표시되는 프롬프트 목록은 사용자에 따라 다를 수 있습니다.

3 Copilot 창에 표시되는 프롬프트를 선택하거나 사용자가 직접 원하는 내용을 입력할 수 있습니다. 여기서는 Copilot 입력 창에 다음과 같이 입력한 후 [보내기] ▶를 클릭했습니다.

> ▶ VLOOKUP 수식은 어떻게 작성해?

1장 엑셀 Copilot

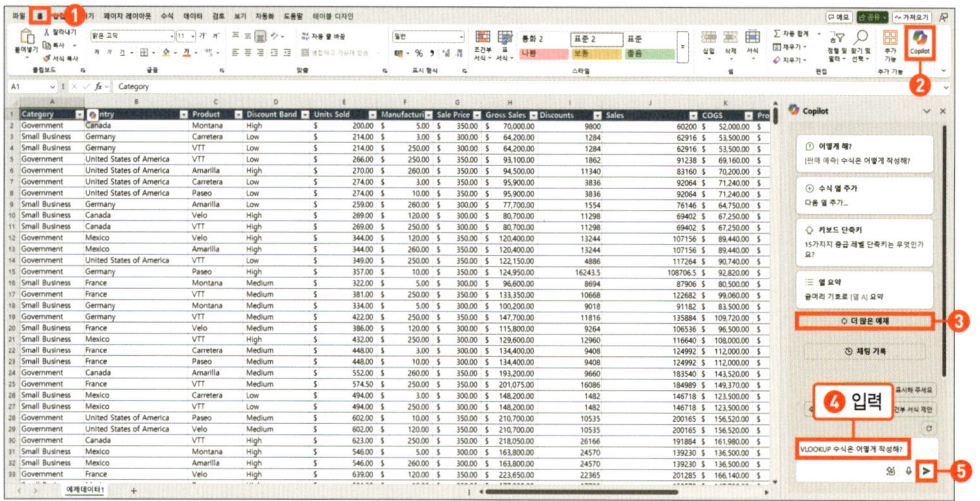

④ 잠시 기다리면 Copilot이 VLOOKUP 함수의 사용법을 제시합니다. 이렇게 특정 함수의 사용 방법을 학습하거나 Copilot에게 직접 원하는 작업을 요청하면서 다양한 방식으로 엑셀 Copilot을 활용할 수 있습니다.

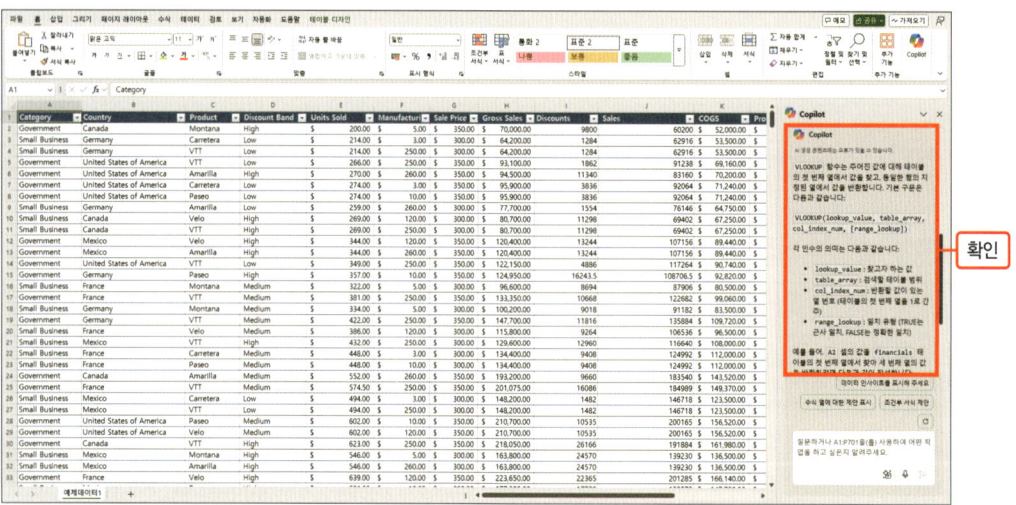

Copilot에게 엑셀 사용 도움받기

Copilot을 활용하면 함수뿐만 아니라 실무에 필요한 수학 용어와 계산 방법에 대해서도 도움을 받을 수 있습니다. 이번에는 Copilot을 이용해 수학 용어에 대한 정의와 계산 방법을 확인하는 방법을 실습해 보겠습니다.

1. 메뉴에서 [홈]-[Copilot]을 선택합니다.

2. Copilot 입력 창에 다음과 같이 입력한 후 [보내기]를 클릭합니다.

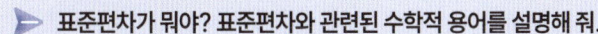

> 표준편차가 뭐야? 표준편차와 관련된 수학적 용어를 설명해 줘.

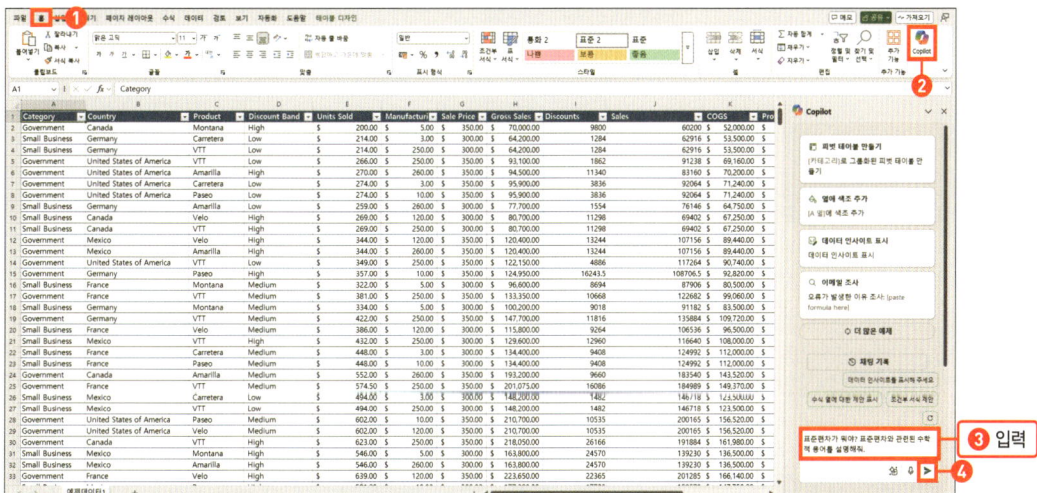

3. 잠시 기다리면 Copilot이 표준편차 및 표준편차와 관련된 용어에 대해 설명해 줍니다.

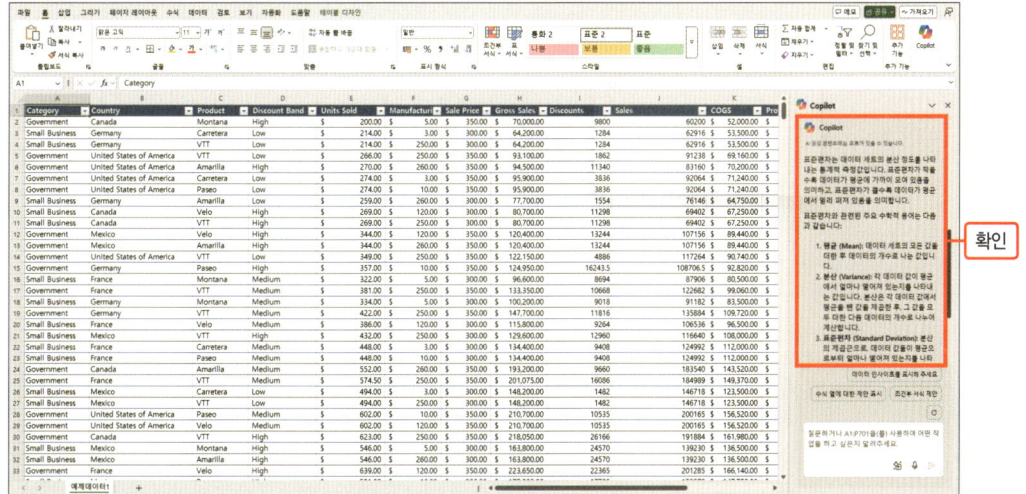

4 실습 예제데이터의 표준편차를 구하려면 Copilot 입력 창에 다음과 같이 입력한 후 [보내기]를 클릭합니다.

> 이 데이터에 대한 표준편차를 구해 줘.

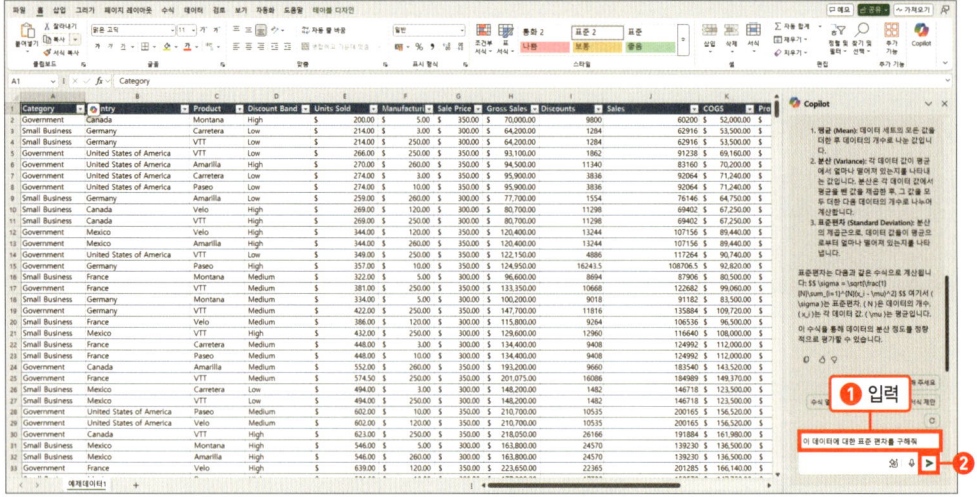

5 잠시 기다리면 Copilot이 함수를 제시해 줍니다. 제시한 함수를 그대로 사용하거나 질문을 추가하면 원하는 수식을 얻을 수 있습니다.

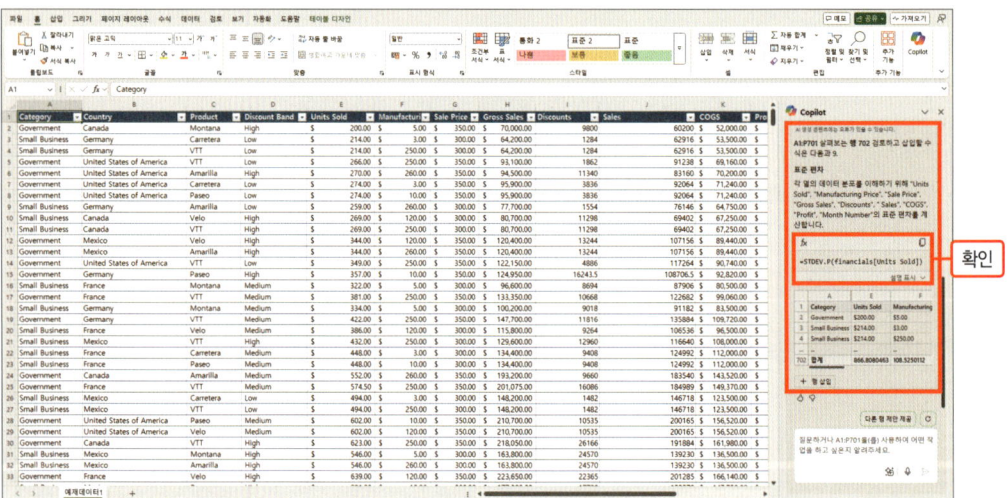

기본 수식 만들기

✎ Excel _ 예제데이터1

엑셀 Copilot은 데이터 표를 분석하여 추가가 필요하다고 판단되는 열에 대한 수식을 제안해 줍니다.

1 메뉴에서 [홈]-[Copilot]을 선택합니다.

2 [열 제안]를 누르거나 Copilot 입력 창에 다음과 같이 입력한 후 [보내기]를 클릭합니다.

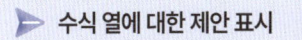
수식 열에 대한 제안 표시

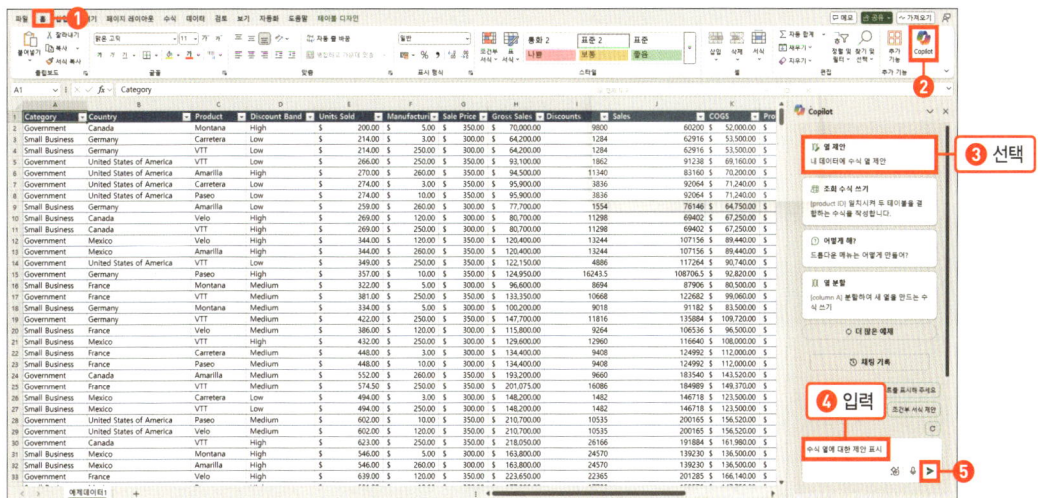

3 Copilot이 현재 데이터 표에 추가가 필요하다고 판단되는 열에 대한 수식을 제안해 줍니다. 예제 데이터에는 총 수익이 표시되어 있지 않아 총 수익에 대한 열을 제안한 것입니다. Copilot이 제안한 수식을 적용하려면 [+열 삽입]을 클릭합니다.

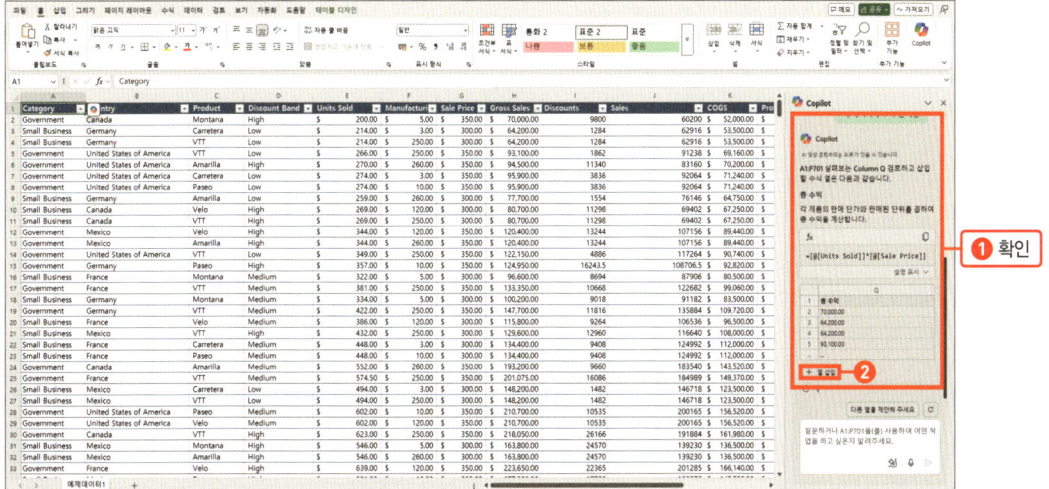

1장 엑셀 Copilot 075

4 잠시 기다리면 Copilot이 제안한 수식이 삽입됩니다. [Q] 열에 '총수익' 열이 추가되었습니다. 추가 요청이 필요하다면 Copilot이 제안해 주는 추가 프롬프트를 선택하거나 직접 프롬프트를 입력하면 됩니다.

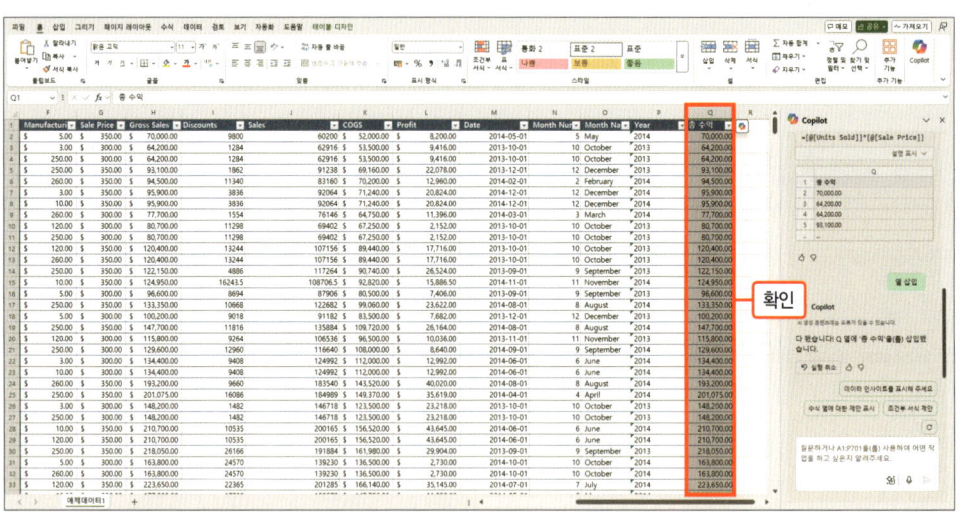

데이터 정렬하기

📎 Excel_예제데이터1

이번에는 앞의 실습으로 생성된 [총 수익] 열을 내림차순으로 정렬해 보겠습니다.

1 Copilot 입력 창에 다음과 같이 입력한 후 [보내기]를 클릭합니다.

> 총 수익을 내림차순으로 정렬해.

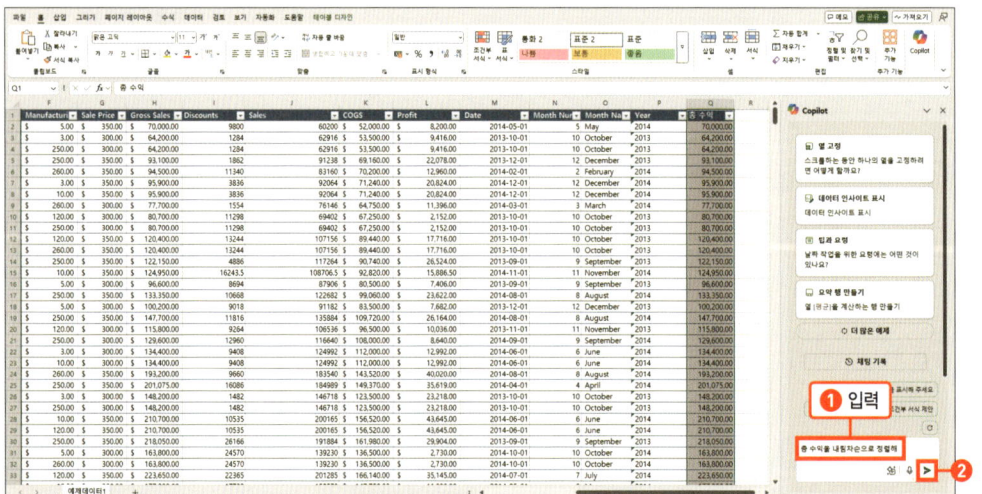

2 잠시 기다리면 Copilot이 다음 그림과 같이 답변합니다. 답변의 [적용]을 클릭합니다.

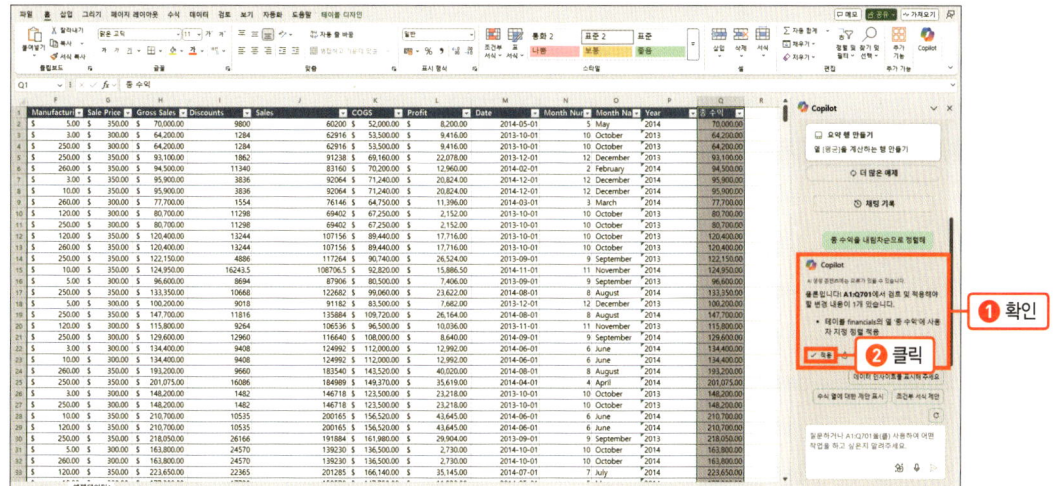

3 총수익이 있는 [Q] 열의 데이터가 내림차순으로 정렬됩니다.

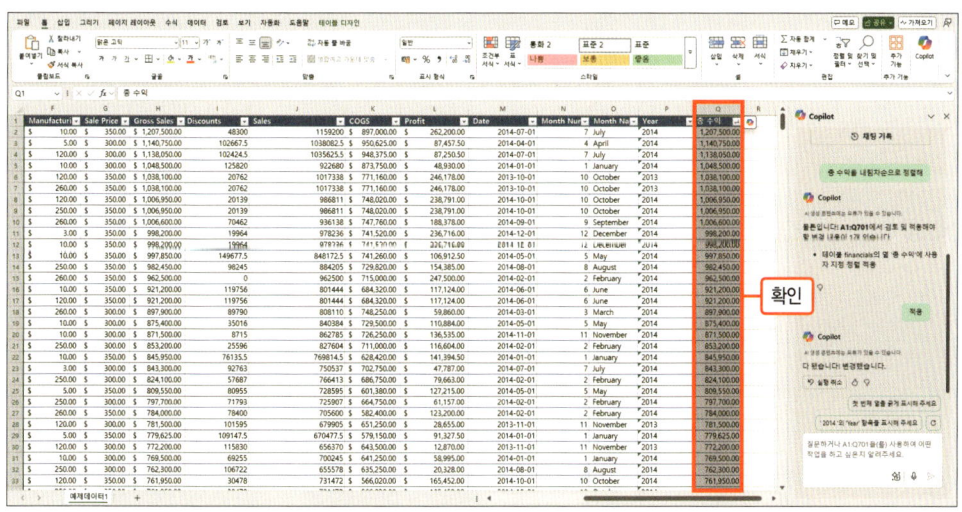

1장 엑셀 Copilot 077

조건부 서식 적용하기

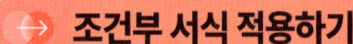 Excel _ 예제데이터1

1 Copilot 입력 창에 다음과 같이 입력한 후 [보내기]를 클릭합니다.

> Profit 열에서 100000 이상인 값을 노란색으로 표시해.

2 잠시 기다리면 Copilot이 다음 그림과 같이 답변합니다. 답변의 [적용]을 클릭합니다.

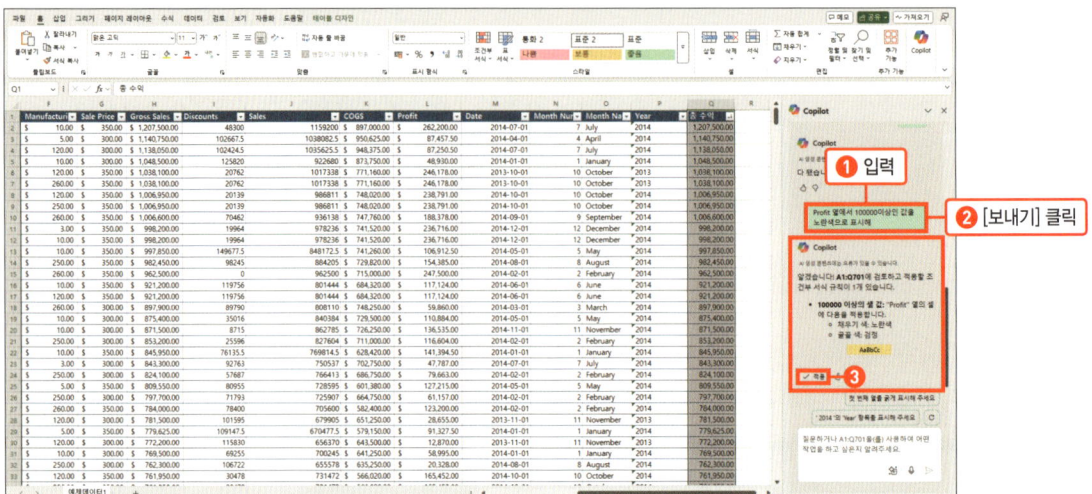

3 Profit이 있는 [L] 열의 값 중 100,000 이상인 셀에 채우기 색이 적용됩니다.

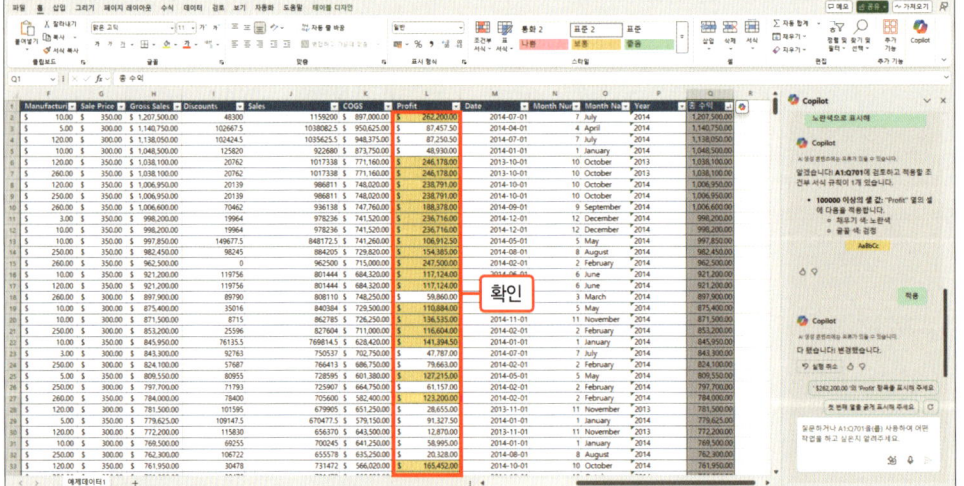

수식에 대한 설명

업무 중 공유받은 엑셀 파일에 이해하기 어려운 함수가 적용되어 있다면, Copilot을 활용하여 수식을 단계별로 확인하거나 함수에 대한 설명을 요청할 수 있습니다. 엑셀 Copilot을 활용하면 실무에서 엑셀을 좀 더 쉽게 활용할 수 있습니다.

예제 파일의 [H] 열에는 초과 근무 여부를 확인하기 위한 함수가 입력되어 있습니다. 이번에는 Copilot을 활용해 함수에 대한 설명을 요청하는 방법을 알아보겠습니다.

1 메뉴에서 [홈]-[Copilot]을 선택합니다.

2 [H2] 셀의 함수를 복사한 후 Copilot 입력 창에 다음과 같이 입력하고 [보내기]를 클릭합니다.

> =IF([@[주당 업무시간]]>AVERAGE([주당 업무시간]),"Yes","No") 이 함수에 대해 설명해 줘.

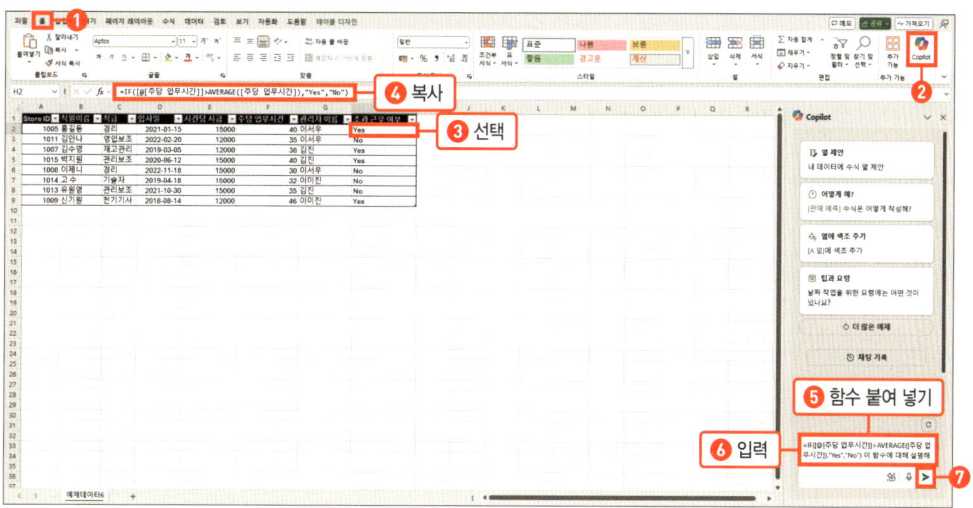

3 잠시 기다리면 Copilot이 함수에 대해 설명해 줍니다.

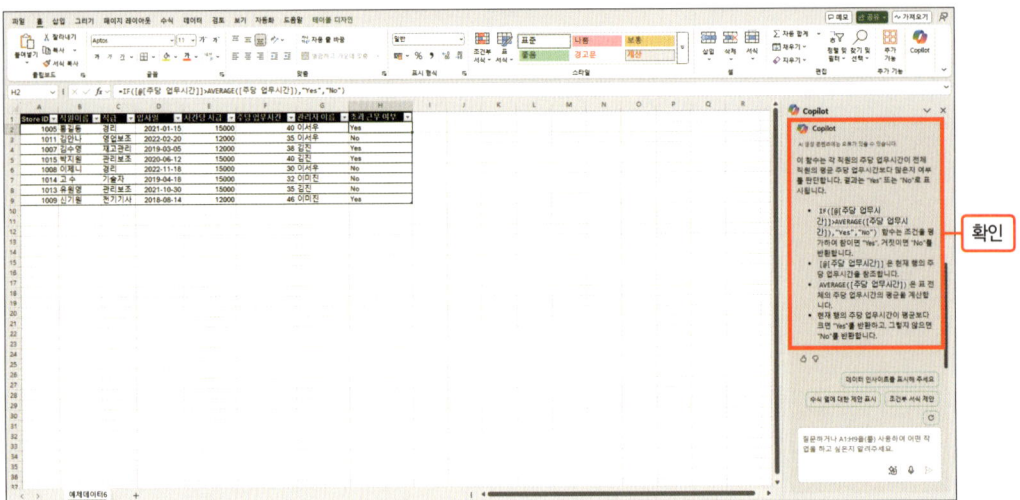

함수에 대해 더 알고 싶은 것이 있을 경우, 추가 질문을 하면 좀 더 자세한 설명을 얻을 수 있습니다.

실습 2 | 데이터 분석

엑셀 Copilot을 통해 데이터가 한눈에 보이도록 그래프로 손쉽게 분석할 수 있습니다. 데이터의 관점에 따른 다양한 그래프를 한 번에 그리거나 사용자에게 필요한 분석을 선택할 수도 있습니다. 최근에 업데이트된 엑셀 Copilot 기능의 배포가 완료되면, 파이썬을 기반으로 더욱 상세한 분석과 예측을 제공할 수 있게 됩니다.

↔ 피벗 테이블 만들기 🖉 예제데이터1

1 Copilot 입력 창에 다음과 같이 입력한 후 [보내기]를 클릭합니다.

> 이 데이터를 피벗 테이블로 분석해.

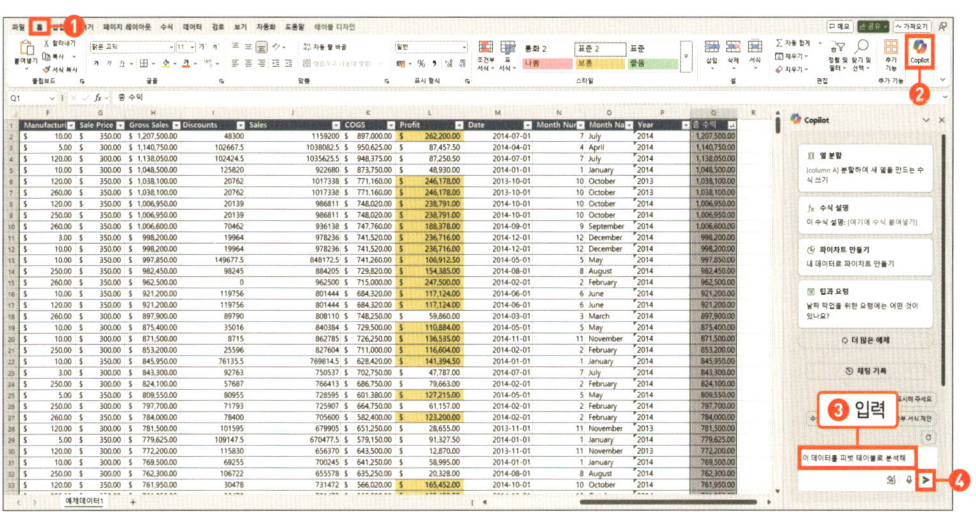

1장 엑셀 Copilot 081

2 잠시 기다리면 Copilot이 다음과 같이 답변합니다. 답변의 [+새 시트에 추가]를 클릭합니다.

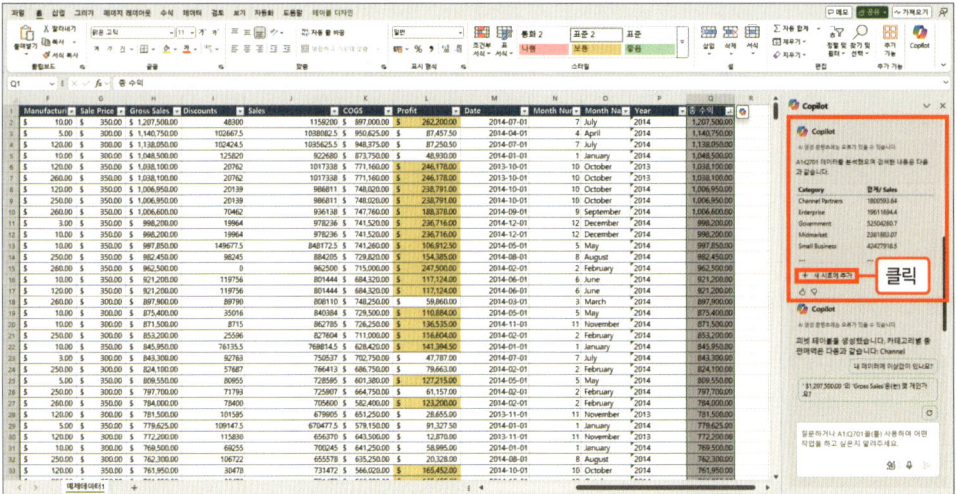

3 새 시트에 요약된 피벗 테이블이 생성됩니다.

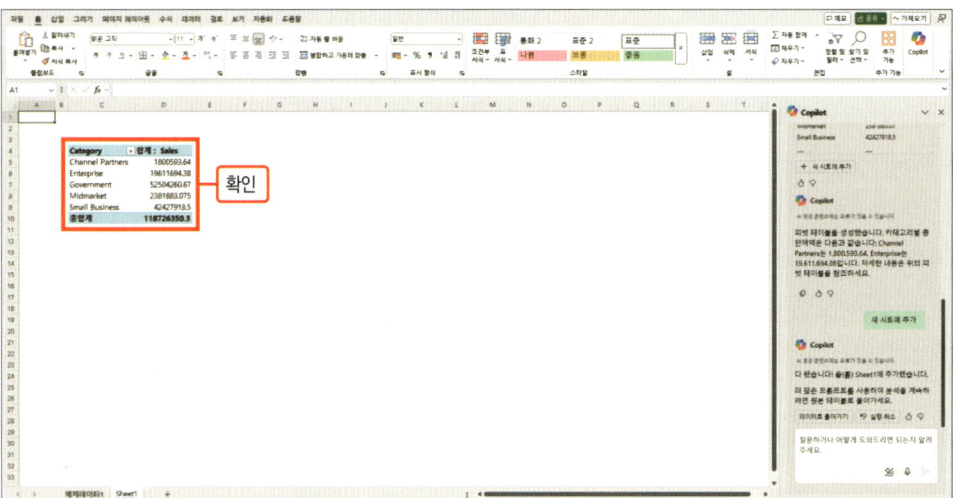

4 이번에는 생성된 피벗 테이블의 데이터를 그래프로 확인해 보겠습니다. 전체 데이터가 있는 시트를 선택한 후 Copilot 입력 창에 다음과 같이 입력하고 [보내기]를 클릭합니다.

> 피벗 테이블의 데이터를 그래프로 보여 줘.

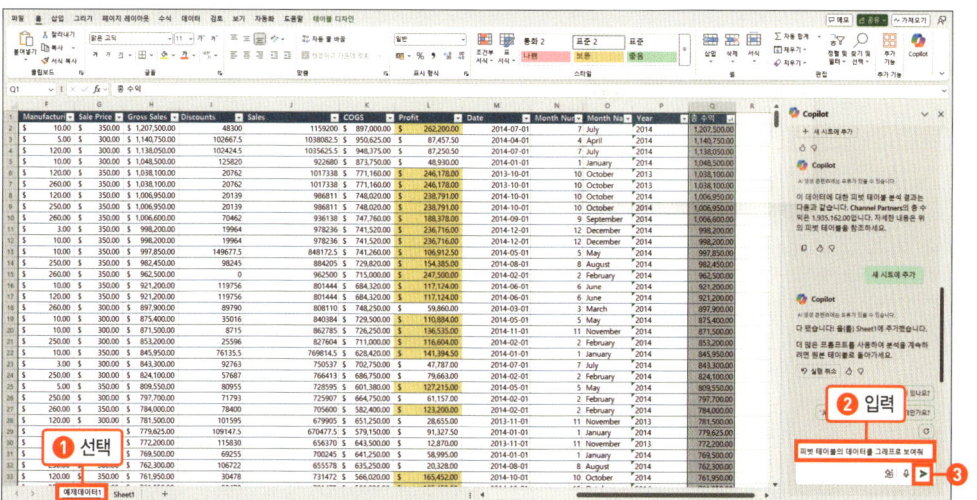

5 잠시 기다리면 Copilot이 피벗 테이블에 대한 그래프를 생성해 줍니다. 답변의 [새 시트에 추가]를 클릭합니다.

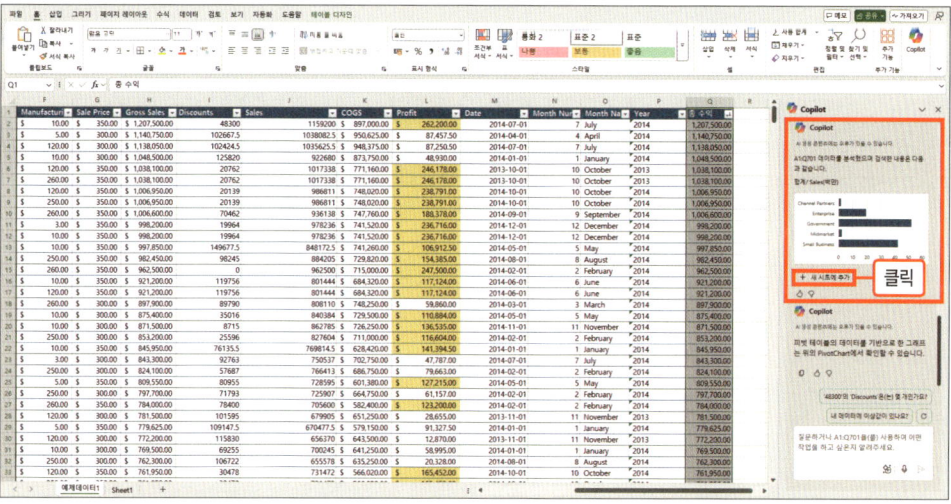

1장 엑셀 Copilot **083**

6 새 시트에 피벗 테이블과 그래프가 삽입됩니다.

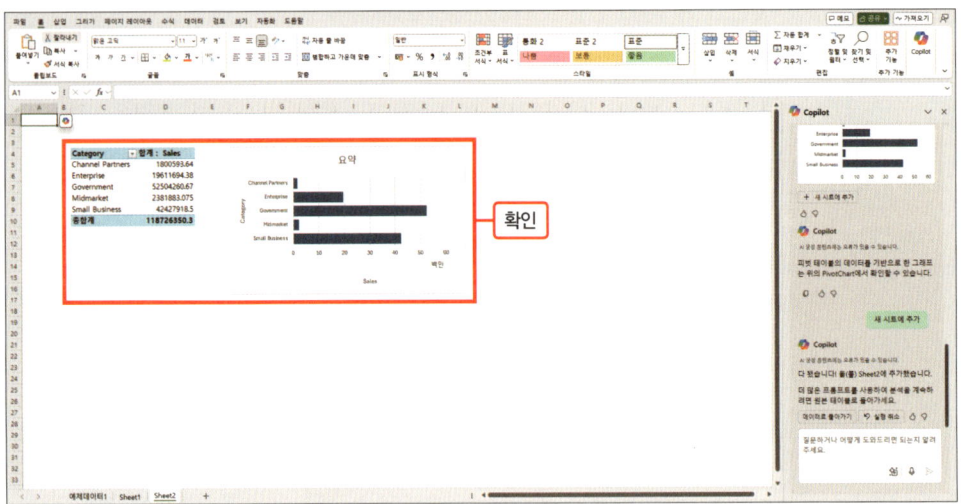

그래프 그리기

1 [예제데이터1] 시트의 Copilot 입력 창에 다음과 같이 입력한 후 [보내기]를 클릭합니다.

> 국가별 판매 제품의 합계를 세로 막대 그래프로 그려 줘.

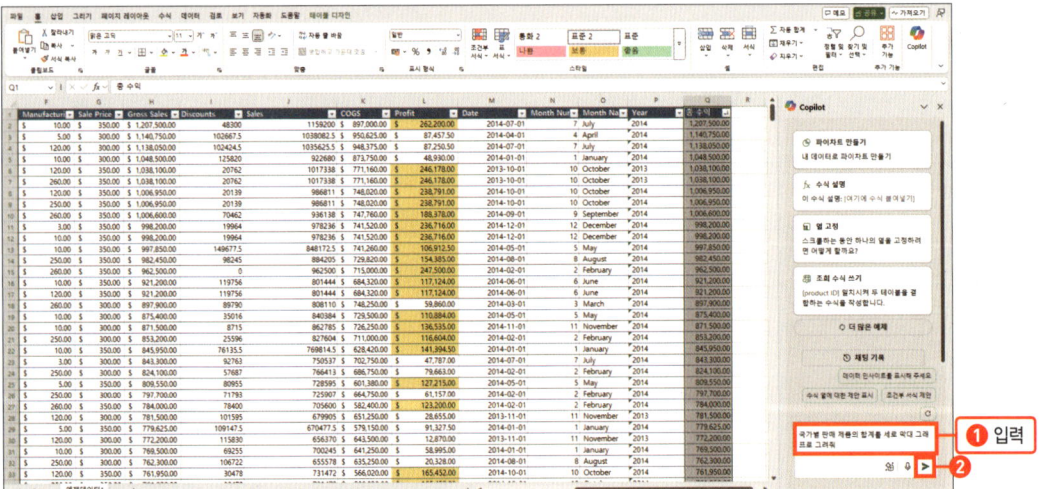

2 잠시 기다리면 Copilot이 차트를 생성해 줍니다. 답변의 [+새 시트에 추가]를 클릭합니다.

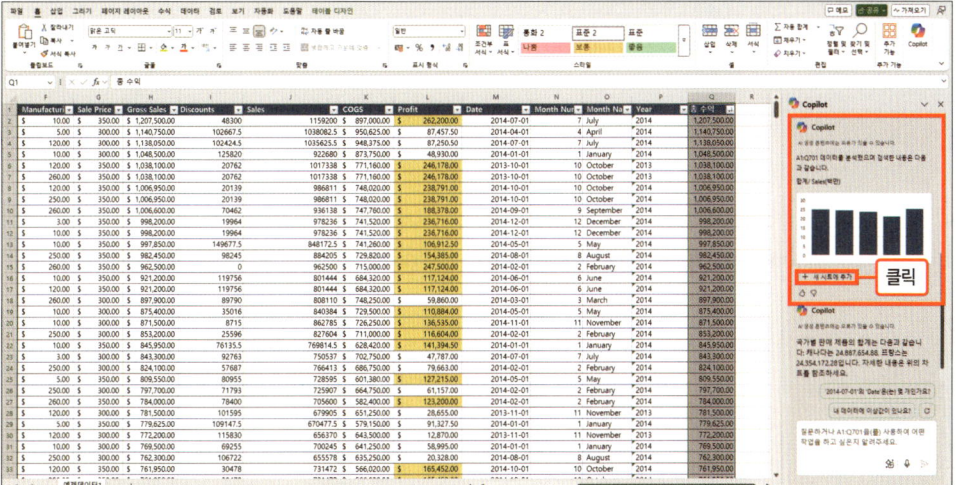

3 Copilot이 생성한 그래프와 데이터가 새 시트에 삽입됩니다.

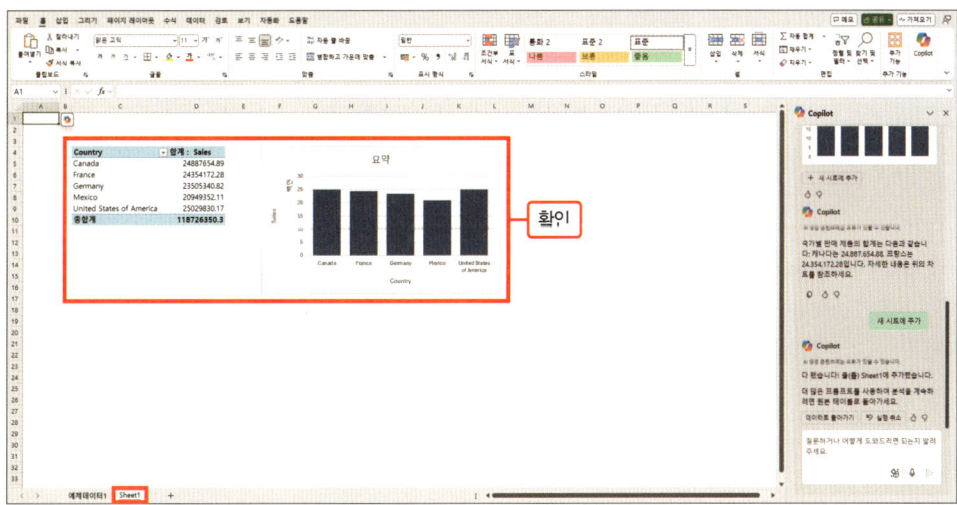

1장 엑셀 Copilot 085

4 이번에는 제품을 기준으로 각 나라별 판매량 확인하기 위해 전체 데이터가 있는 시트를 선택한 후 Copilot 입력 창에 다음과 같이 입력하고 [보내기]를 클릭합니다.

> 제품을 기준으로 국가별 판매량을 그래프로 그려 줘.

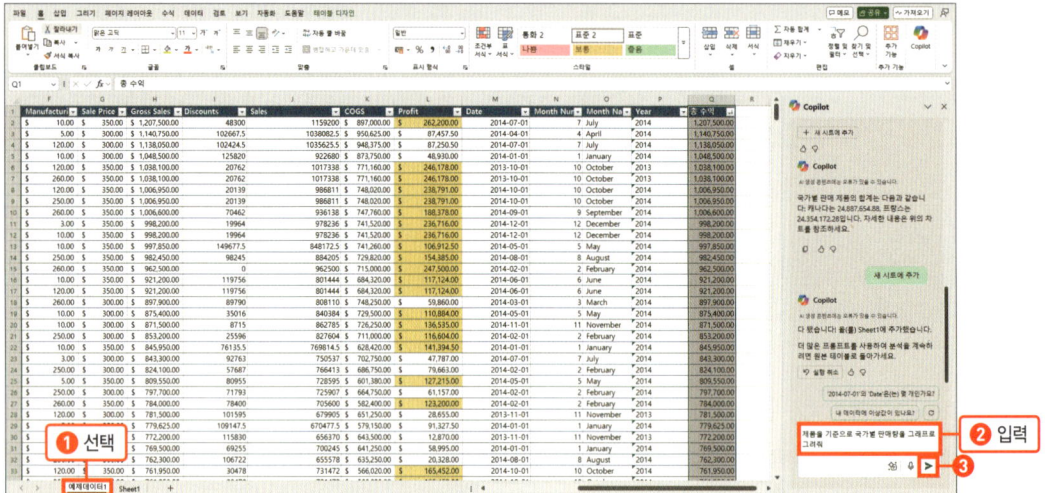

5 잠시 기다리면 Copilot 이 그래프를 생성해 줍니다. 답변의 [새 시트에 추가]를 클릭합니다.

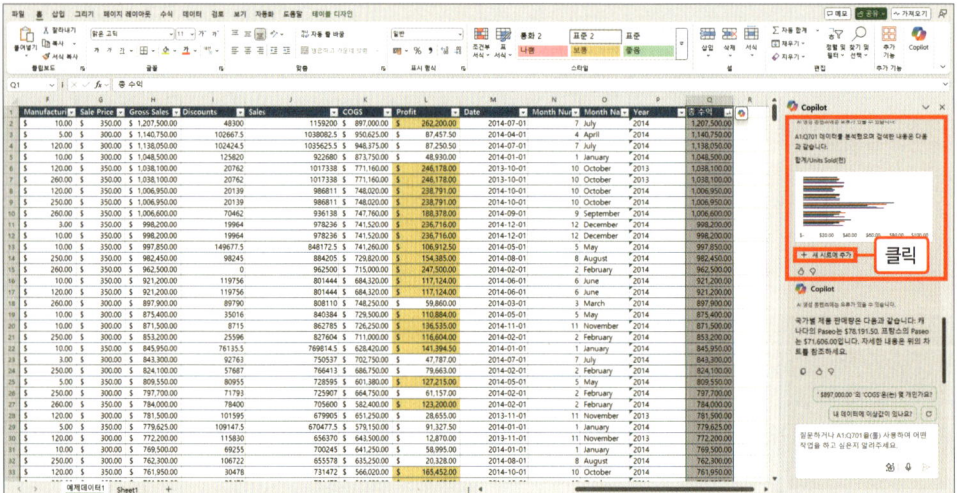

6 Copilot이 생성한 그래프와 데이터가 새 시트에 삽입됩니다.

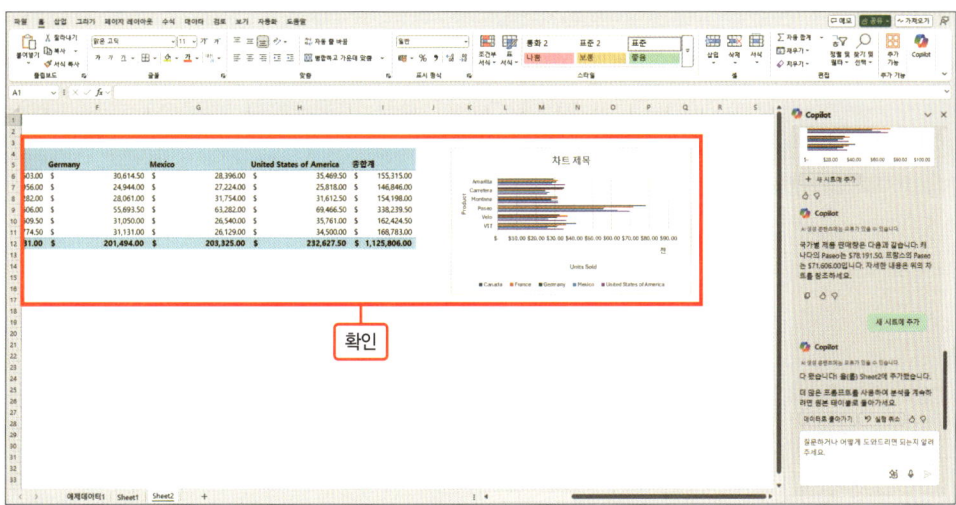

확인

이렇게 논리적이고 구체적으로 원하는 작업을 프롬프트로 입력하면 엑셀 기능을 잘 모르더라도 Copilot이 답변을 제시해 줍니다.

Copilot에 데이터 인사이트 요청하기

📎 예제데이터1

엑셀 Copilot을 활용하면 데이터를 분석하여 인사이트를 얻을 수 있습니다. 이번에는 국가별, 제품별, 할인 구간별 데이터를 바탕으로 이익률을 극대화하는 방법을 Copilot을 이용하여 분석해 보겠습니다.

1 메뉴에서 [홈]-[Copilot]을 선택합니다.

2 Copilot 입력 창에 다음과 같이 입력한 후 [보내기]를 클릭합니다.

> 국가, 제품 및 할인 밴드를 기준으로 가장 적은 이익률은 어떻게 돼?

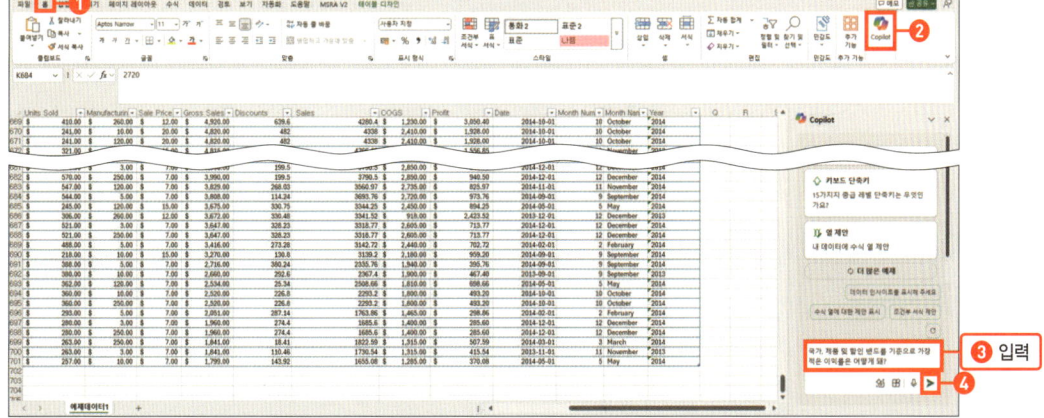

1장 엑셀 Copilot 087

3 잠시 기다리면 Copilot에 분석 결과와 수식을 제안해 줍니다. 분석 결과를 좀 더 자세하게 확인하기 위해 [**+새 시트에 추가**]를 클릭합니다.

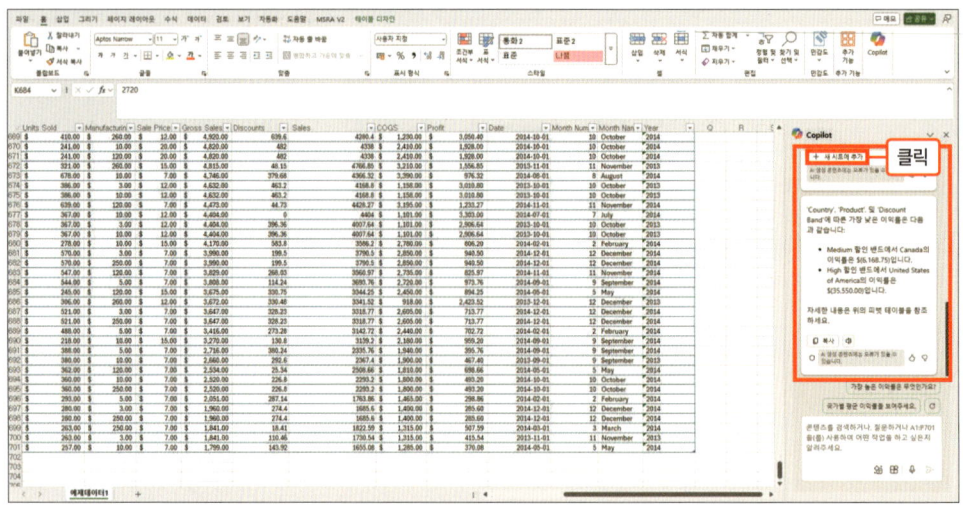

4 새 시트에 분석 결과가 나타납니다. 국가별, 제품별, 할인율별 이익률을 분석한 새로운 테이블이 추가됩니다.

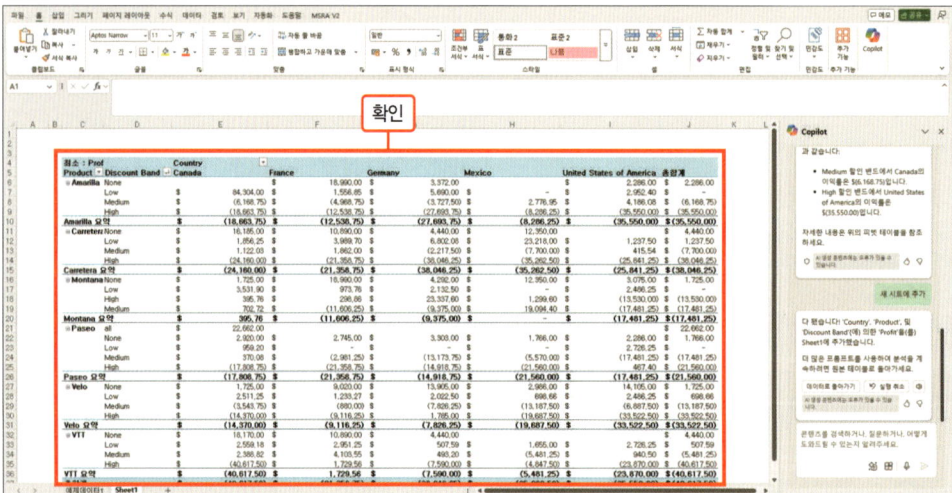

5 [예제데이터1] 시트로 돌아와 Copilot 입력 창에 다음과 같이 입력한 후 [보내기]를 클릭합니다.

> 국가별, 제품별 및 할인 밴드별로 분석할 때 가장 적은 이익율은 어느 국가의 어떤 제품의 할인 밴드야?

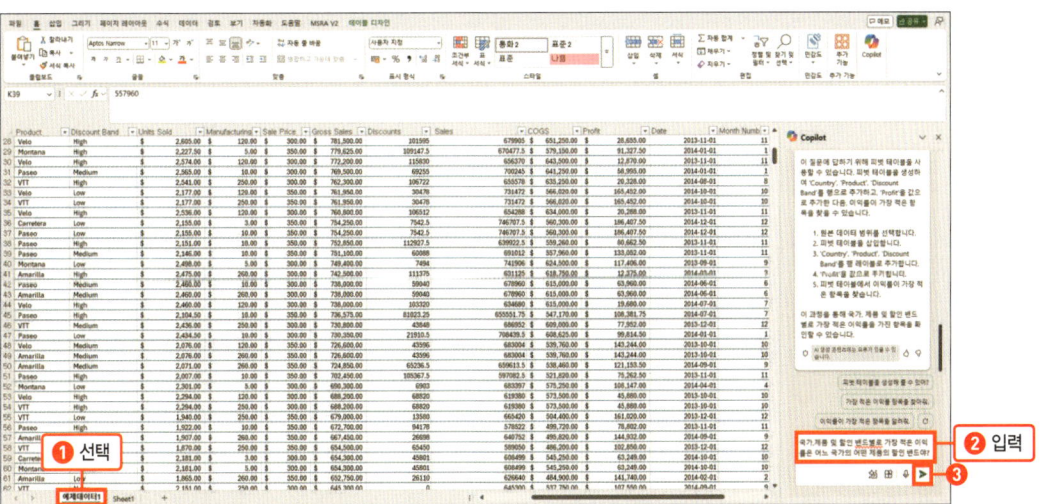

6 잠시 기다리면 Copilot이 가장 할인율을 적은 나라와 제품을 추출해 줍니다. 이렇게 원하는 내용을 구체적으로 물어보면 데이터를 간단하게 분석할 수 있습니다.

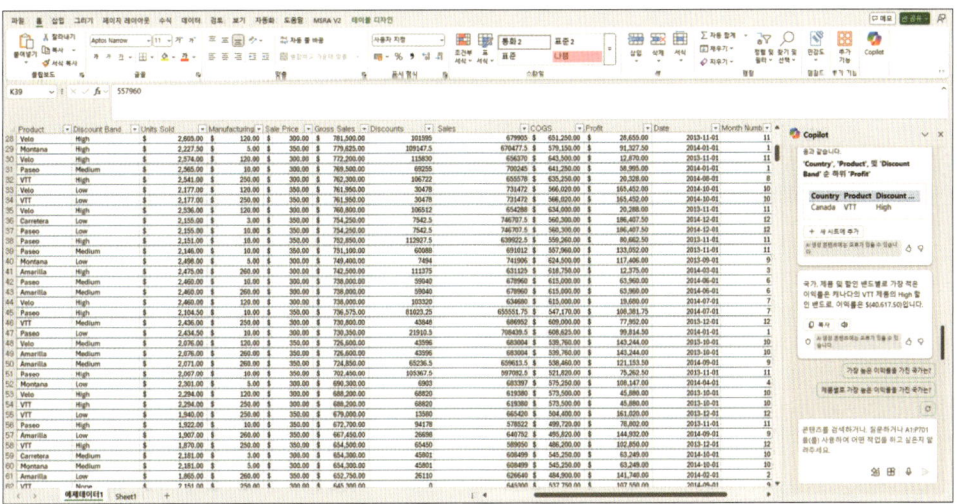

07 이번에는 할인율 변동에 따른 이익률을 분석해 보겠습니다. Copilot 입력 창에 다음과 같이 입력한 후 [보내기]를 클릭합니다.

▶ 할인율을 5% 낮추면 이익은 얼마나 증가해?

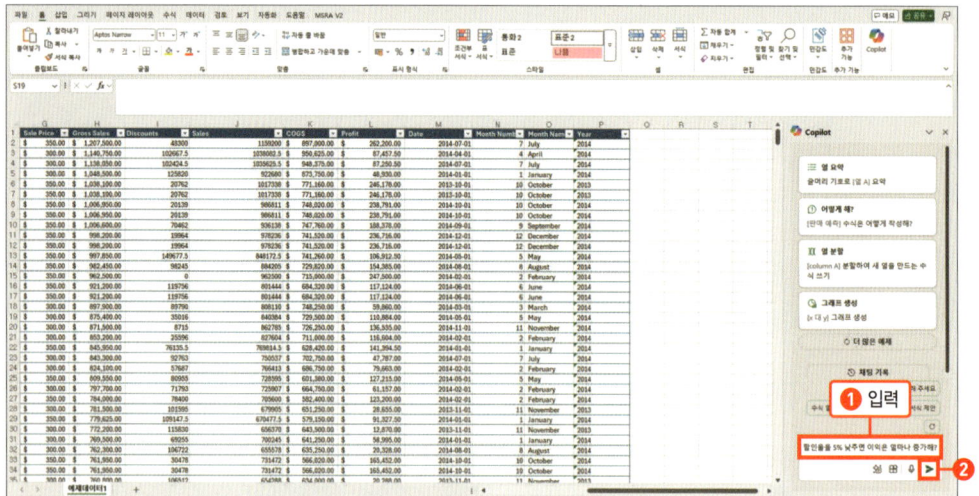

08 잠시 기다리면 할인율 변화에 따른 전에 이익율을 계산해 줍니다. 계산 결과를 시트에 추가하기 위해 [+행 삽입]을 클릭하면 표 아래에 변동된 이익율을 계산한 행이 추가됩니다.

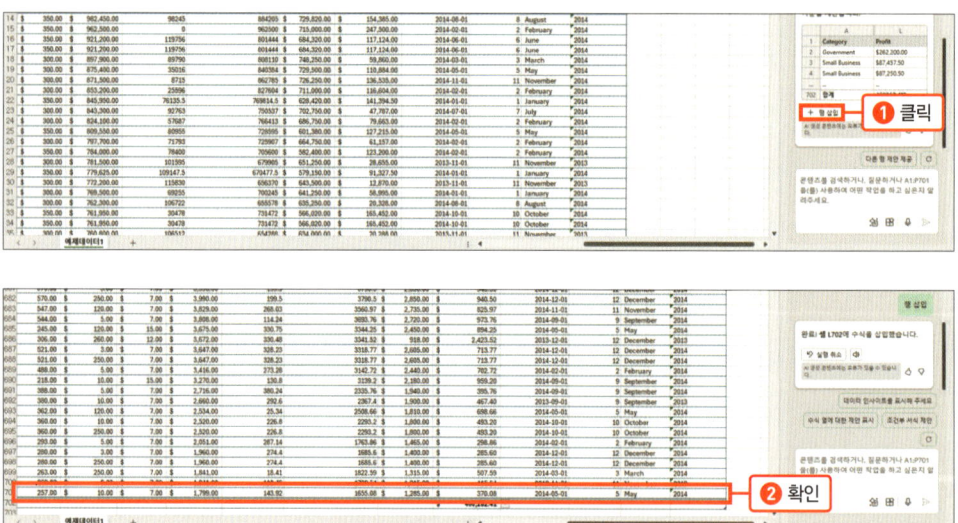

9 마지막으로 이익을 최대화할 수 있는 전략을 요청해 보겠습니다. Copilot 입력 창에 다음과 같이 입력한 후 [보내기]를 클릭합니다.

> 이익을 최대화할 수 있는 전략을 제시해 줘.

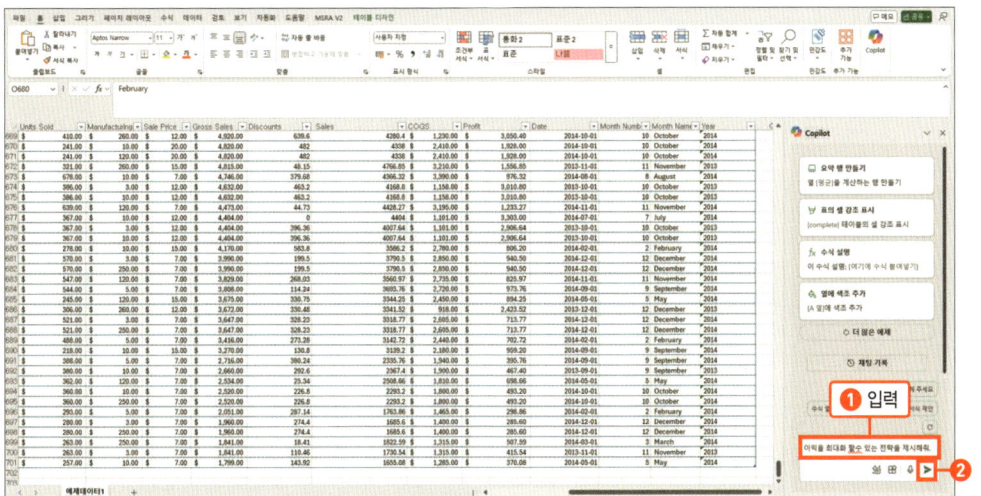

10 잠시 기다리면 Copilot이 이익을 최대화할 수 있는 다양한 전략과 이를 분석할 수 있는 수식을 제안해 줍니다.

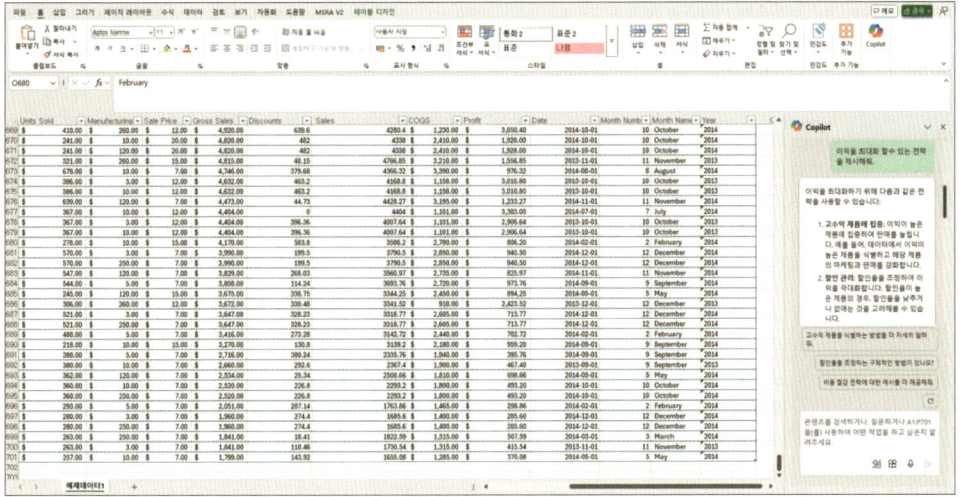

11 Copilot이 제안한 전략 중 첫 번째 전략을 확인하기 위해 수식을 복사하여 Copilot 입력 창에 붙여 넣은 후 다음과 같이 입력하고 **[보내기]**를 클릭합니다.

▶ [수식]을 수행하고 그래프를 그려 줘

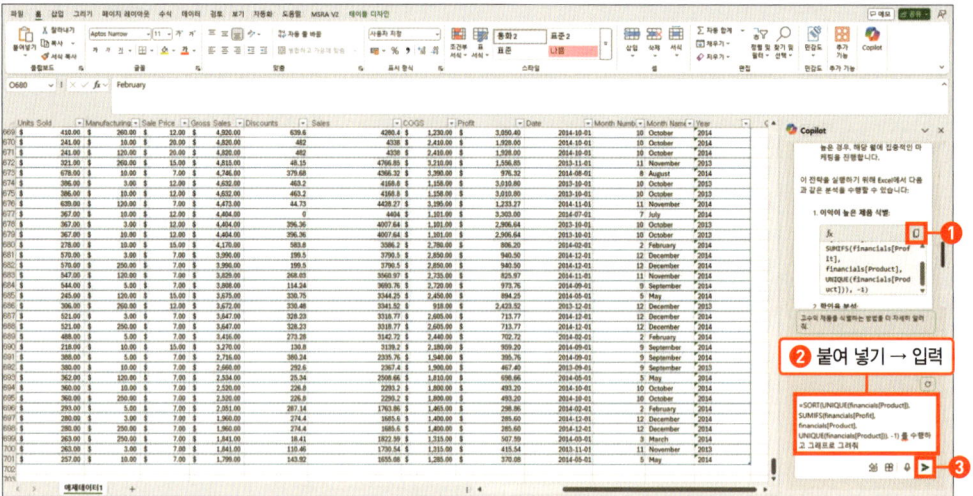

12 잠시 기다리면 Copilot이 11에 입력한 프롬프트의 결과를 제시합니다. 답변의 **[+새 시트에 추가]**를 클릭합니다.

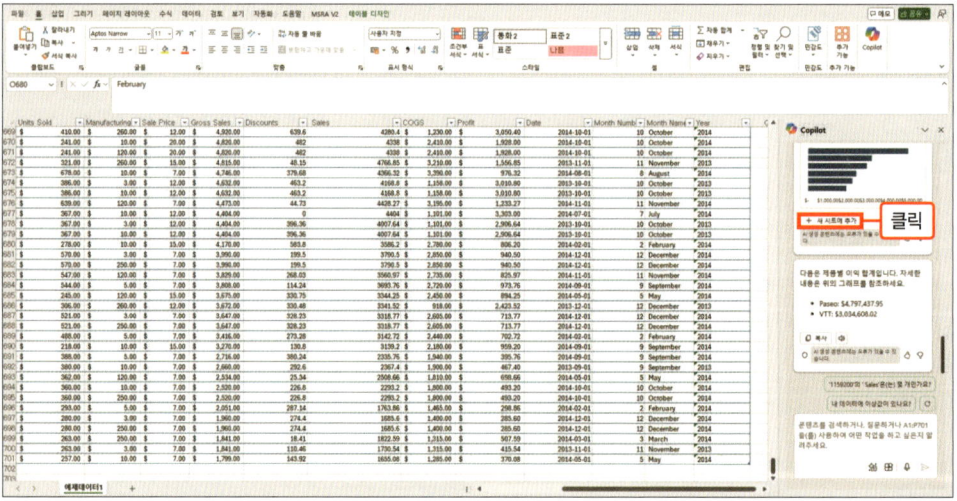

13 새 시트에 제품별 이익률을 분석한 그래프가 나타납니다. 이렇게 다양한 방법으로 프롬프트를 입력하면 데이터를 빠르게 분석하여 원하는 인사이트를 얻을 수 있습니다.

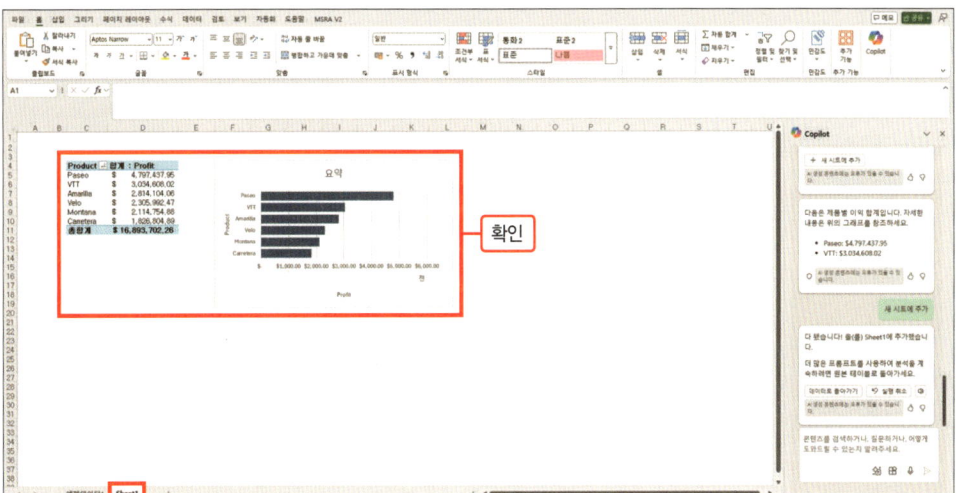

파이썬으로 엑셀 데이터 분석하기

엑셀에 파이썬이 추가되면서 데이터 분석 기능이 더욱 강력해졌습니다. 특히 Copilot을 활용하면 파이썬을 몰라도 데이터를 쉽게 분석하고 고급 인사이트를 얻을 수 있습니다. 복잡한 코드를 직접 작성하지 않아도 Copilot과 대화하듯이 원하는 내용을 입력하면, 데이터를 자동으로 분석하여 결과를 제시합니다. 현재(2025년 3월) 이 기능은 영어 프롬프트만 지원되므로 원하는 요청을 영어로 번역하여 사용해야 합니다. 참고로, 영어 번역도 Copilot을 활용할 수 있습니다.

1 Copilot 입력 창에 영어로 다음과 같이 입력한 후 [보내기]를 클릭합니다.

> Use python and analyze the trend in profit when the discount rates are changed.(파이썬을 사용하여 할인율이 변경될 때 이익의 추세를 분석해)

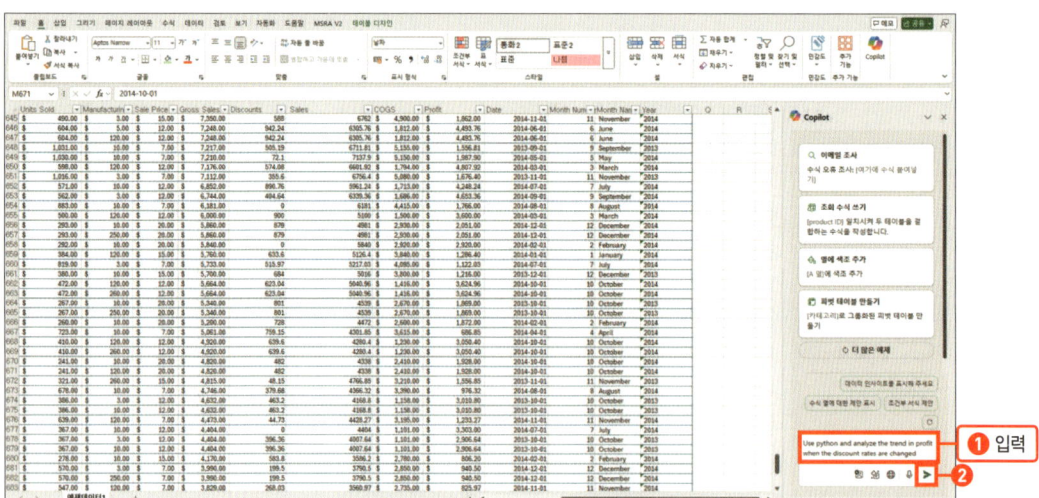

2 잠시 기다리면 고급 분석을 사용할 수 있다는 답변과 고급 분석으로 할 수 있는 작업을 제시해 줍니다.

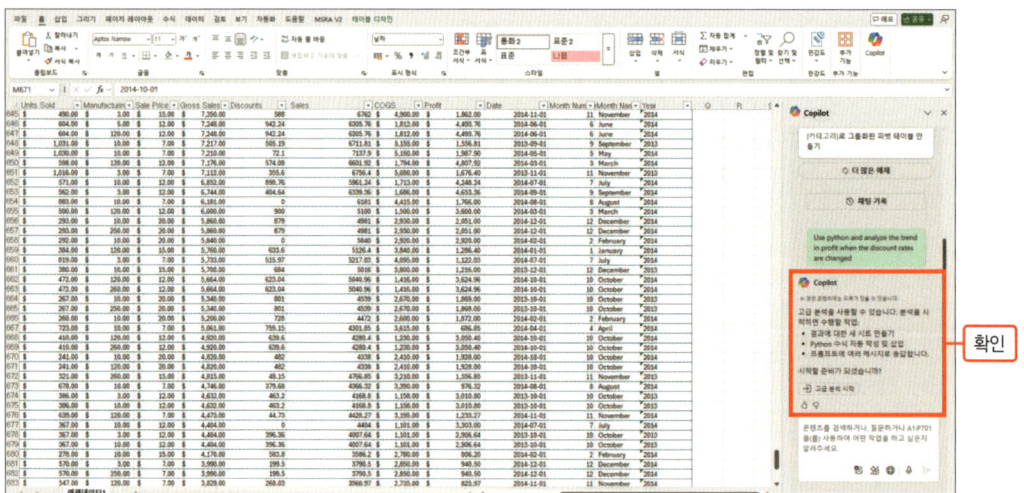

3 Copilot 답변의 [고급 분석 시작]을 클릭합니다.

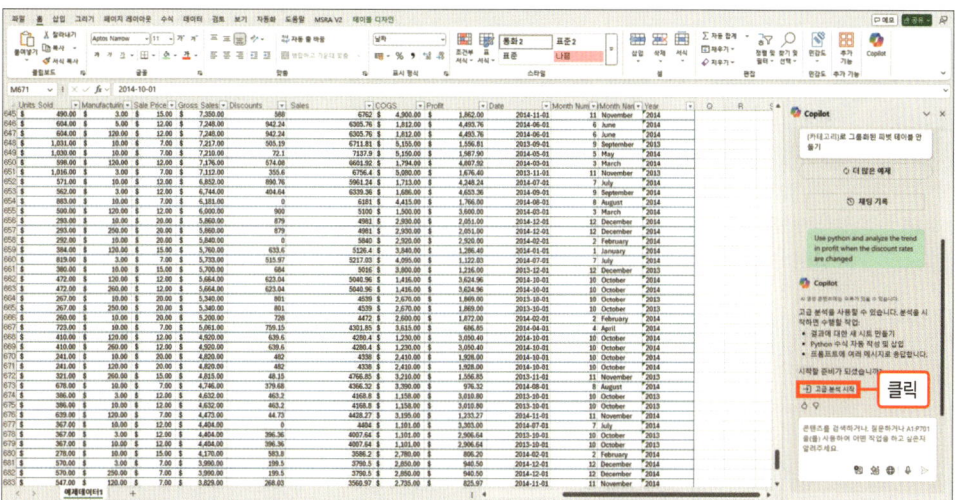

4 잠시 기다리면 새 시트에 파이썬으로 분석된 결과가 표와 그래프로 표시됩니다. 분석 결과에 대한 설명은 Copilot 창에서 확인할 수 있습니다.

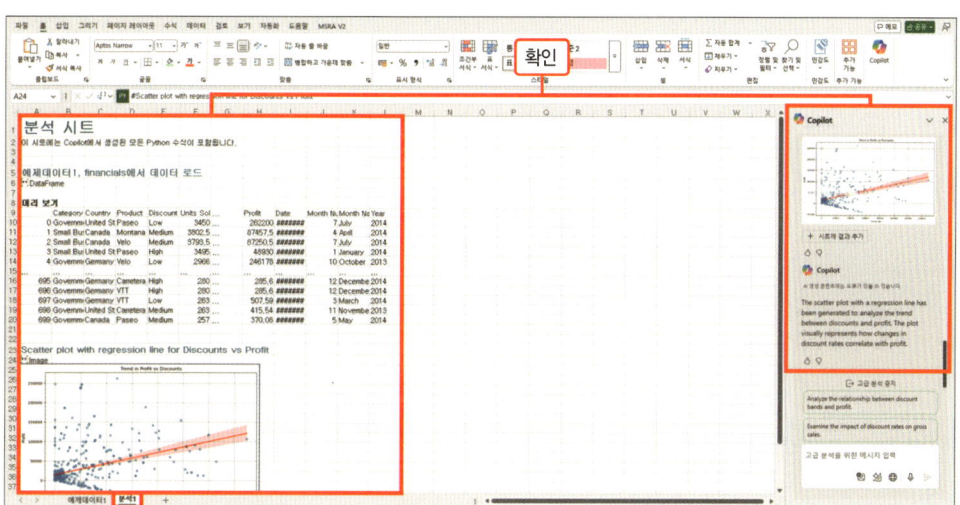

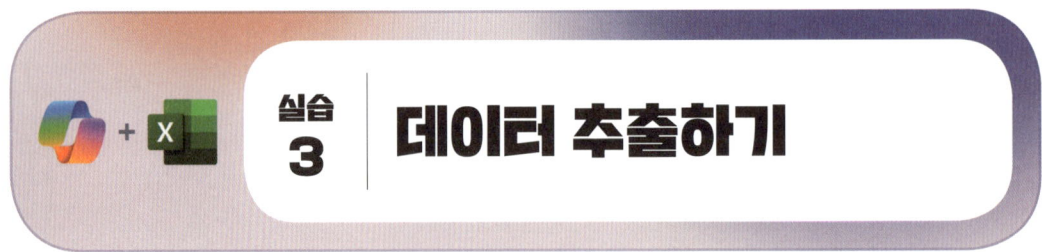

엑셀 Copilot은 문자열에서 원하는 데이터만 추출할 수도 있습니다. 이를 통해 정리되지 않은 데이터들을 정제하는 데 Copilot을 활용할 수 있습니다.

문자열에서 데이터 추출하기

📎 예제데이터2

예제데이터2에는 과학 수업 리스트와 이메일 주소가 정리되어 있습니다. **[과학 수업 리스트]** 열에는 과목, 수강 요일, 수강 과목명이 모두 입력되어 있고 **[이메일 주소]** 열에는 성과 이름이 마침표, 도메인이 @로 구분되어 있습니다. 이번에는 Copilot을 활용해 문자열에서 원하는 데이터를 추출하는 방법을 알아보겠습니다.

1. 메뉴에서 [홈]-[Copilot]을 선택합니다.
2. Copilot 입력 창에 다음과 같이 입력한 후 [보내기]를 클릭합니다.

> 이메일 주소는 이름.성@도메인으로 구성되어 있어. 이름과 성만 추출해서 새 열에 추가해.

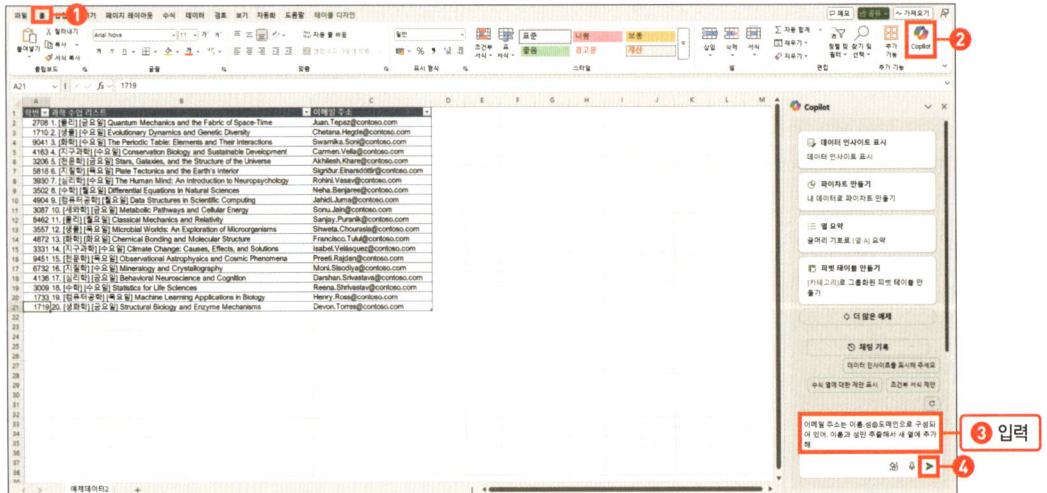

3 잠시 기다리면 Copilot 수식을 제안해 줍니다. 답변의 [+열 삽입]을 클릭합니다.

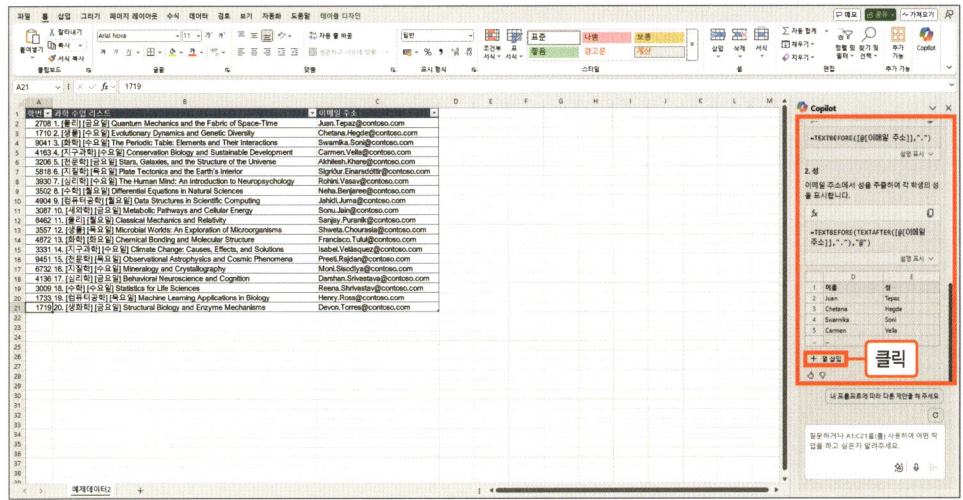

4 새 열([이름], [성])에 이름과 성이 추출됩니다.

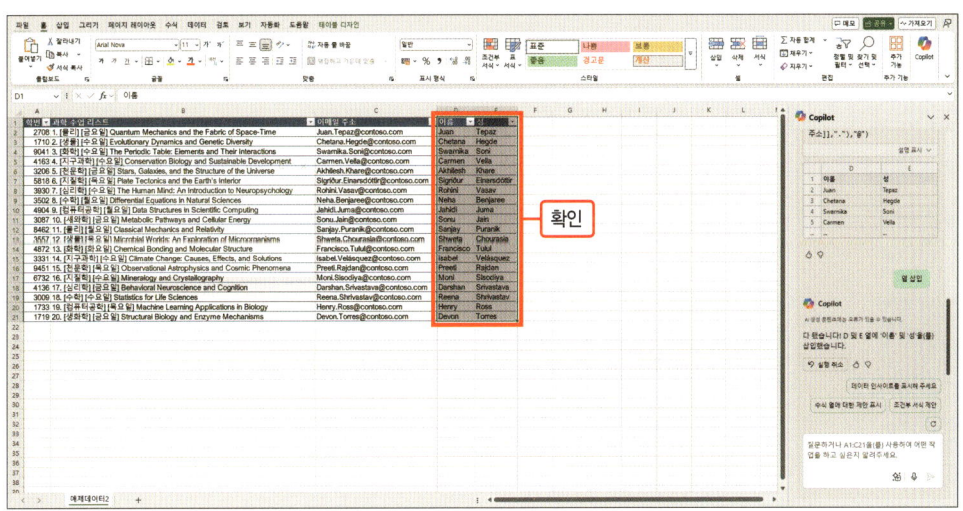

05 이번에는 과학 수업 리스트 열에서 대괄호([ ])로 구분된 내용을 추출해 보겠습니다. Copilot 입력 창에 다음과 같이 입력한 후 [보내기]를 클릭합니다.

> 과학 수업 리스트에서 대괄호 안의 내용을 추출하여 각각의 열로 추가해.

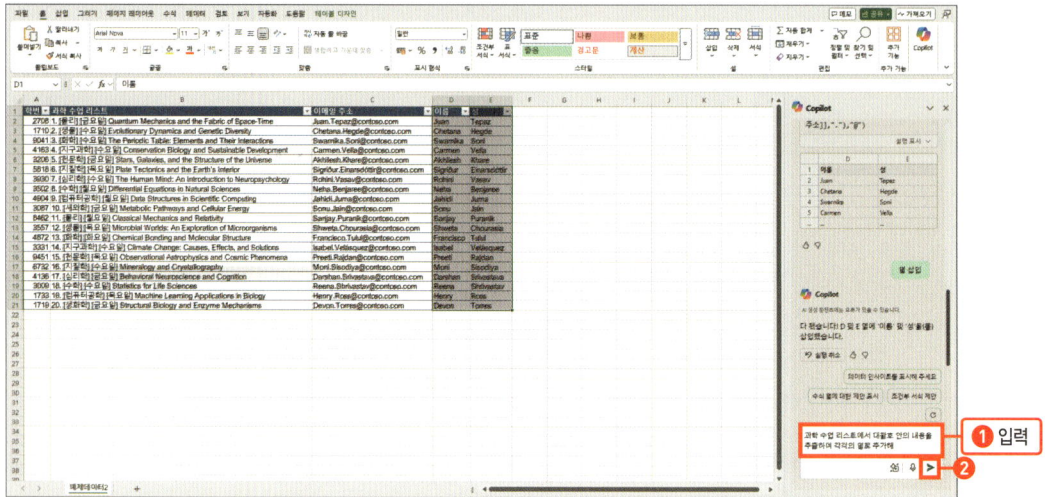

06 잠시 기다리면 Copilot이 수식을 제안해 줍니다. 답변의 [+열 삽입]을 클릭하면 새 열([과목 번호], [과목], [요일])이 추가됩니다.

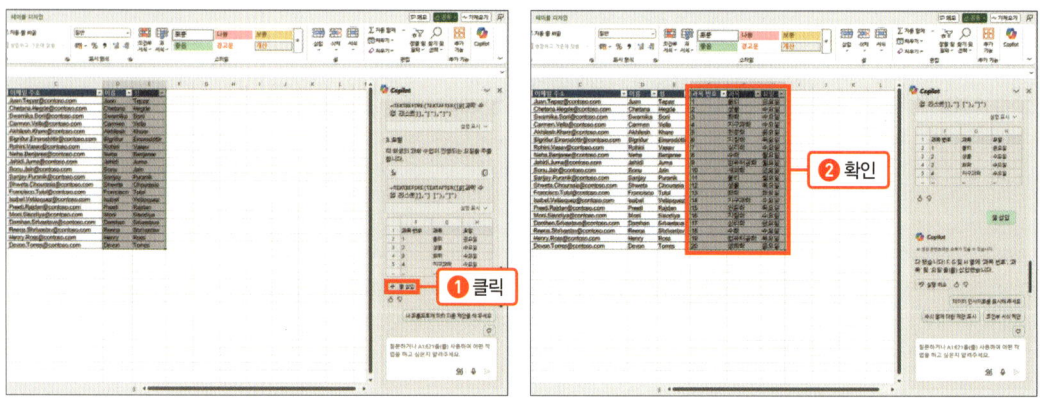

TIP 만약 원하는 결과를 얻을 수 없다면 요청을 좀 더 명확하게 변경한 후 다시 요청해 보세요. 프롬프트가 명확할수록 Copilot의 답변도 정확해집니다.

설문 답변에서 인사이트 얻기

✎ 예제데이터3

Copilot을 활용하면 설문 내용에서 인사이트를 추출할 수도 있습니다. 예제데이터3에는 신규 입사자 교육 이후에 진행된 설문의 답변이 정리되어 있습니다. 이번에는 설문 내용을 바탕으로 신규 입사자 교육의 개선점을 파악해 보겠습니다.

1️⃣ 메뉴에서 [홈]-[Copilot]을 선택합니다.

2️⃣ Copilot 입력 창에 다음과 같이 입력한 후 [보내기]를 클릭합니다.

> 설문 내용을 바탕으로 신규 입사자 교육의 개선점을 세 가지로 요약해.

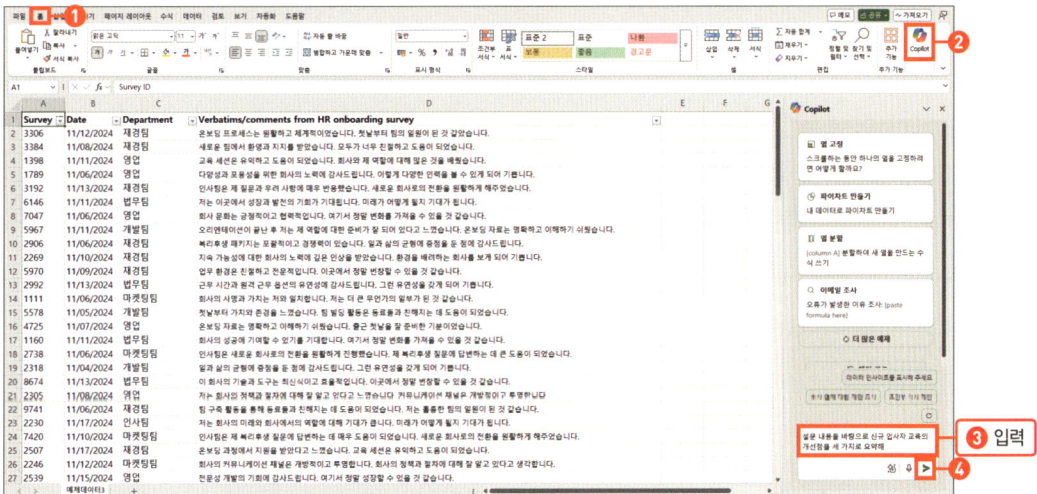

3️⃣ 잠시 기다리면 Copilot이 설문 응답 내용을 바탕으로 개선점 세 가지를 요약해 줍니다.

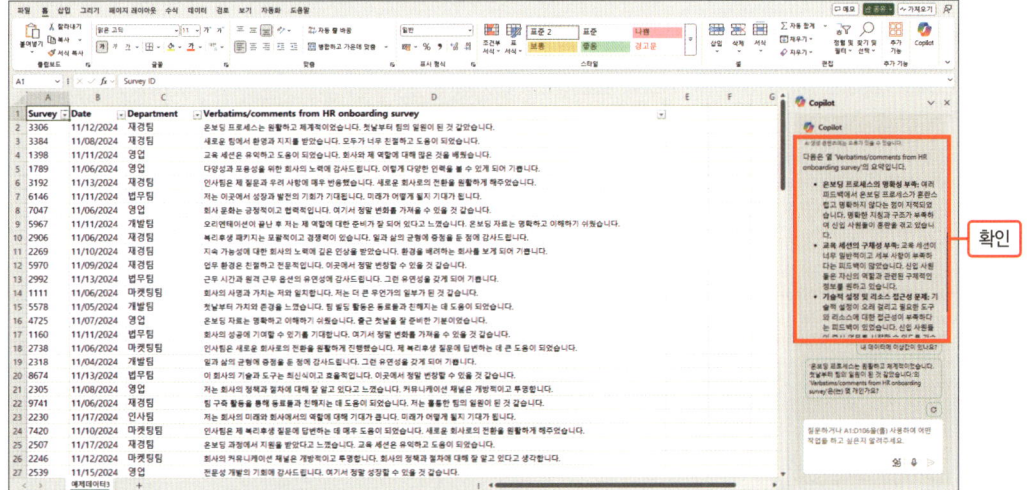

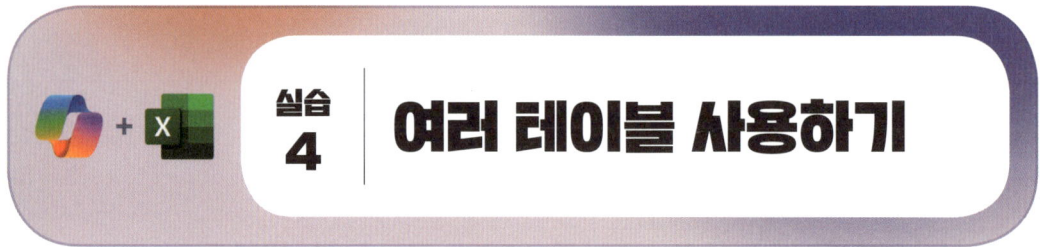

실습 4 **여러 테이블 사용하기**

지금까지 엑셀 파일 내 한 개 시트의 데이터를 Copilot을 이용해 지정하는 기본적인 방법을 알아보았습니다. 이번에는 좀 더 심화하여 한 시트에 두 개의 테이블이 있을 때 두 개 시트의 내용을 조합하는 방법을 알아보겠습니다.

두 개의 테이블 조합하기

📎 예제데이터4

예제데이터4에는 나라별 티켓 가격과 판매 금액이 정리된 표와 환율 정리된 표가 있습니다. 앞의 실습에서 1개의 표를 사용하는 방법을 알아봤다면 이번에는 한 개 이상의 표가 있을 때 어떻게 활용할 수 있는지 알아보겠습니다. 이번에는 환율을 활용해 전체 매출을 USD로 변환하는 방법을 알아보겠습니다.

1. 메뉴에서 [홈]-[Copilot]을 선택합니다.
2. Copilot 입력 창에 다음과 같이 입력한 후 [보내기]를 클릭합니다.

> 통화코드를 기준으로 전체매출을 USD로 변환한 열을 추가해.

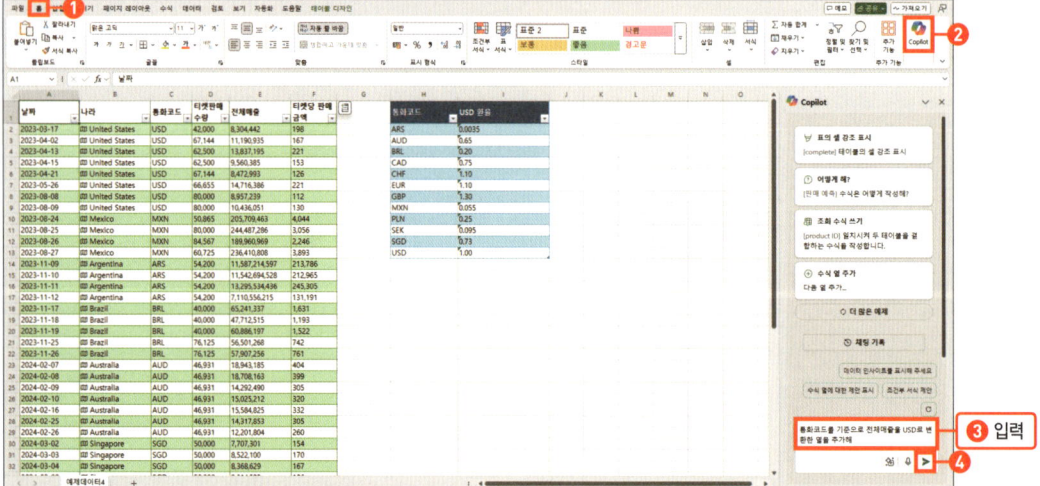

3 잠시 기다리면 USD로 변환된 전체 매출을 제시합니다. 답변의 [+열 삽입]을 클릭합니다.

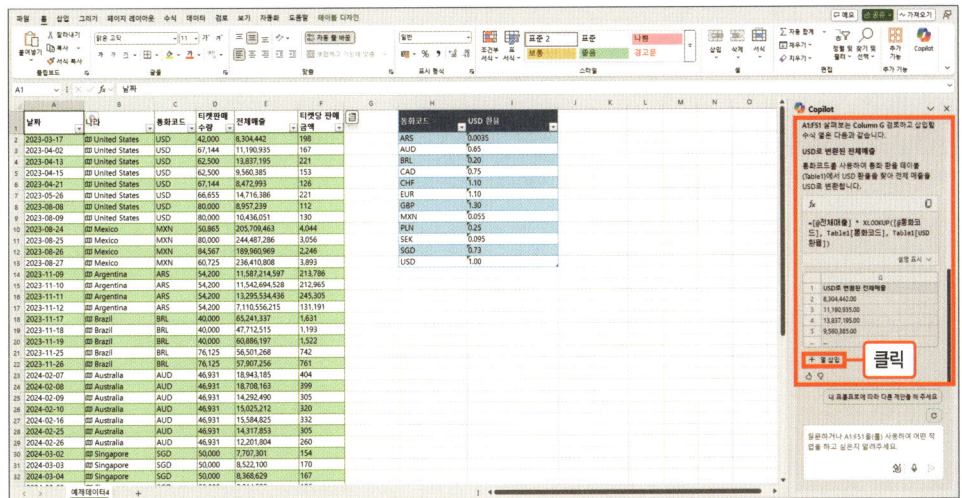

4 [G] 열에 USD로 변환된 전체 매출이 추가됩니다.

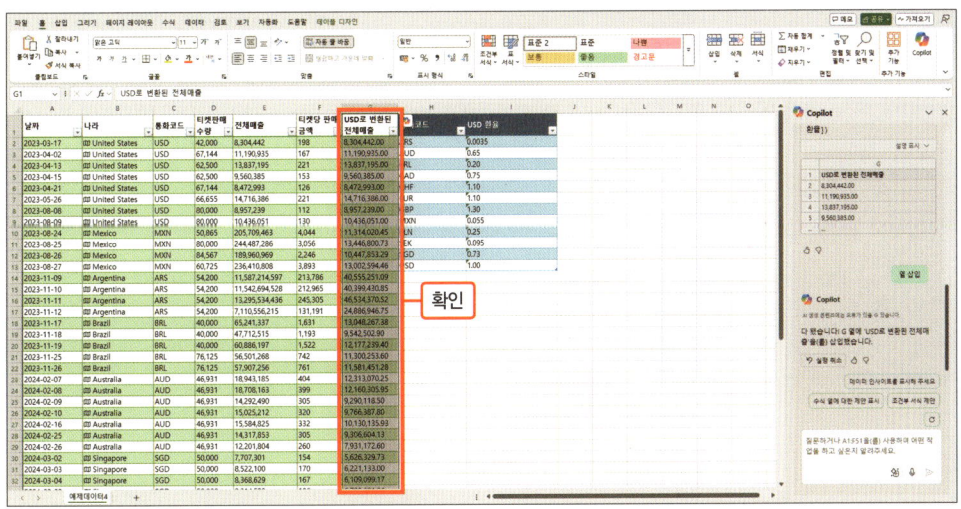

엑셀 Copilot에서 함수 사용하기

✎ 예제5

실습 예제의 [예제데이터5] 시트에는 나라별 제품 매출 데이터, [예제데이터5-1] 시트에는 나라별 제품의 생산년월이 정리되어 있습니다. 이번에는 Copilot을 활용하여 [예제데이터5] 시트와 [예제데이터5-1] 시트의 데이터를 하나로 합치는 방법을 알아보겠습니다.

1장 엑셀 Copilot 101

1 메뉴에서 [홈]-[Copilot]을 선택합니다.

2 엑셀 Copilot에 사용하고 싶은 함수가 있을 경우 직접 해당 함수를 직접 언급하면 됩니다. Copilot 입력 창에 다음과 같이 입력한 후 [보내기]를 클릭합니다.

> VLOOKUP 함수를 사용해서 [예제데이터 5-1] 시트의 'Product' 별 '생산월'을 찾아서 추가해.

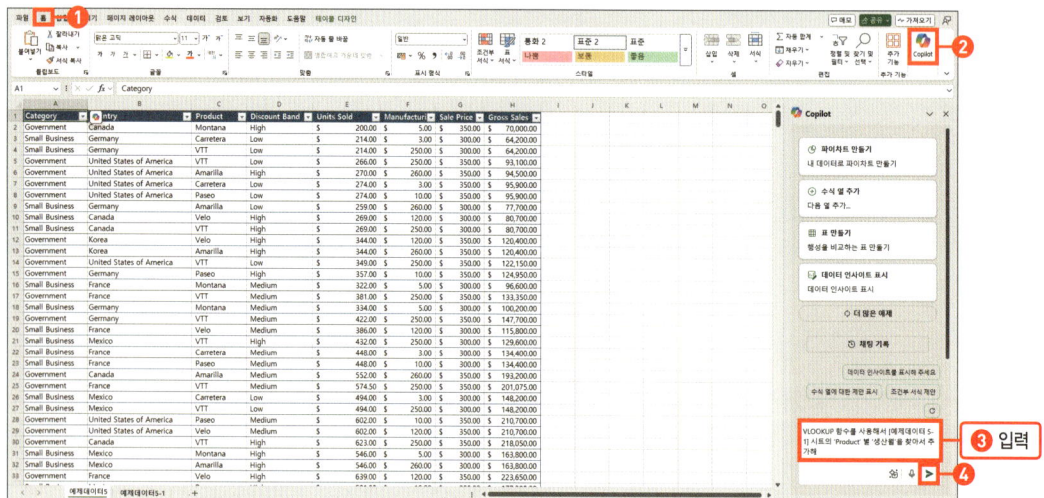

3 잠시 기다리면 Copilot이 적절한 함수를 생성해 줍니다. 요청한 함수는 VLOOKUP이지만, 좀 더 유연하게 활용할 수 있는 XLOOKUP 함수를 제시해 줍니다. 답변의 [+열 삽입]을 클릭합니다.

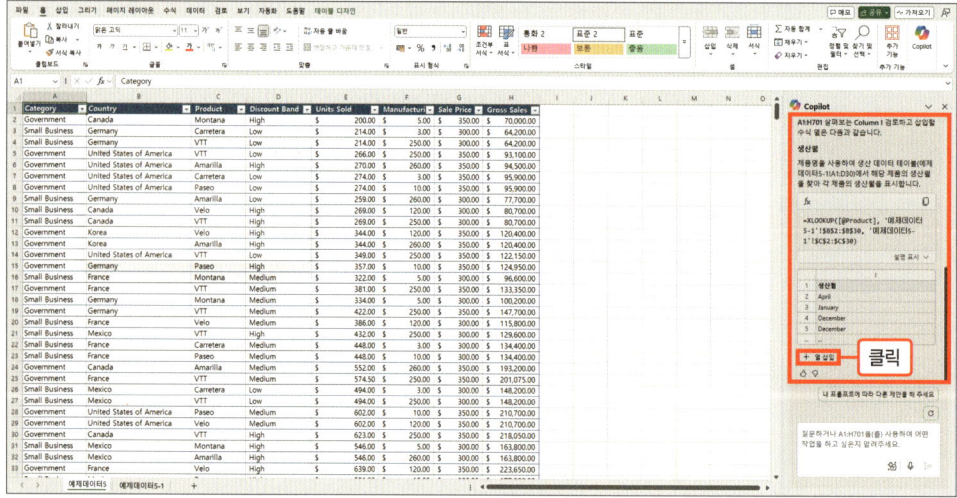

4 [생산월] 열이 추가됩니다.

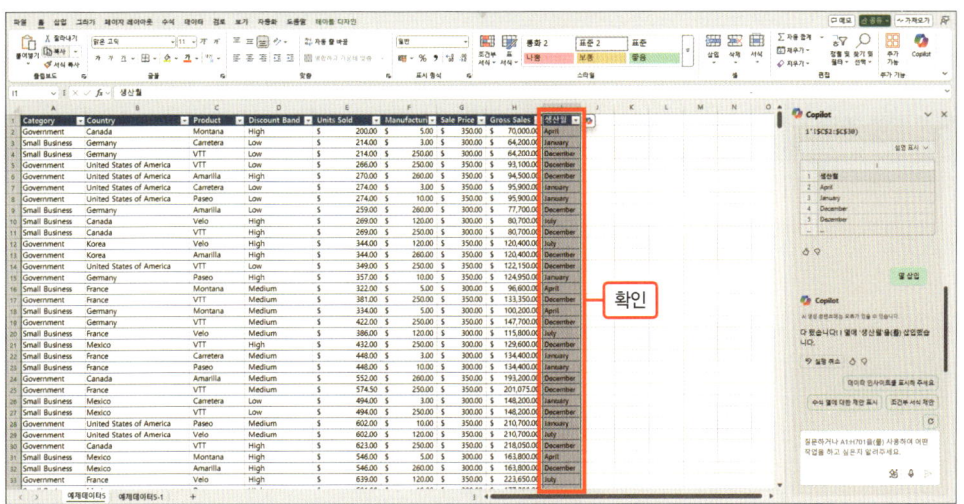

Copilot에게 작업 요청하기

📎 예제데이터6

엑셀을 사용하다 보면 어떤 수식이나 함수를 사용해야 할지 몰라 데이터를 처리하지 못했던 경험이 종종 있죠? 엑셀 Copilot은 수식이나 함수 사용에 서툴더라도 데이터를 처리할 수 있도록 도와줍니다. 이번에는 업무 시간과 시급을 바탕으로 월급을 계산해 보겠습니다.

1 메뉴에서 [홈]-[Copilot]을 선택합니다.

2 Copilot 입력 창에 다음과 같이 입력한 후 [보내기]를 클릭합니다.

> 시간당 시급과 주당 업무시간을 바탕으로 한 달 월급을 계산해.

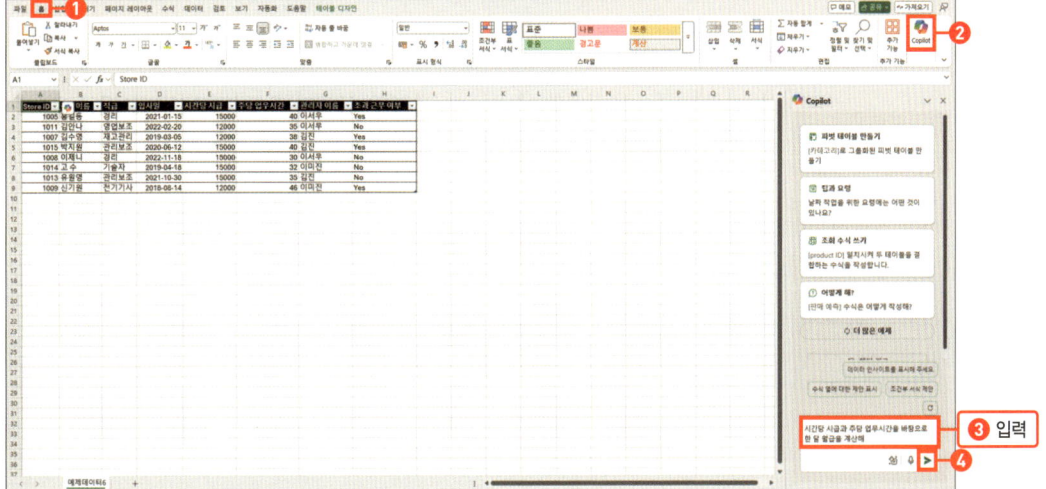

1장 엑셀 Copilot 103

3 잠시 기다리면 Copilot이 적절한 수식을 생성해 줍니다. 답변의 [+열 삽입]을 클릭합니다.

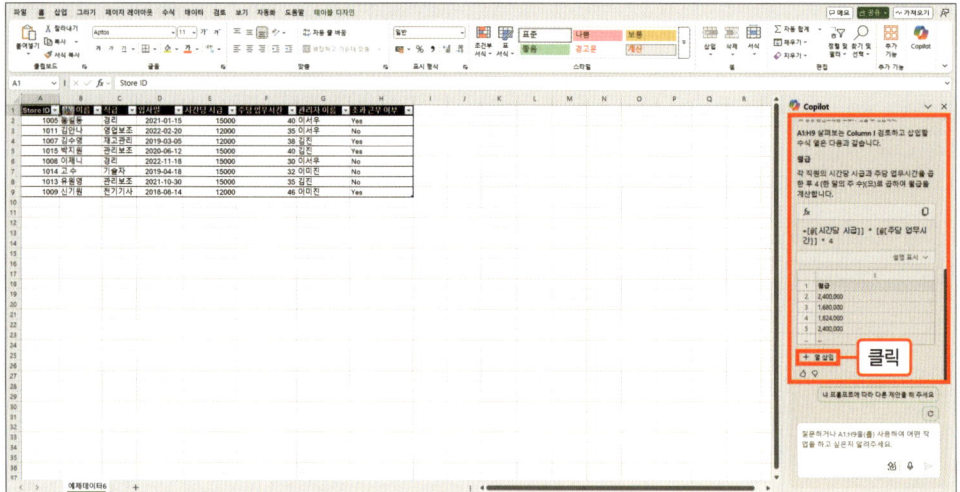

4 [월급] 열이 추가됩니다.

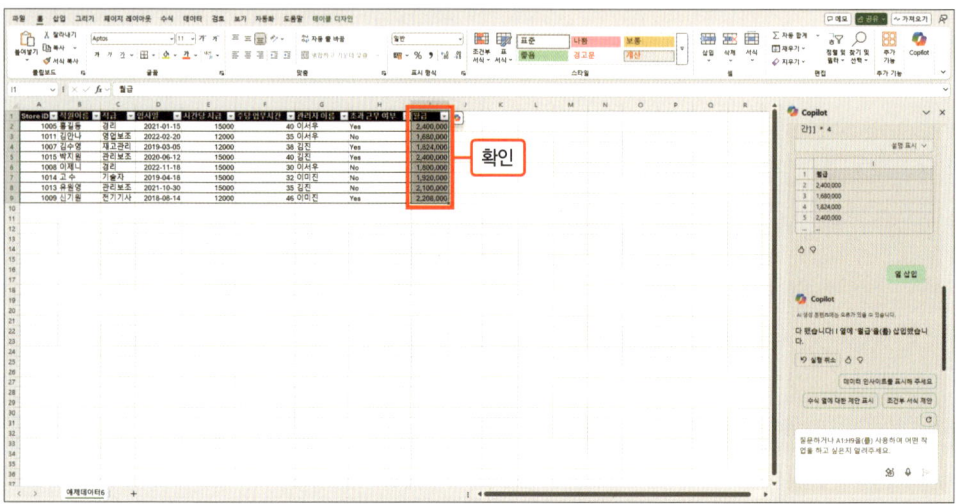

5 월급을 200만 원을 기준으로 상/하로 구분해 보겠습니다. 수식을 생각하니 너무 복잡해서 논리적으로 Copilot에게 설명해 보겠습니다. 다음과 같이 프롬프트를 입력합니다.

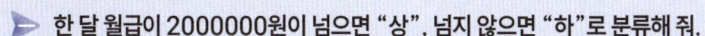
▶ 한 달 월급이 2000000원이 넘으면 "상", 넘지 않으면 "하"로 분류해 줘.

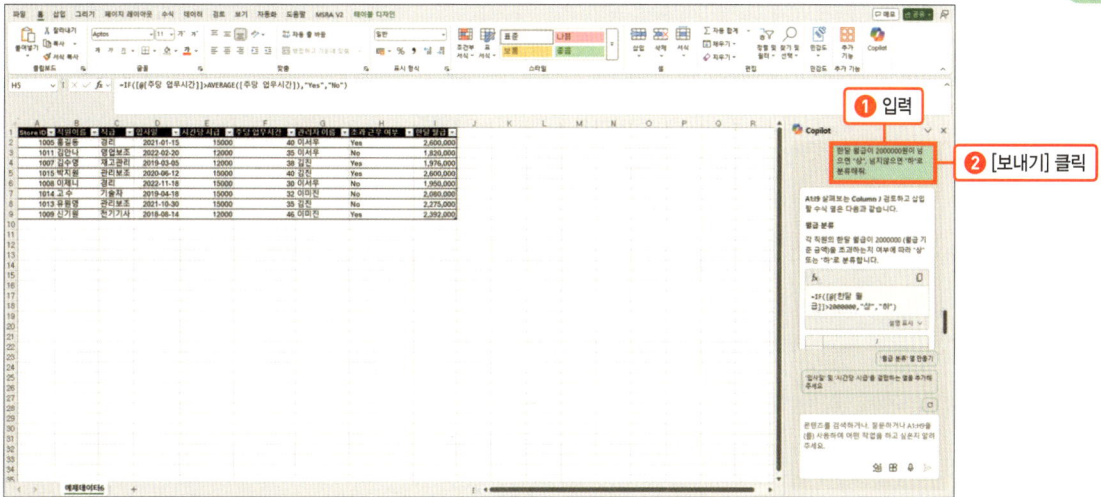

① 입력
② [보내기] 클릭

6 Copilot이 200만 원 기준으로 직원들을 상/하로 분류한 것을 확인할 수 있습니다.

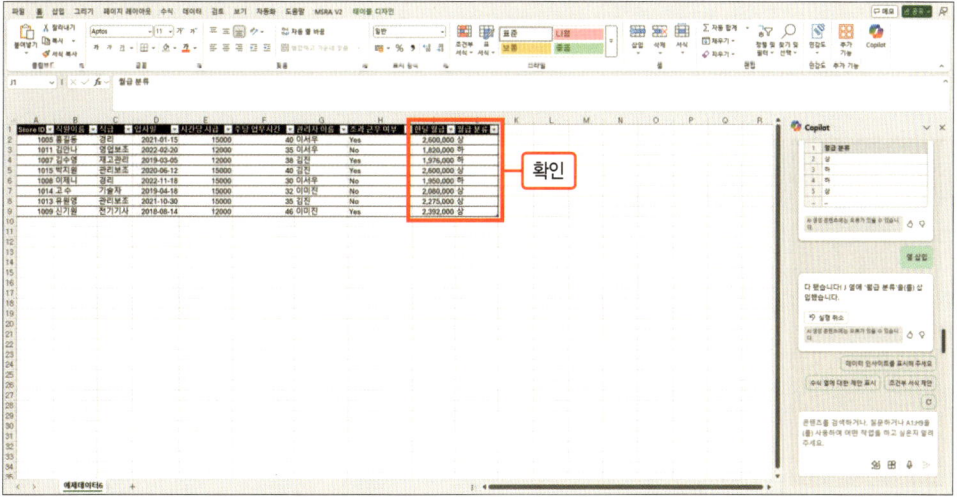

확인

1장 엑셀 Copilot 105

에러 확인 및 수정하기 예제데이터7

엑셀에서 함수를 사용할 때 종종 알 수 없는 에러 메시지가 표시되곤 합니다. 이때 Copilot을 활용하면 에러 메시지의 원인과 해결 방법을 찾을 수 있습니다.

1 메뉴에서 [홈]-[Copilot]을 선택합니다.

2 Copilot 입력 창에 다음과 같이 입력한 후 [보내기]를 클릭합니다.

> Country를 기준으로 [예제데이터7-1] 시트에서 생산월을 찾아서 추가해.

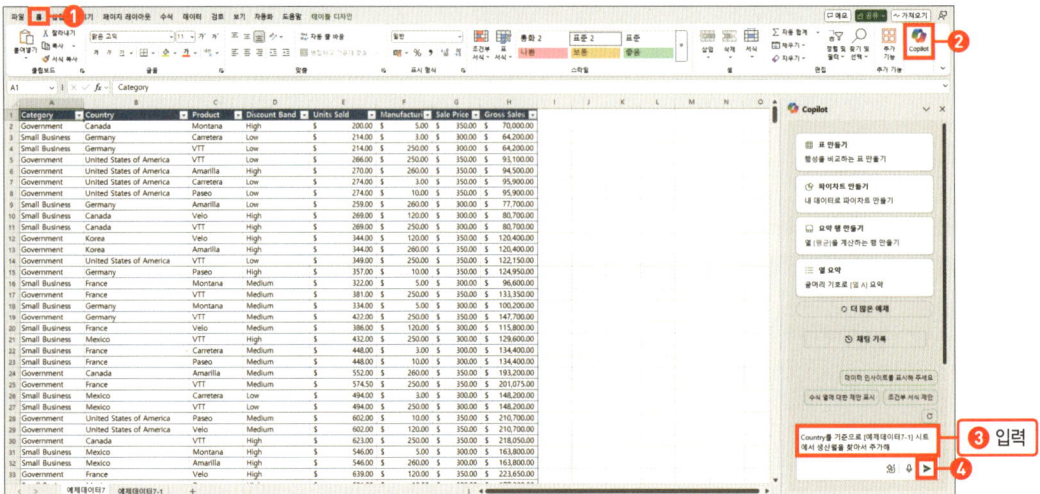

3 Copilot 답변의 [+열 삽입]을 클릭하면 [생산월] 열이 추가됩니다.

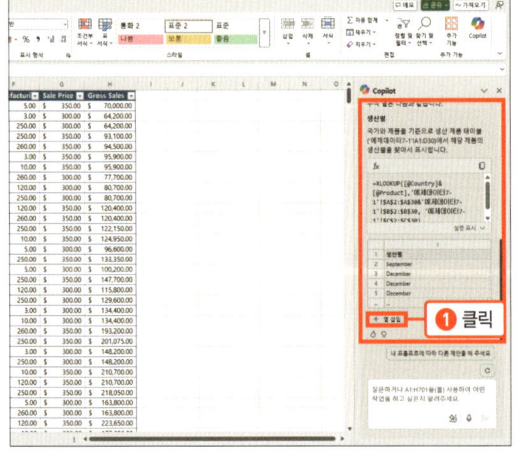 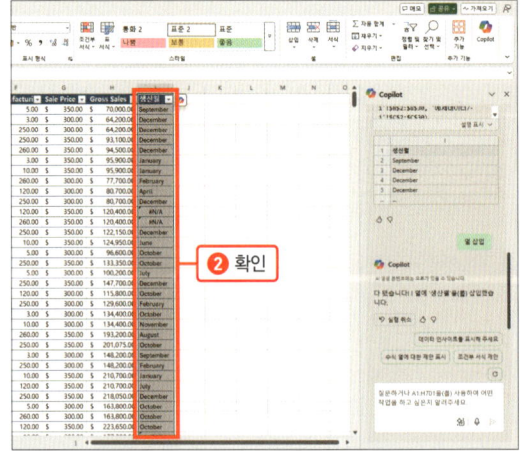

106

4 [생산월]이 추가되었지만 에러가 발생했습니다. 에러의 원인과 해결 방법을 확인하기 위해 Copilot 입력 창에 다음과 같이 입력한 후 [보내기]를 클릭합니다.

> 생산월 열에 발생한 에러를 수정해.

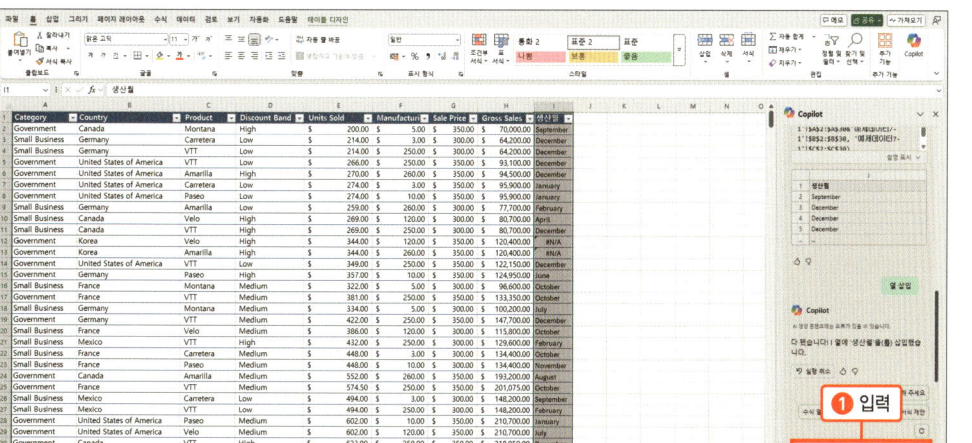

5 잠시 기다리면 Copilot이 에러의 원인과 해결 방법을 제안해 줍니다. #N/A는 데이터가 누락되었거나 찾을 수 없음을 나타내는 에러로, 에러 메시지 대신 빈 문자열을 반환하는 함수를 제시합니다.

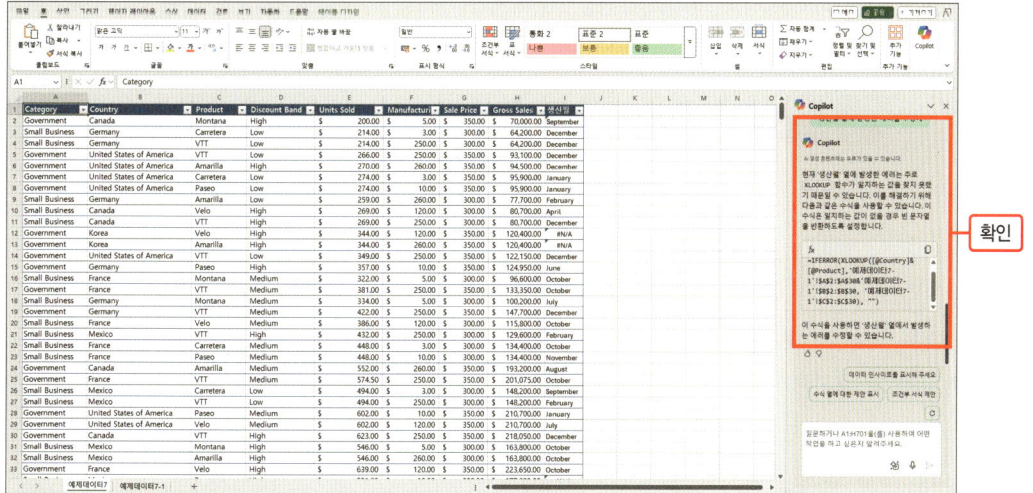

TIP Copilot 답변의 [📋]를 클릭하여 수정된 함수를 복사한 후 [I2] 셀에 붙여 넣으면 에러를 간단하게 해결할 수 있습니다.

워드 Copilot

워드 Copilot은 우리가 일반적으로 사용하는 워드에서 생성형 AI를 사용할 수 있는 기능입니다. 따라서 워드 Copilot을 이용하면 문서 요약이나 새로운 문서를 생성하는 데 도움을 받을 수 있습니다. 하지만 기존 문서에 직접 편집하는 것은 지원하지 않습니다. 또한 Copilot이 출력해 준 결과는 매번 다를 수 있습니다. 이는 생성형 AI의 특징으로 똑같은 예제 파일을 사용하더라도 이 책의 출력 결과와 동일하지 않을 수 있습니다.

실습 1 | 문서 요약하기

Copilot이 가장 잘하는 것은 문서를 요약하는 것입니다. 첫 실습에서는 워드 문서를 요약하는 방법을 알아보겠습니다.

전체 문서 요약하기

 예제1-1.docx

예제 파일을 이용해 문서 전체 내용을 요약해 보겠습니다. 예제 파일은 Microsoft에서 제공하는 M365 Copilot에 대한 영문 소개 자료를 한글로 변환한 것입니다.

TIP Copilot을 활용하여 문서를 번역하는 방법은 129쪽을 참고하세요.

1 메뉴의 [홈]에서 [Copilot] 을 선택하면 작업 화면의 오른쪽에 Copilot 창이 표시됩니다.

2 Copilot 입력 창에 요청 사항을 입력한 후 [보내기] ▶를 클릭하거나 Enter 를 누릅니다. 여기서는 '이 문서를 한 문단으로 요약해 줘.'를 입력했습니다.

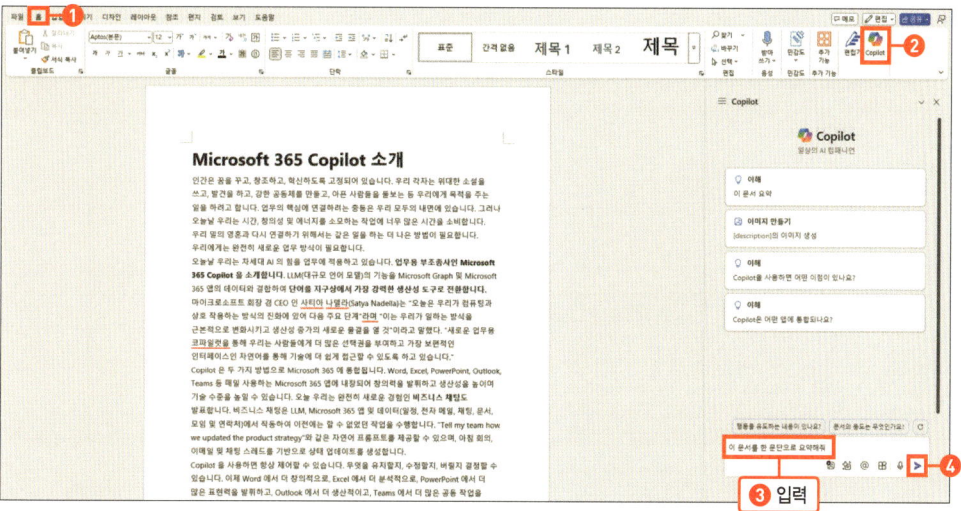

2장 워드 Copilot 109

3 다음과 같이 현재 문서를 요약해 줍니다. Copilot 창의 [복사] 🗐 를 클릭하면 요약된 내용을 복사할 수 있습니다.

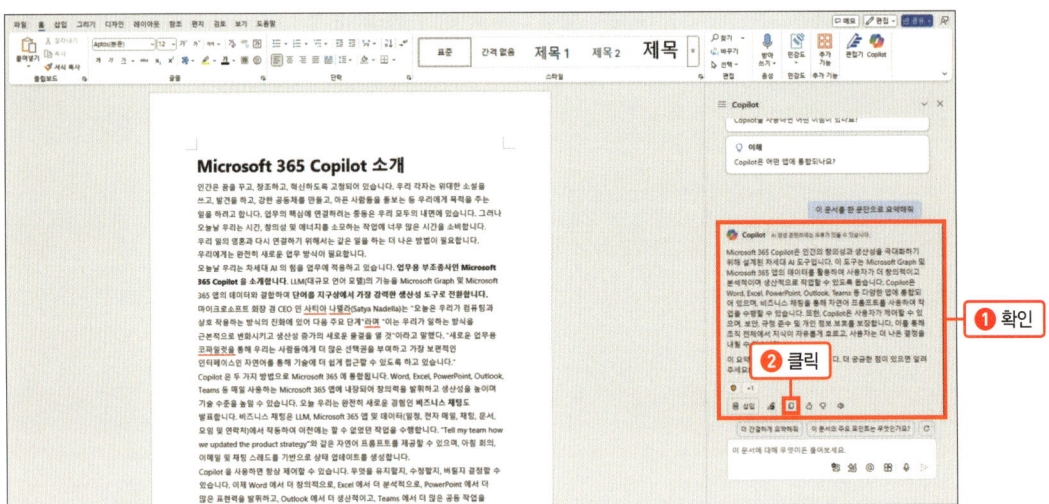

키워드 요약하기

📎 예제1-1.docx

1 Copilot 입력 창에 다음과 같이 입력한 후 [보내기]를 클릭합니다.

▶ 문서의 주요 키워드만 추출하여 요약해 줘.

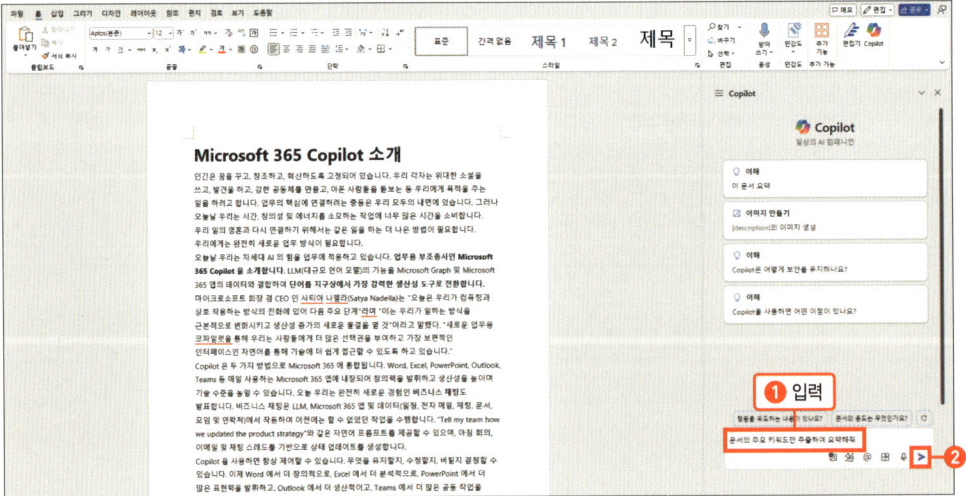

2 현재 문서에서 주요 키워드를 제시해 줍니다.

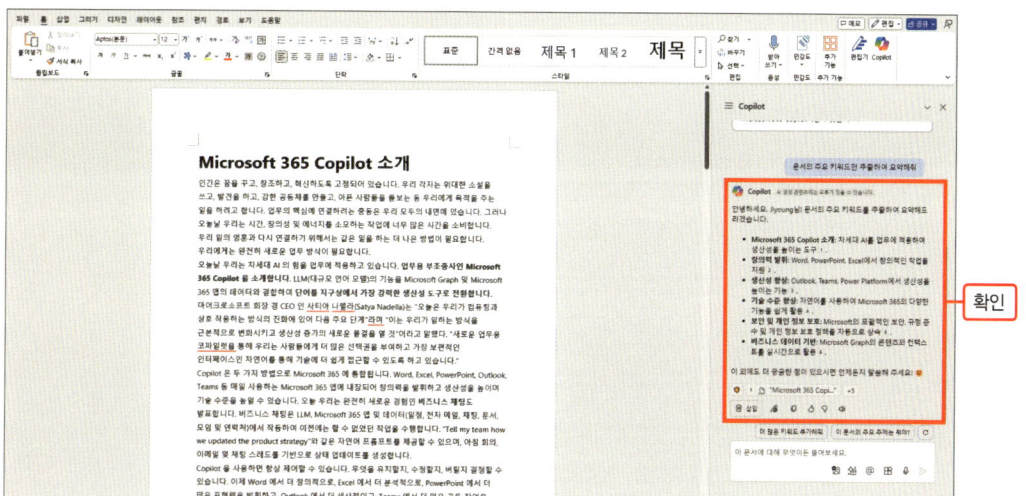

3 제시된 키워드가 많을 경우, 키워드의 개수를 포함하여 요청할 수도 있습니다. 여기서는 다음과 같이 키워드의 개수를 두 개로 제한하여 요청했습니다.

▶ 이 문서의 주요 키워드를 2개만 추출해 줘.

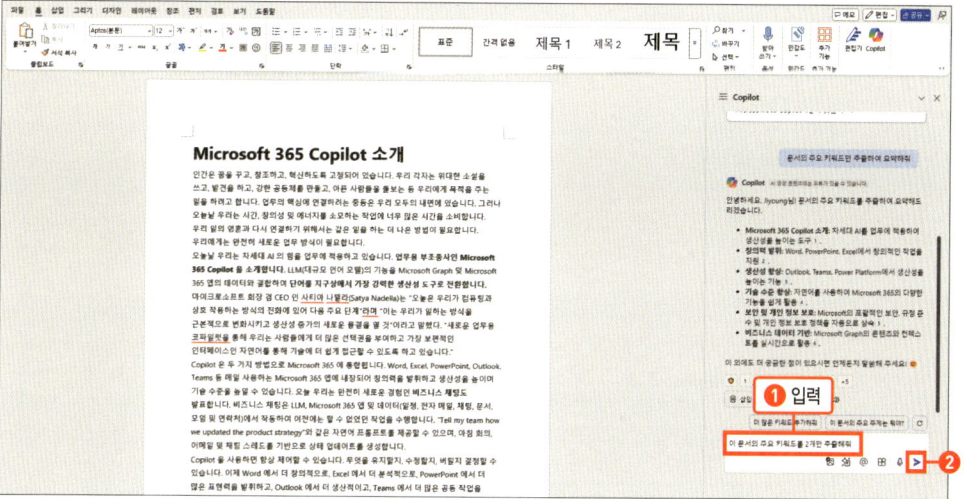

2장 워드 Copilot 111

4 주요 키워드를 2개로 축약해서 보여 줍니다.

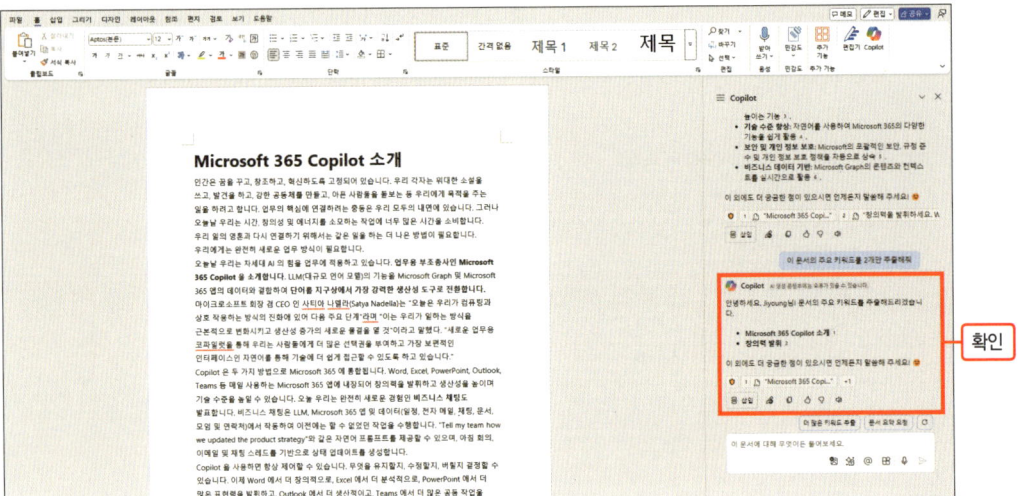

문장별 요약하기
📎 예제1-1.docx

Copilot을 활용하면 전체 문서를 문단 단위로도 요약할 수 있습니다. 문단 요약은 키워드 요약보다 문서를 좀 더 자세히 요약할 때 유용합니다.

1 Copilot 입력 창에 다음과 같이 입력한 후 [보내기]를 클릭합니다.

> 각 문단별로 핵심 내용을 요약해 줘.

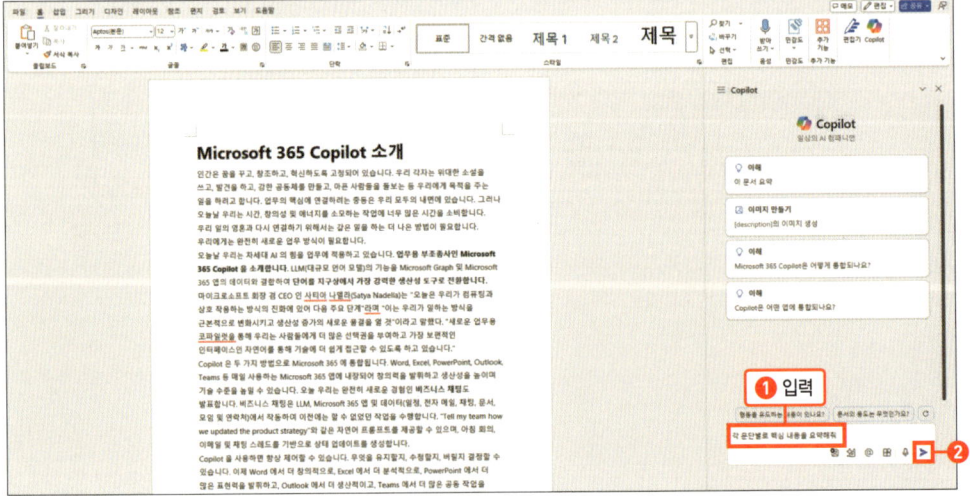

2 다음과 같이 문서의 각 문단마다 핵심 내용을 요약해 줍니다.

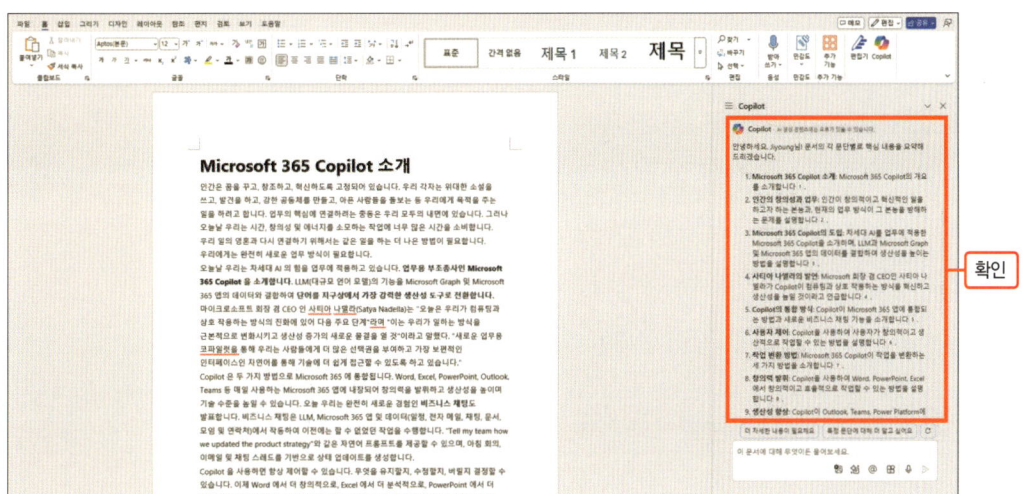

3 이번에는 요약된 내용을 검증해 보겠습니다. Copilot 입력 창에 다음과 같이 입력한 후 [보내기]를 클릭합니다.

▶ 이 문서의 첫 번째 문단을 요약해 줘.

4 Copilot이 문서의 첫 번째 문단을 요약해 줍니다. 앞 과정에서 요약된 문장과 비교해 보세요. 내용이 유사하다는 것을 알 수 있습니다.

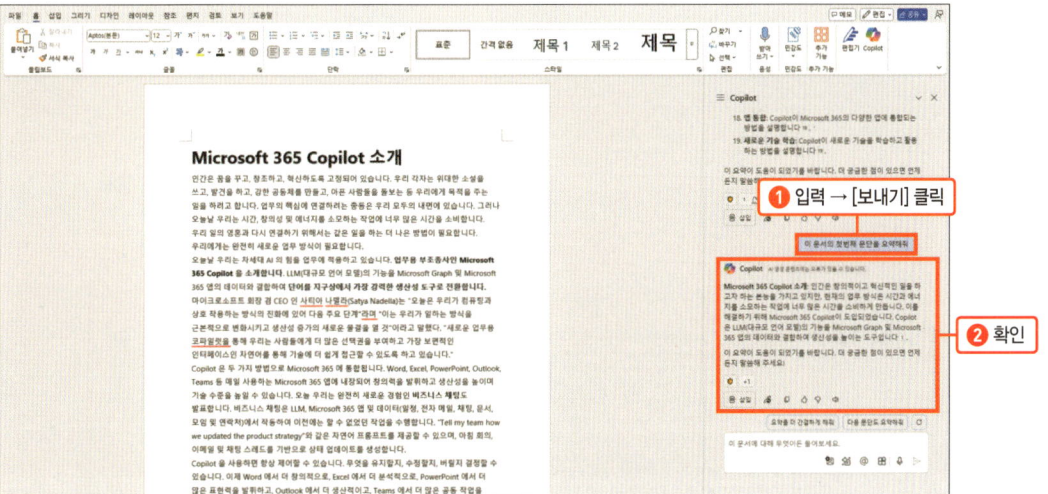

시간 순서로 요약하기

📎 예제1-2.docx

문서 작업을 하다 보면 '프로젝트 진행 상황 보고서', '연구 일지', '회의록'처럼 문서의 내용이 시간 순서대로 정리해야 할 때가 있습니다. 문서가 시간순으로 정리되어 있다면 수정할 필요가 없지만, 시간순으로 정리되어 있지 않다면 Copilot을 이용해 보세요. Copilot이 전체 문서의 내용을 확인하여 발생 시간 순서대로 빠르게 정리해 줍니다.

1 '예제1-2.docx'를 불러온 후 메뉴에서 [Copilot]을 선택합니다.

2 Copilot 입력 창에 다음과 같이 입력한 후 [보내기]를 클릭합니다.

▶ 이 문서를 시간 순서에 따라 중요한 사건이나 단계별로 요약해 줘.

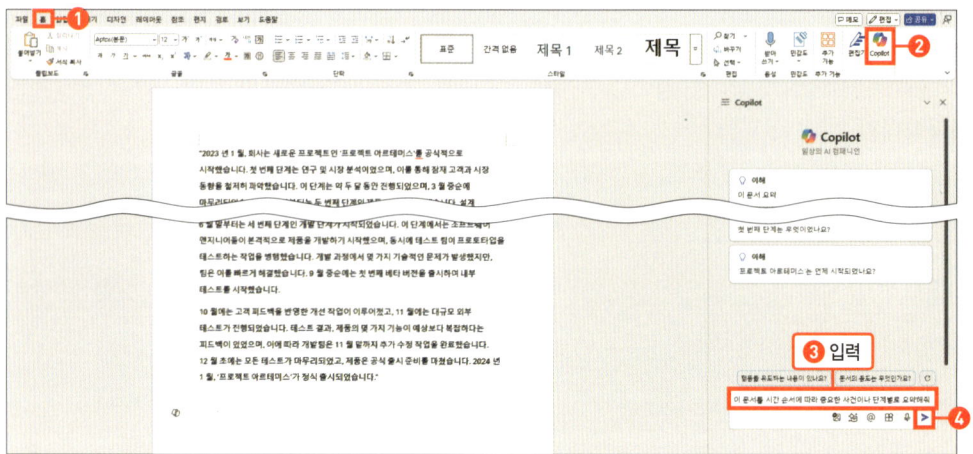

3 다음과 같이 문서의 내용을 시간 순서대로 요약하여 제시해 줍니다.

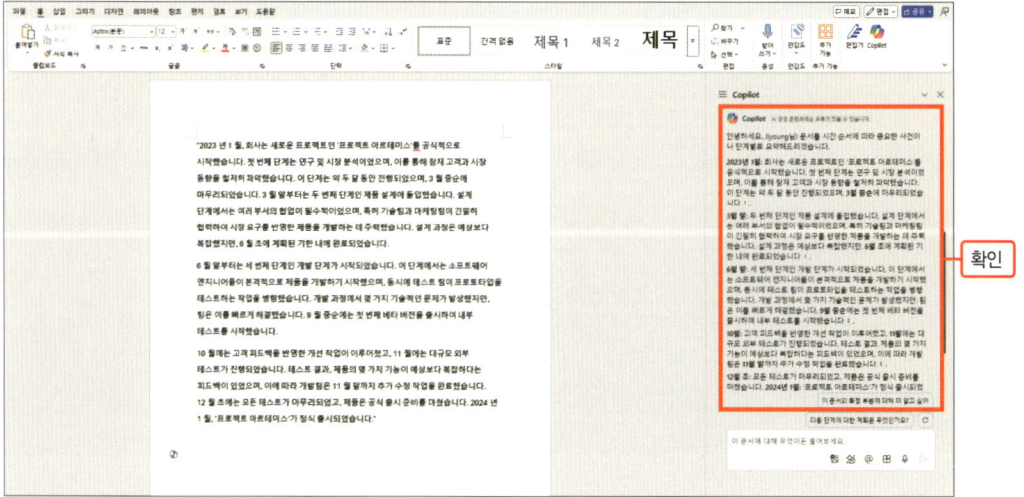

TIP 문서 내용에 따라 분기별, 반기별 등 원하는 기간을 설정해 문서를 요약할 수도 있습니다.

두 개 이상의 문서 요약하기

📎 예제1-1.docx, 예제1-3.docx

Copilot을 이용하면 서로 다른 두 개 이상의 문서를 요약할 수 있습니다. 실습 예제에서는 원드라이브에 저장된 각 문서의 URL을 활용합니다. 사용 중인 원드라이브에 '예제1-1.docx'와 '예제1-3.docx'를 업로드한 후 실습해 주세요.

1 워드를 실행한 후 메뉴에서 [홈]-[Copilot]을 선택합니다.

2 메뉴에서 [파일]-[열기]를 선택합니다.

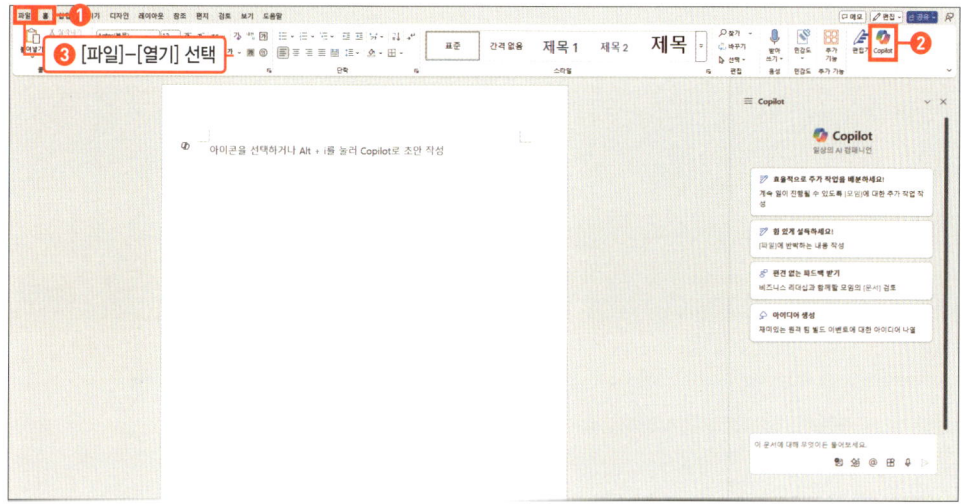

3 파일 탐색기의 원드라이브에서 '예제1-1.docx' 파일을 마우스 오른쪽 버튼으로 클릭한 후 [OneDrive]-[링크 복사]를 선택합니다.

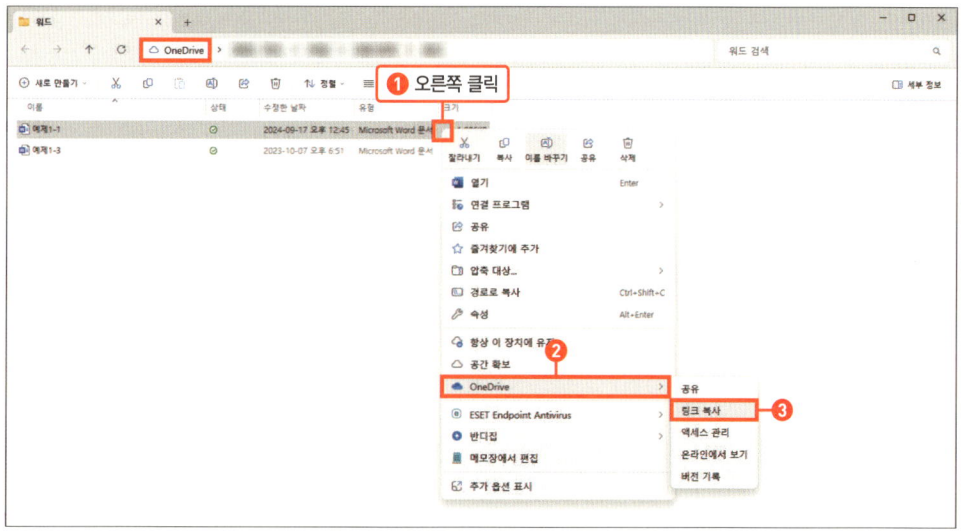

TIP 영문 윈도우에서는 [OneDrive]-[Copy Link]를 선택하면 됩니다. 파일 탐색기에 원드라이브가 표시되지 않는다면 'https://onedrive.live.com/'에서 파일의 링크를 확인할 수 있습니다.

4 복사한 링크는 노트패드나 메모장에 붙여 넣기하고 2 와 같은 방법으로 '예제1-3.docx'의 링크도 복사합니다.

5 워드의 Copilot 입력 창에 다음과 같이 입력한 후 [보내기]를 클릭합니다.

▶ /(예제1-1의 URL)와 /(예제1-3의 URL)을 세 문단으로 요약해 줘.

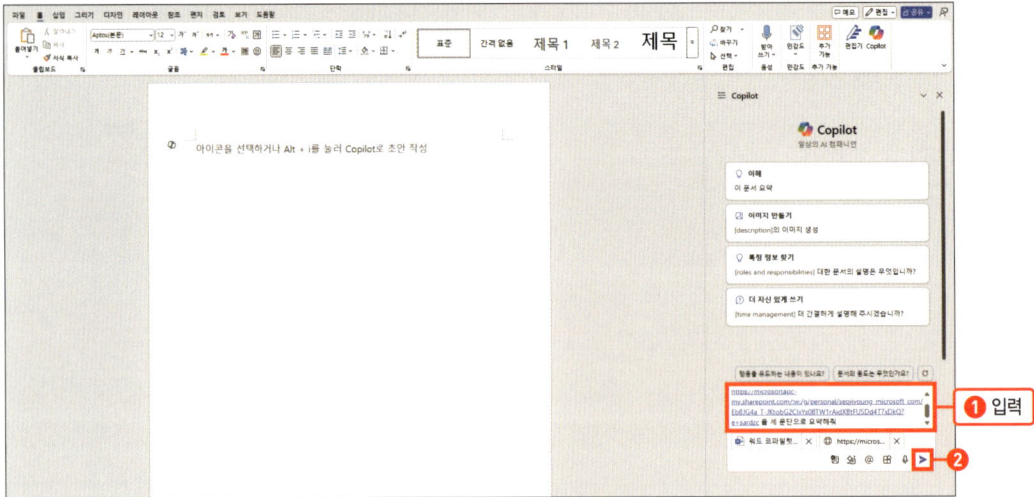

TIP ⊞+V 를 누르면 클립보드 창이 표시되어 앞의 과정에서 복사한 URL을 모두 확인할 수 있습니다.

6 잠시 기다리면 다음과 같이 두 개의 파일을 두세 문단으로 요약해 줍니다.

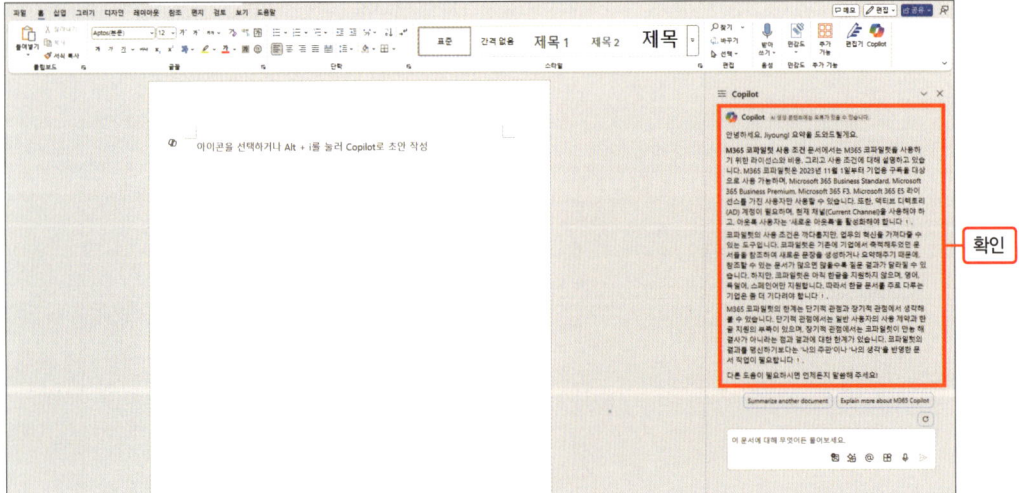

7 Copilot이 요약한 내용에는 숫자 각주가 표시됩니다. 각주에 마우스 커서를 올려 놓으면 어떤 문서를 참조하여 요약했는지 확인할 수 있습니다.

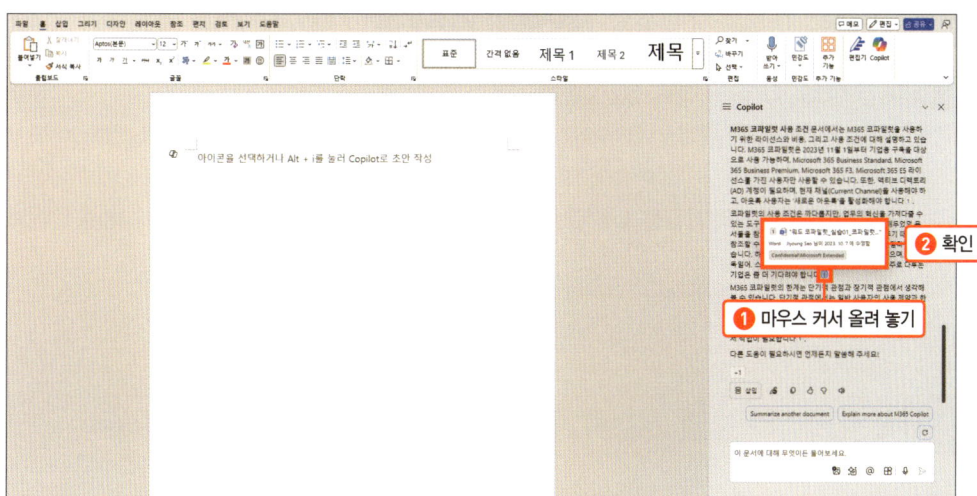

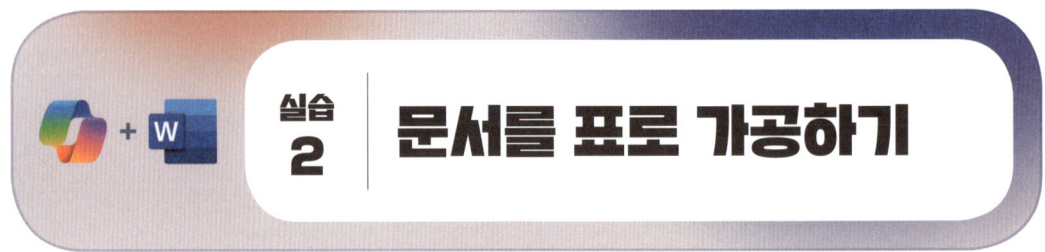

이번에는 Copilot을 이용해 문서의 가독성을 높이기 위한 방법의 하나로 텍스트를 표로 변환하는 방법을 알아보 겠습니다.

문서를 요약하여 표로 가공하기

📎 예제1-1.docx

문장만 나열된 문서는 가독성이 낮아 집중하기 어렵습니다. 이번에는 문장을 표로 가공하는 방법을 알아보겠습니다.

1 문장을 표 형태로 변경하기 위해 다음과 같이 입력한 후 [보내기]를 클릭합니다.

> 1페이지의 내용만 세 문단으로 요약해 줘.

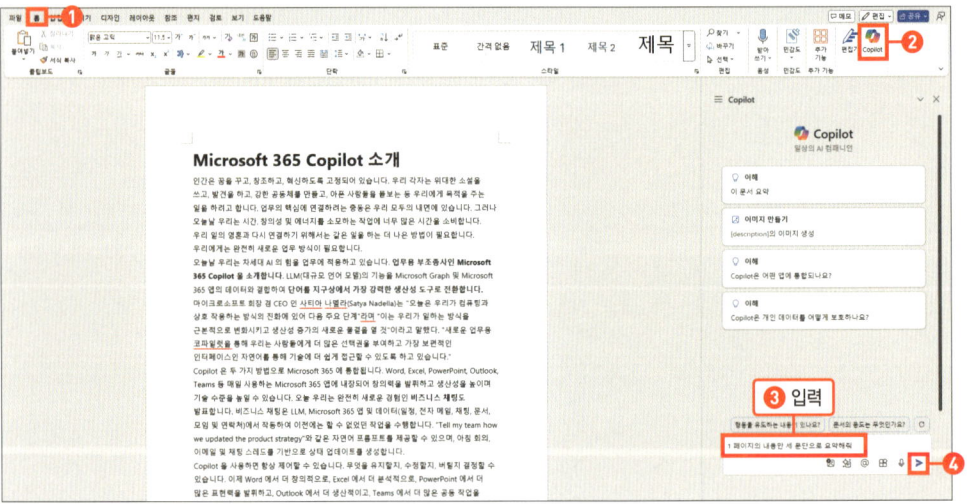

2 Copilot이 다음과 같이 문장을 요약해 줍니다.

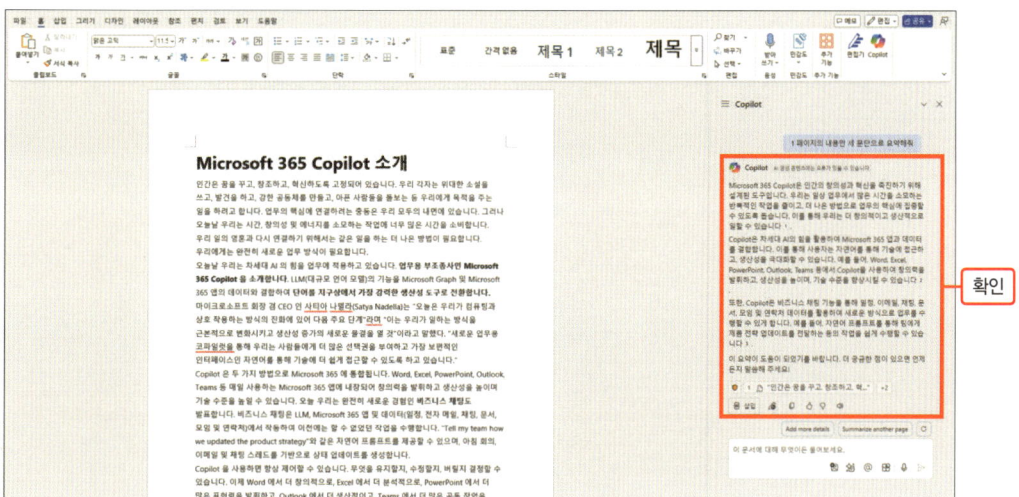

3 하지만 가독성이 낮으므로 요약한 내용을 표로 작성해 보겠습니다. Copilot 입력 창에 다음과 같이 입력한 후 [보내기]를 클릭합니다.

> 요약한 내용에 대해 주제어와 설명이 포함되도록 표로 작성해 줘.

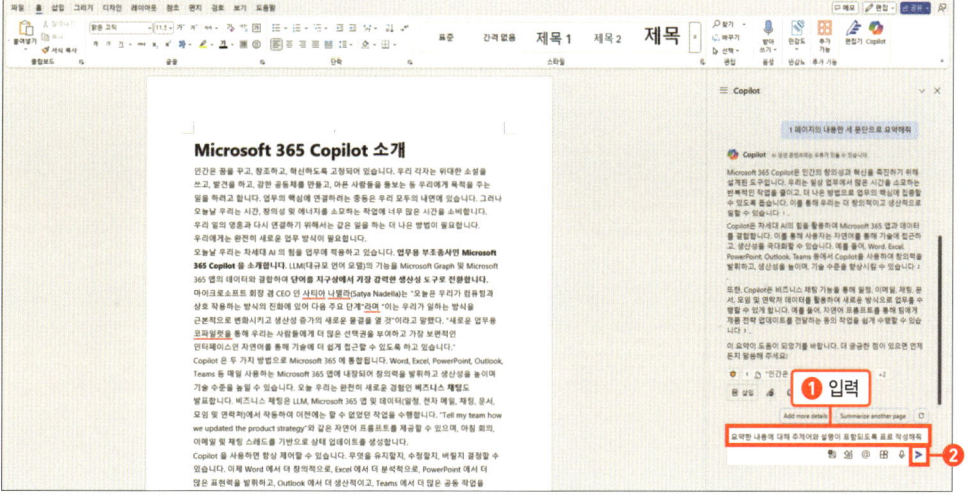

2장 워드 Copilot 119

4 요약한 내용이 표로 작성되었습니다.

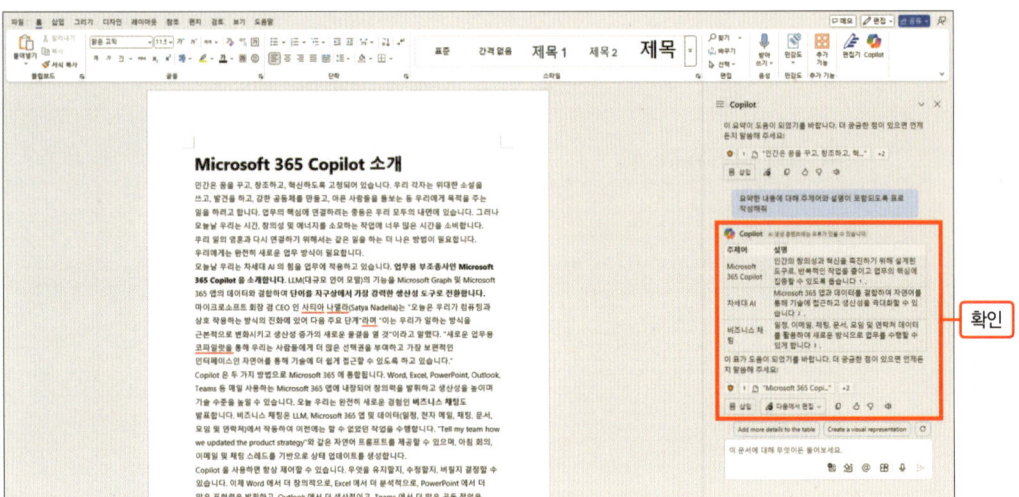

5 작업 화면에서 적당한 위치를 선택한 후 Copilot 입력 창의 **[삽입]**을 클릭하면 Copilot이 작성한 표를 삽입할 수 있습니다.

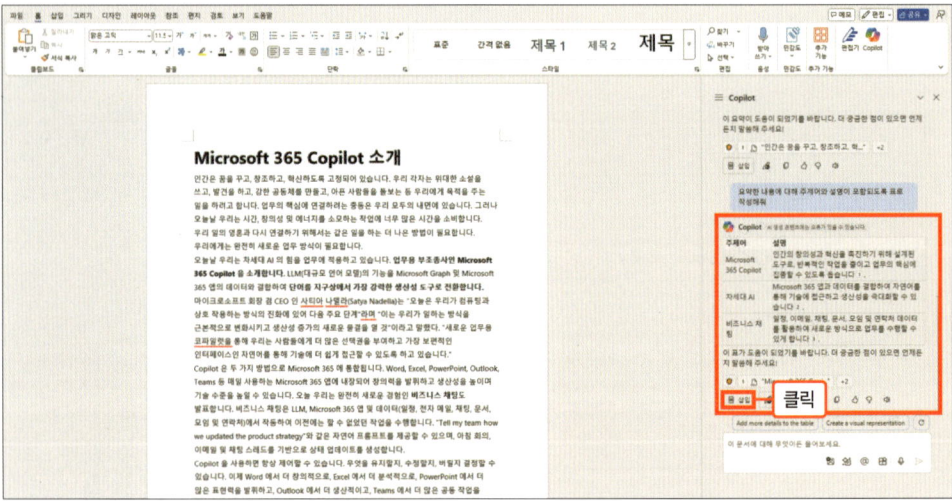

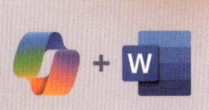

실습 3 문법 및 맞춤법 수정

일반적으로 사람이 직접 문서를 작성할 때는 문법이나 맞춤법이 크게 틀리는 경우가 많지 않습니다. 하지만 번역된 문장은 자연스럽지 않을 때가 종종 있습니다. 이번에는 사람이 직접 작성한 문서이든, 번역한 문서이든, Copilot을 활용하여 문법과 맞춤법을 수정하는 방법을 알아보겠습니다.

맞춤법 수정하기

📎 예제1-1.docx

Copilot을 활용하면 문서에서 띄어쓰기, 오탈자 등의 맞춤법이나 오류를 찾아 수정을 제안받을 수 있습니다. 하지만 아쉽게도 Copilot은 문서를 직접 변경할 수 없으므로 Copilot 입력 창에 요청할 때는 수정하라고 요청하는 것보다 제안해 달라고 하는 것이 효율적입니다.

1 메뉴에서 [홈]-[Copilot]을 선택합니다. Copilot은 문서를 직접 변경할 수 없으므로 '수정'보다는 '제안'이라는 단어를 사용하는 것이 좋습니다. 또한 문서에 언급된 영문 이름을 그대로 사용하려면 요청에 제약을 두어야 합니다. 예를 들어 문서에서 'copilot'이라는 단어만 그대로 사용하려면 다음과 같이 질문에 제약을 두어야 합니다. 원하는 요청 사항을 입력한 후 [보내기]를 클릭합니다.

> 이 문서에서 맞춤법 및 띄어쓰기 오류를 찾아 수정 사항을 제안해 줘. 단, 'copilot' 이라는 단어는 그대로 사용해.

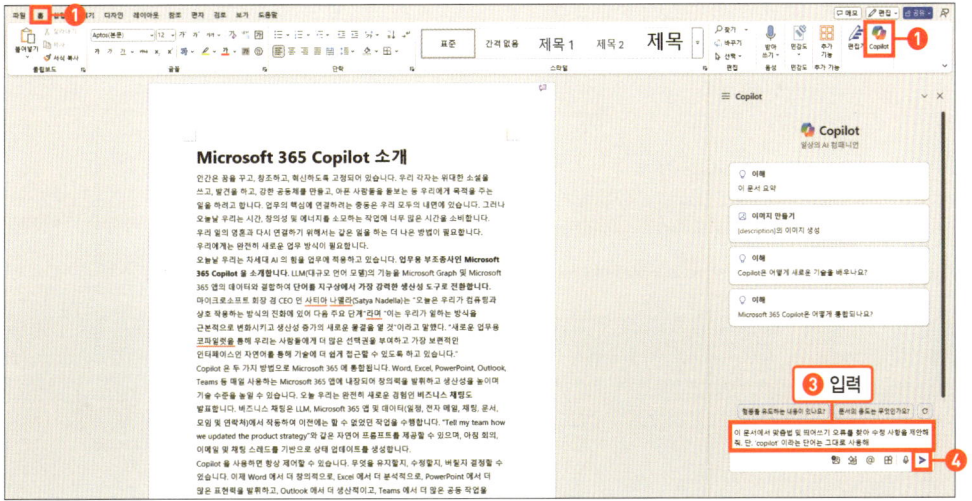

2 Copilot이 수정 사항을 제안해 줍니다. 예제의 경우, 수정을 제안한 사항은 다음과 같습니다.

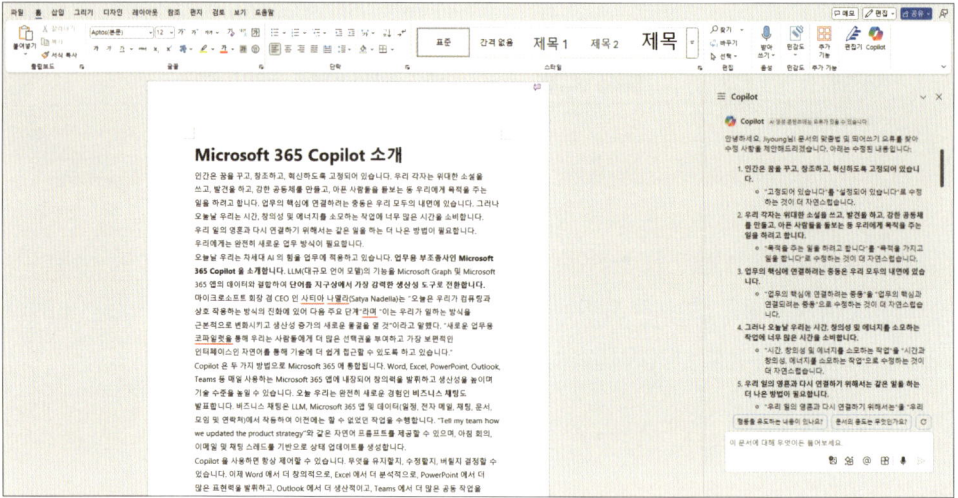

Copilot이 제안해 준 수정 사항을 본문에 적용해 보세요.

문법 수정하기

📎 예제 1-1.docx

실습 예제는 영문을 한글로 자동 번역한 것으로, 문장이 자연스럽지 않습니다. 이번에는 Copilot을 이용해 문서의 문법을 수정하는 방법을 알아보겠습니다.

1 메뉴의 [홈]-[Copilot]을 선택한 후 Copilot 입력 창에 다음과 같이 입력하고 [보내기]를 클릭합니다.

> 이 문서에서 문법적 오류 5개를 찾아 줘.

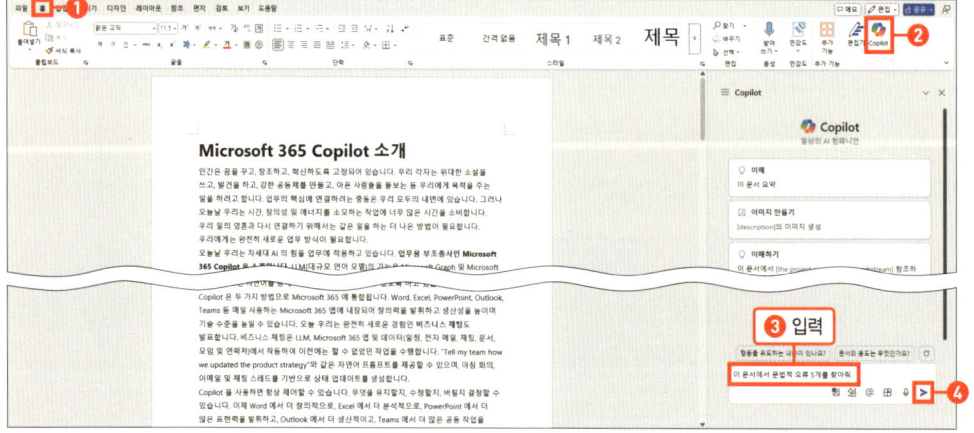

TIP 좀 더 많은 오류를 확인하려면 요청의 '5개만'을 제외하고 요청하면 됩니다.

2 Copilot이 찾은 문법적 오류는 다음과 같습니다.

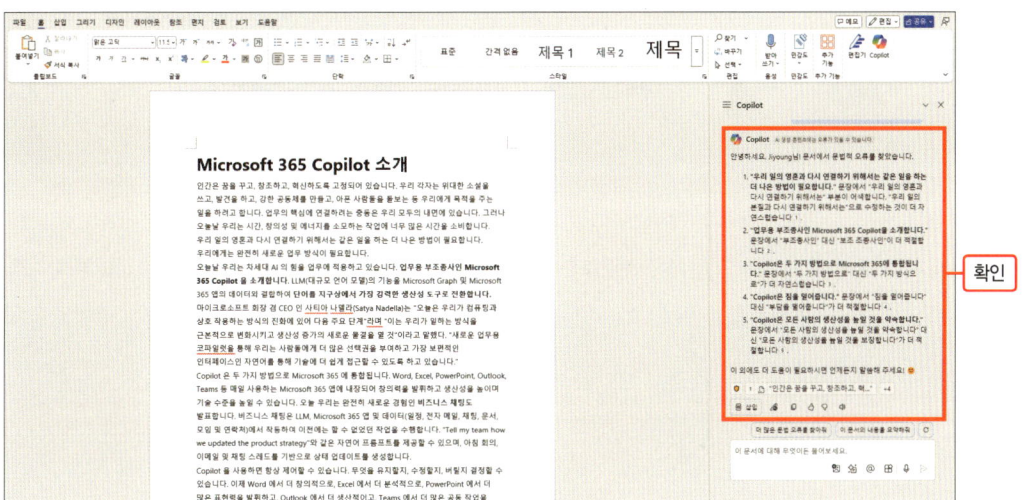

Copilot은 문서를 직접 수정하지 않으므로 제안 사항을 참고하여 문서를 수정하면 됩니다.

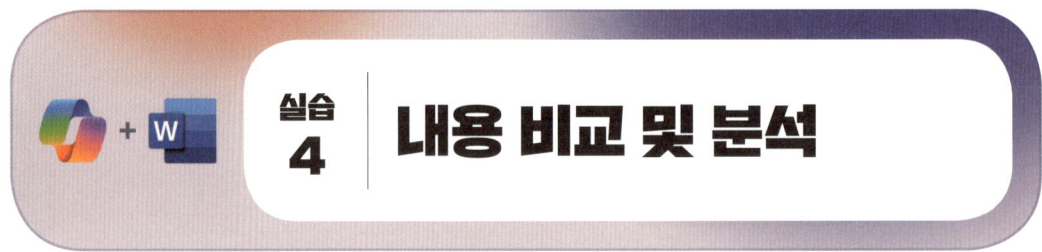

실습 4 | 내용 비교 및 분석

문서 작업을 하다 보면 두 개 이상의 문서를 서로 비교해야 하는 경우가 있습니다. 이렇게 문서를 비교하여 차이점을 살펴볼 때도 Copilot을 활용할 수 있습니다. 이번에는 두 개 이상의 문서 내용을 비교 및 분석하는 방법을 알아보겠습니다.

두 버전의 문서 비교하기   예제2-1.docx, 예제2-2.docx

이번에는 제품 A와 그것에 대한 업그레이드를 설명한 문서를 비교해 보겠습니다. 하나의 제품에 대한 버전별 차이를 비교해 봅시다.

Copilot으로 문서를 비교할 때는 원드라브에 비교할 문서가 저장되어 있어야 합니다. '예제2-1.docx'와 '예제2-2.docx'를 원드라브에 업로드 후에 실습하세요.

1 새 문서를 실행한 후 [홈]-[Copilot]을 선택합니다.

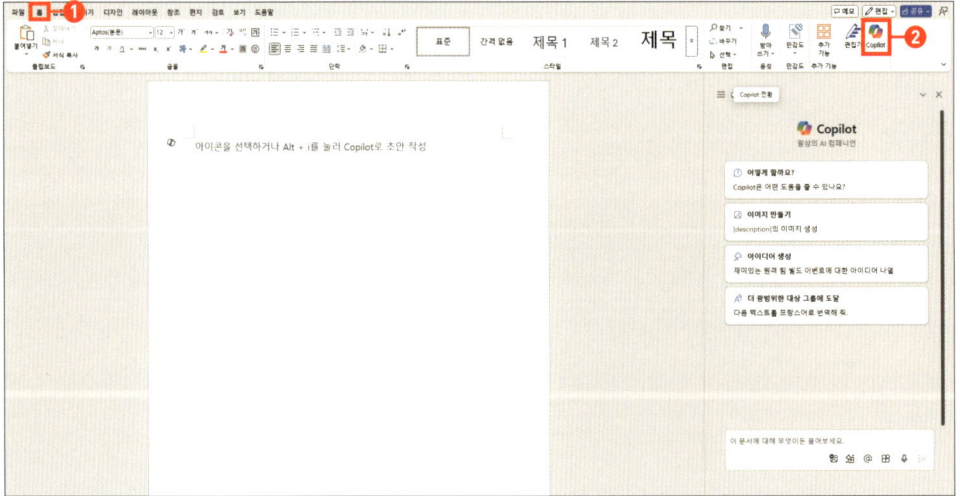

② 원드라이브에 저장된 파일의 URL을 참고하여 다음과 같이 입력한 후 [보내기]를 클릭합니다.

▶ /(예제2-1의 URL)와 /(예제2-2의 URL)의 차이점을 기호를 사용해서 작성해 줘.

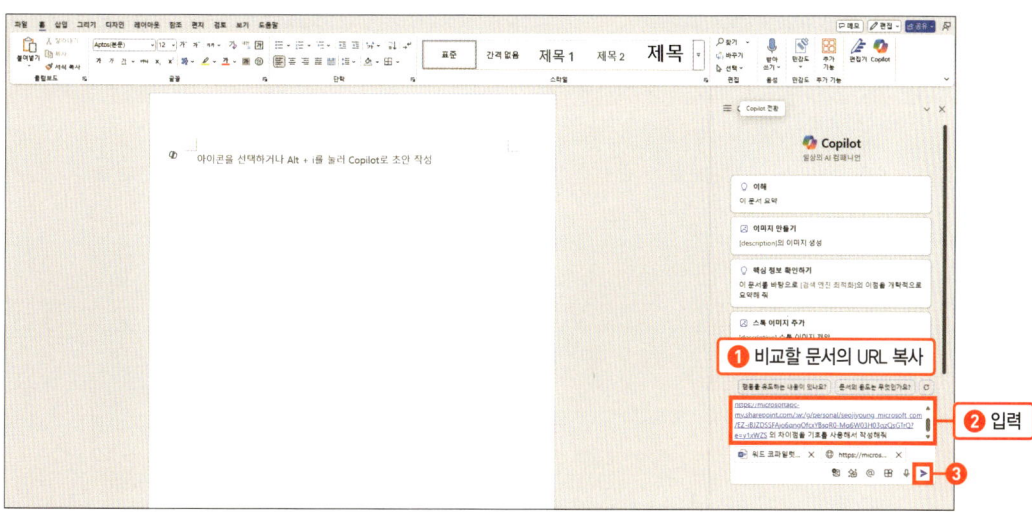

TIP 원드라이브에 저장된 파일의 URL을 복사하는 방법은 115쪽을 참고하세요.

③ Copilot이 정리한 제품 A에 대한 차이는 다음과 같습니다.

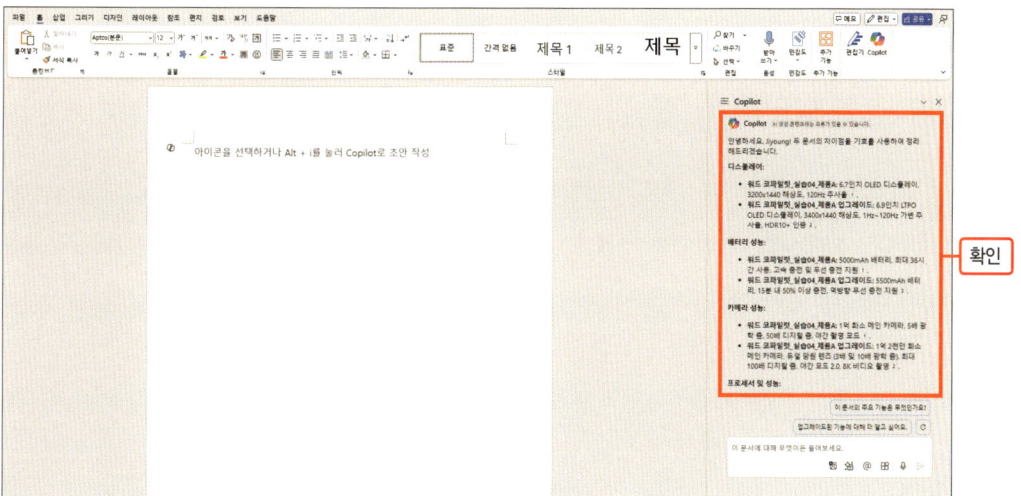

TIP 비교 결과가 만족스럽지 않다면 '더 자세하게 비교해 줘.'라고 요청해 보세요.

4 Copilot에 다음과 같이 입력한 후 [보내기]를 클릭하면 내용이 표로 정리되어 가독성이 높아집니다.

> 두 제품에 대한 차이를 표로 작성해

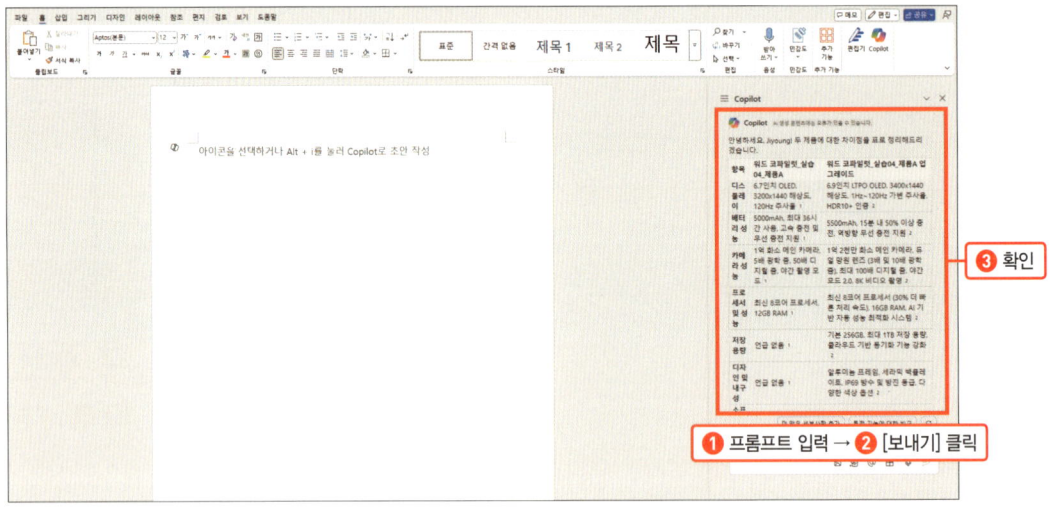

이렇게 Copilot을 사용하면 2개 이상의 문서를 비교하여 차이점을 간단하게 정리할 수 있습니다.

두 제품의 장단점 비교하기

예제2-1.docx, 예제2-3.docx

Copilot을 사용하면 단순히 차이점을 정리하는 것뿐만 아니라 두 개 이상의 문서를 비교하여 장단점을 출력할 수도 있습니다. 이번에는 제품 A와 제품 B에 대한 문서를 비교하여 두 제품의 장단점을 비교하는 방법을 알아보겠습니다.

'예제2-1.docx'와 '예제2-3.docx'를 원드라이브에 업로드한 후에 실습하세요.

1 새 문서를 실행한 후 [홈]-[Copilot]을 선택합니다.

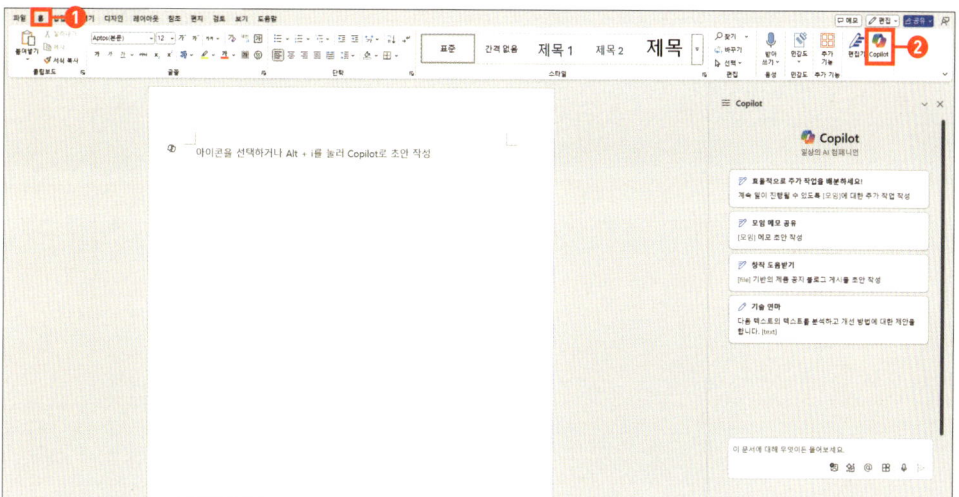

2 원드라이브에 저장된 파일의 URL을 참고하여 다음과 같이 입력한 후 [보내기]를 클릭합니다.

▶ /(첫 번째 문서)와 /(두 번째 문서)를 참고해서 제품 A와 제품 B의 장단점을 비교해 줘.

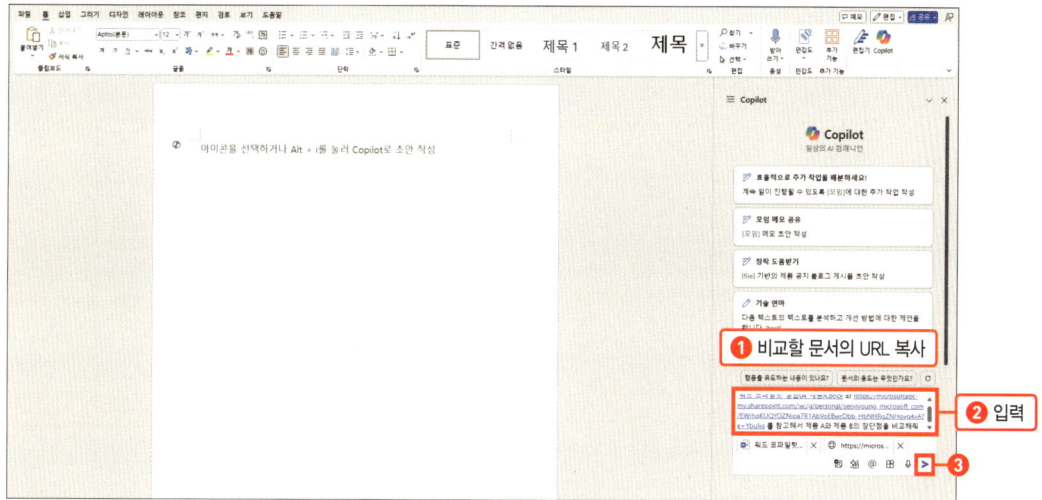

TIP 원드라이브에 저장된 파일의 URL을 복사하는 방법은 115쪽을 참고하세요.

3 다음과 같이 제품 A와 제품 B에 대한 차이를 알려 줍니다.

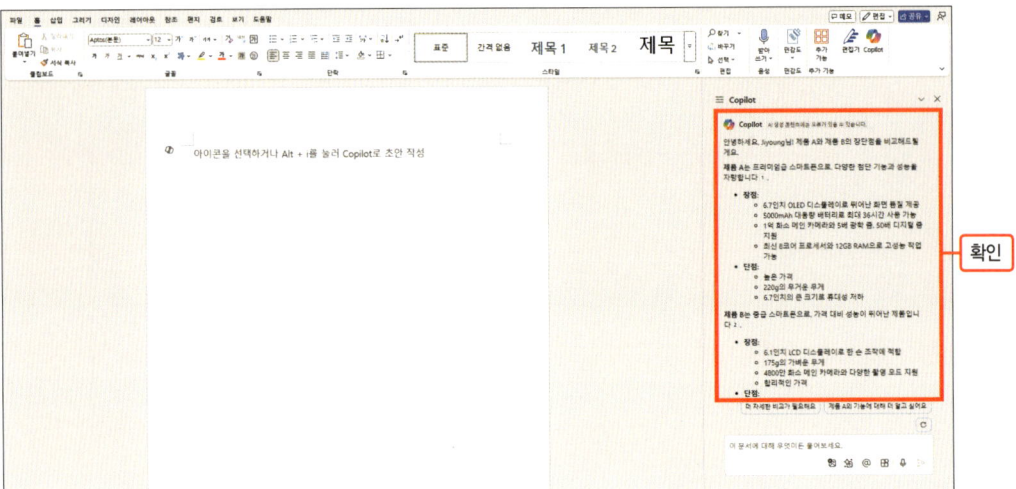

4 Copilot이 정리한 내용을 표로 비교하고 싶다면 다음과 같이 Copilot에 요청하면 됩니다.

▶ 제품 A와 제품 B에 대한 성능 수치 데이터를 표로 작성해 줘.

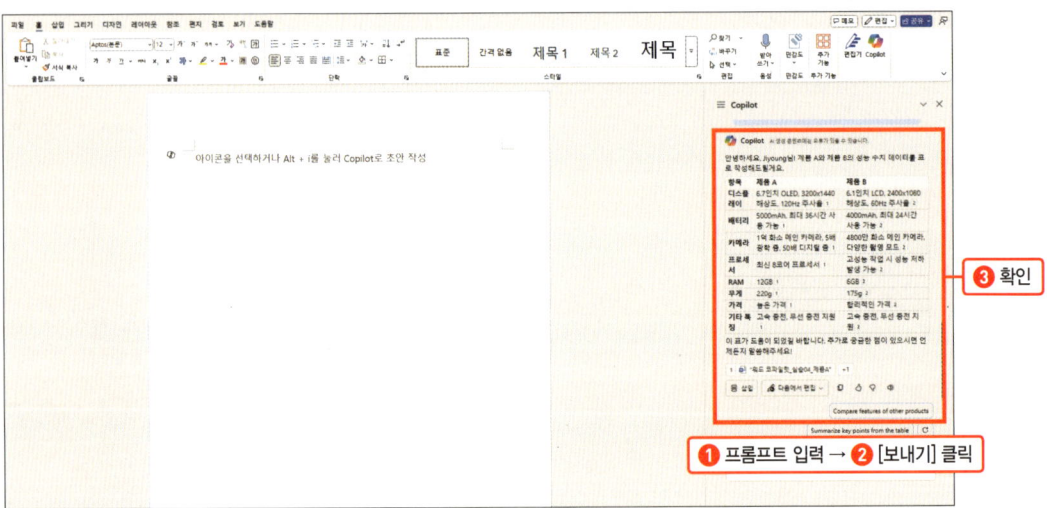

또 다른 형태의 비교를 원한다면 Copilot에게 질문해 보세요.

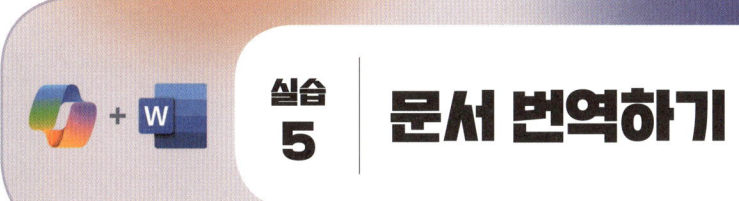

실습 5 | 문서 번역하기

실무에서는 한글이 아닌 다른 언어로 작성된 문서를 검토해야 할 일이 많습니다. 물론 모든 언어를 바로 직독직해할 수 있다면 좋겠지만, 그렇지 않다면 Copilot의 도움을 받아 보세요. 이번에는 Copilot을 번역 업무에 사용하는 방법을 알아보겠습니다.

↔ 영문 이메일을 한글로 번역하기
📎 예제3-1.docx

1️⃣ 실습 예제는 영어로 작성된 이메일입니다. 메뉴에서 [홈]-[Copilot]을 선택합니다.

2️⃣ Copilot 입력 창에 다음과 같이 입력한 후 [보내기]를 클릭합니다.

▶ 이 문서의 내용을 한글로 번역해 줘.

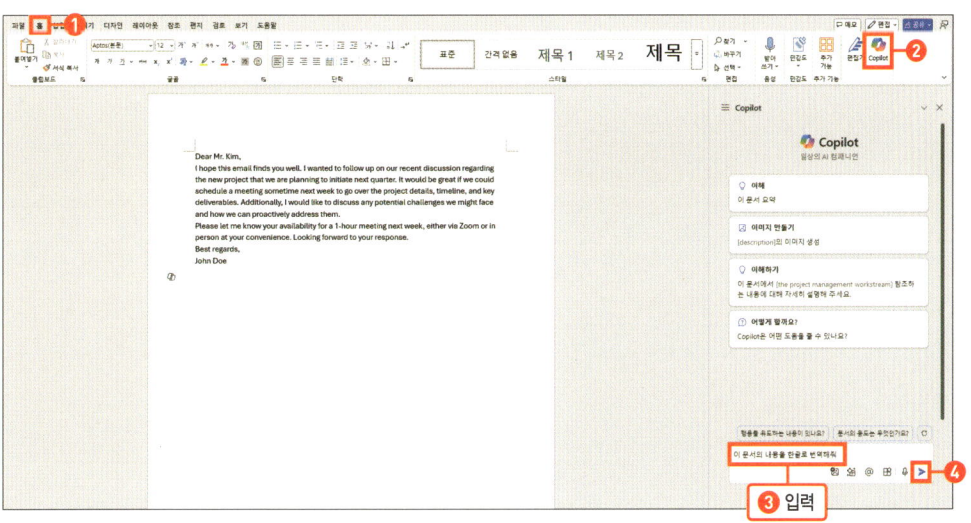

2장 워드 Copilot 129

3 잠시 기다리면 Copilot이 문서를 한글로 번역해 줍니다.

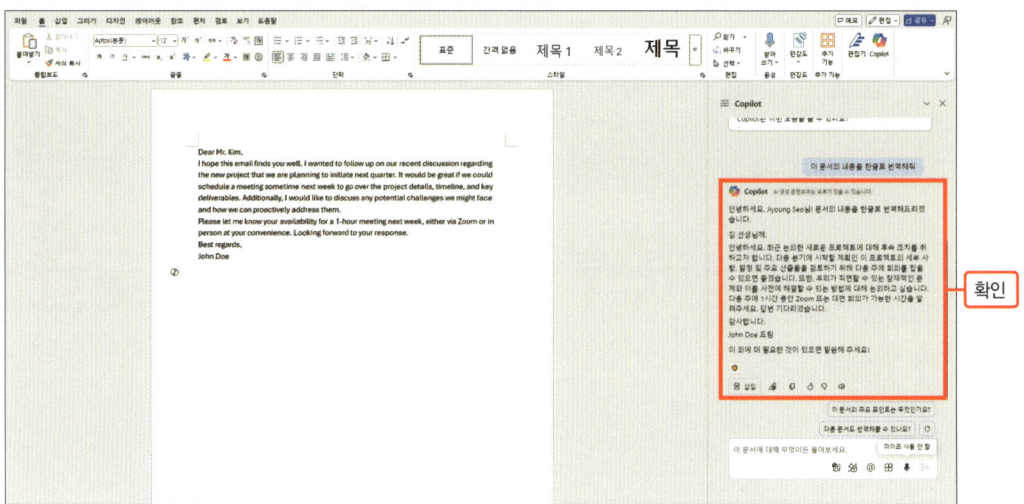

제품 설명서 번역하기
📎 예제3-2.docx

영문을 한글로 번역할 수 있다면 한글을 영문으로도 번역할 수 있어야겠죠? 만약 제품을 해외에서 판매한다면 다양한 언어의 제품 설명서가 필요합니다. 이번에는 한글로 작성된 제품 설명서를 영어로 번역해 보겠습니다.

1 실습 예제는 한글로 작성된 제품 설명서입니다. 메뉴에서 [홈]-[Copilot]을 선택합니다.

2 Copilot 입력 창에 다음과 같이 입력한 후 [보내기]를 클릭합니다.

▶ **이 문서의 내용을 영어로 번역해 줘.**

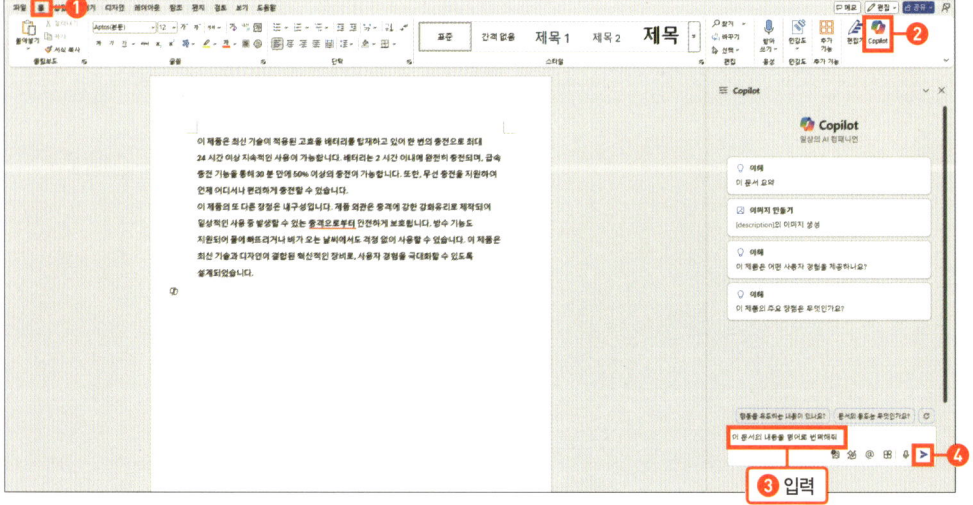

3 잠시 기다리면 Copilot이 문서를 영어로 번역해 줍니다.

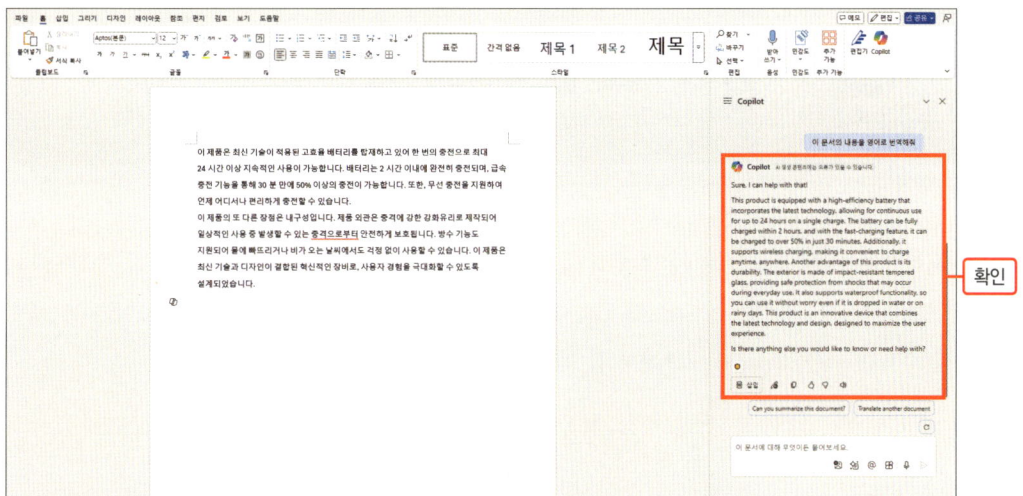

4 제품 설명서는 제품을 판매할 각 나라의 언어로 번역해야 합니다. 어떤 언어로 번역할 수 있는지 '언어 번역은 어떤 것들이 가능해?'하면 다음과 같이 '영어, 중국어, 일본어, 스페인어, 프랑스어, 독일어 등 여러 언어로 번역할 수 있습니다'라고 답변을 해 줍니다.

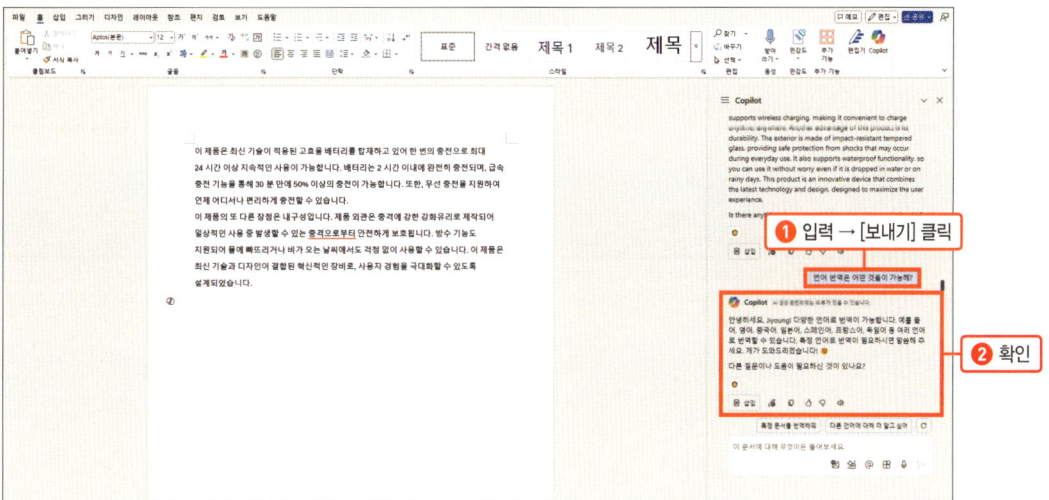

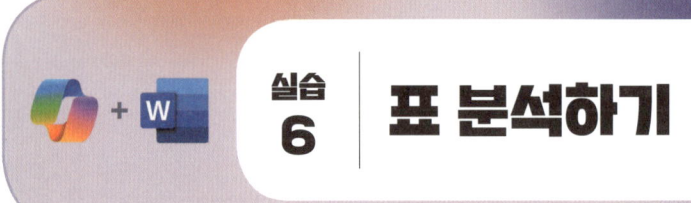

표 분석하기

워드를 이용하여 문서 작업을 할 경우, 수치 데이터를 표로 정리하곤 합니다. 이렇게 표 형태로 작성된 수치 데이터가 가독성은 뛰어나지만 이해하기 어려울 수도 있습니다. 이때에도 Copilot을 사용할 수 있습니다. 이번에는 표 형태로 작성된 수치 데이터를 Copilot으로 분석하는 방법을 알아보겠습니다.

매출 데이터 분석하기　　　📎 예제4-1.docx

실습 예제의 매출 데이터에는 1월부터 6월까지의 매출이 표로 정리되어 있습니다.

월	매출 (억 원)	증가율 (%)	주요 원인	광고비 (억 원)	신규 고객 수
1월	50	-	신제품 출시	10	1,000
2월	55	10%	마케팅 캠페인	12	1,200
3월	60	9%	신시장 진출	15	1,500
4월	65	8%	유통망 확장	18	1,700
5월	62	-5%	계절적 수요 감소	10	1,100
6월	68	10%	프로모션 이벤트	20	2,000

1 메뉴에서 [홈]-[Copilot]을 선택합니다.

2 Copilot 입력 창에 다음과 같이 입력한 후 [보내기]를 클릭합니다.

> 매출 데이터 표에서 매출이 가장 크게 증가하는 달과 그 이유를 알려 줘.

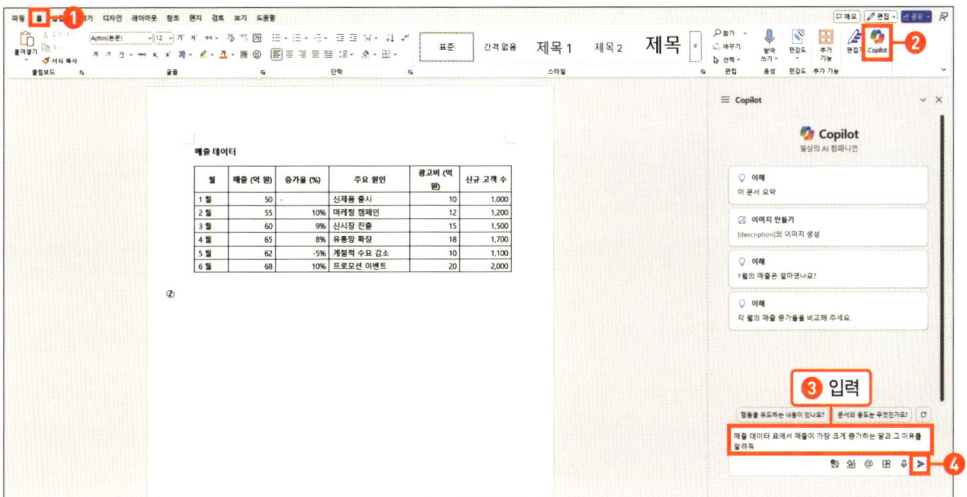

3 Copilot이 다음과 같이 매출이 가장 크게 증가한 달과 사유를 정확하게 알려 줍니다.

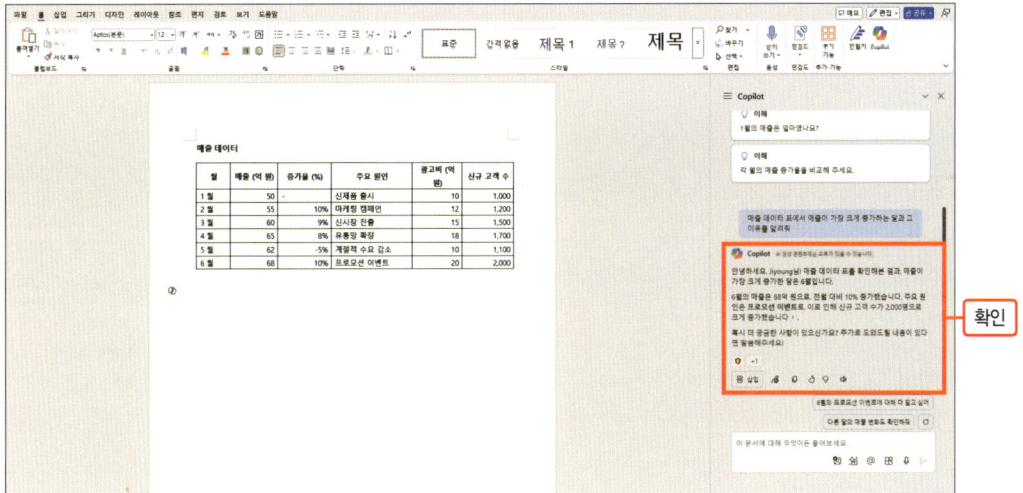

2장 워드 Copilot 133

4 이번에는 또다른 질문을 한 후 [보내기]를 클릭합니다.

> 광고비와 신규 고객 수의 상관관계에 대해 알려 줘.

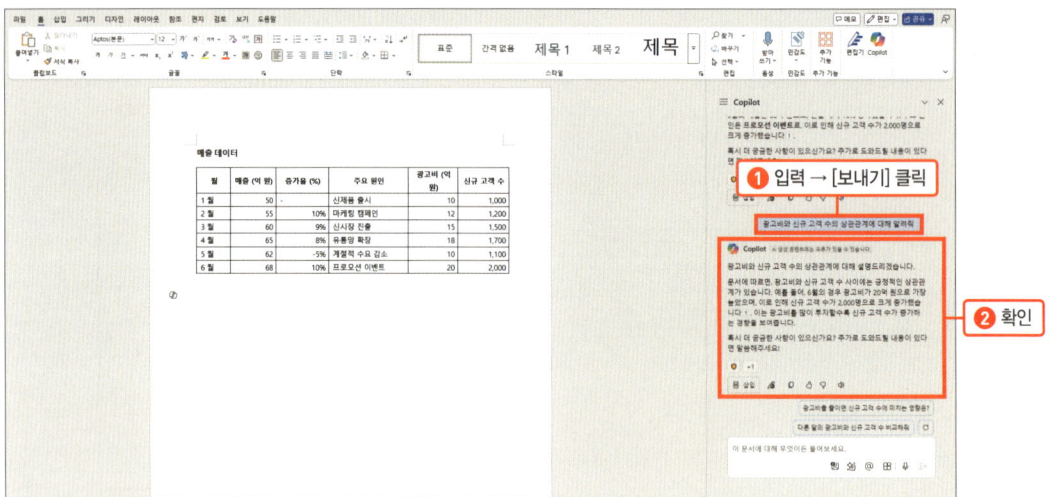

이렇게 질문을 계속하면 표 데이터에서 새로운 인사이트를 얻을 수 있습니다.

프로젝트 진행 상황 분석하기

📎 예제4-2.docx

1 실습 예제에는 부서별 프로젝트 진행 상황이 정리되어 있습니다.

2 Copilot 입력 창에 다음과 같이 입력한 후 [보내기]를 클릭합니다.

> 프로젝트 진행 상황 표에서 프로젝트 진행이 가장 느린 부서와 그 원인을 알려 줘.

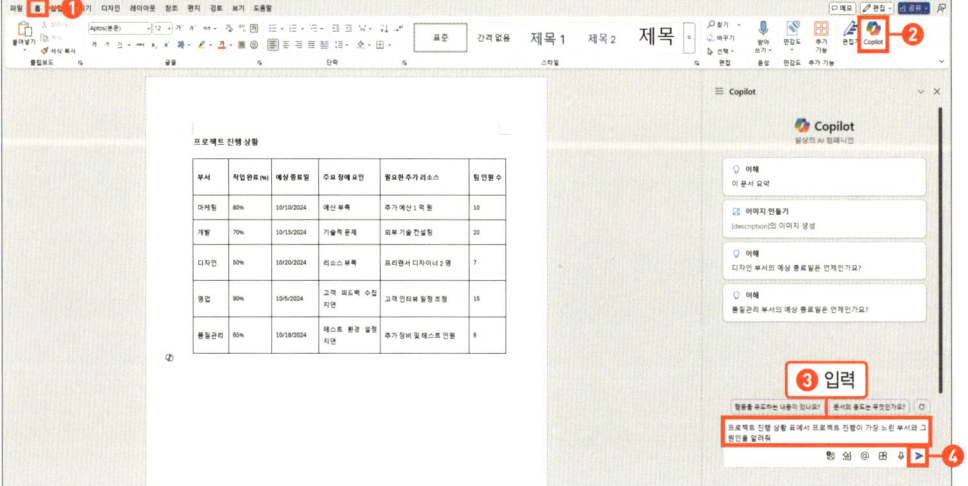

134

3 Copilot이 프로젝트 진행이 가장 늦어진 부서와 그 원인을 알려 줍니다.

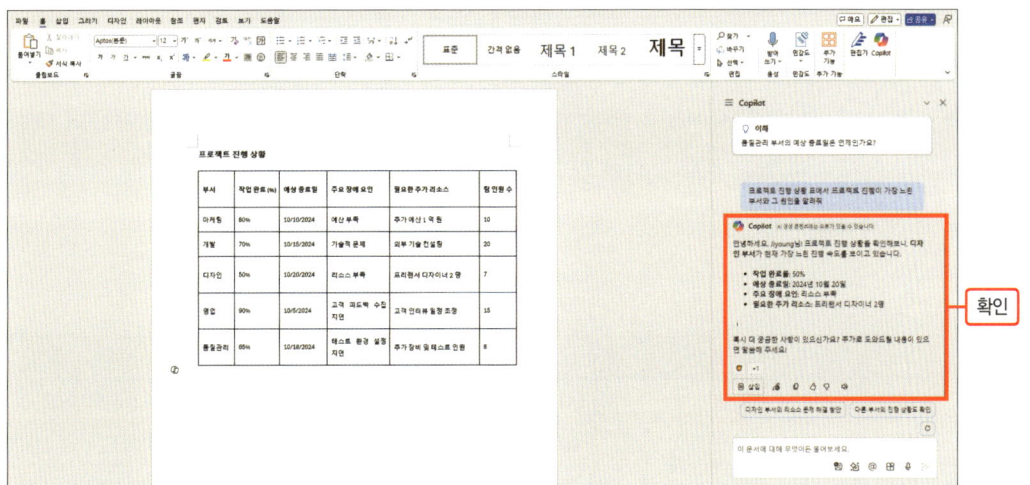

4 이번에는 문제 해결을 위해 다른 질문을 한 후 [보내기]를 클릭합니다.

> 각 부서가 예상 종료일에 맞춰 프로젝트를 완료하려면 어떤 추가 리소스가 필요해?

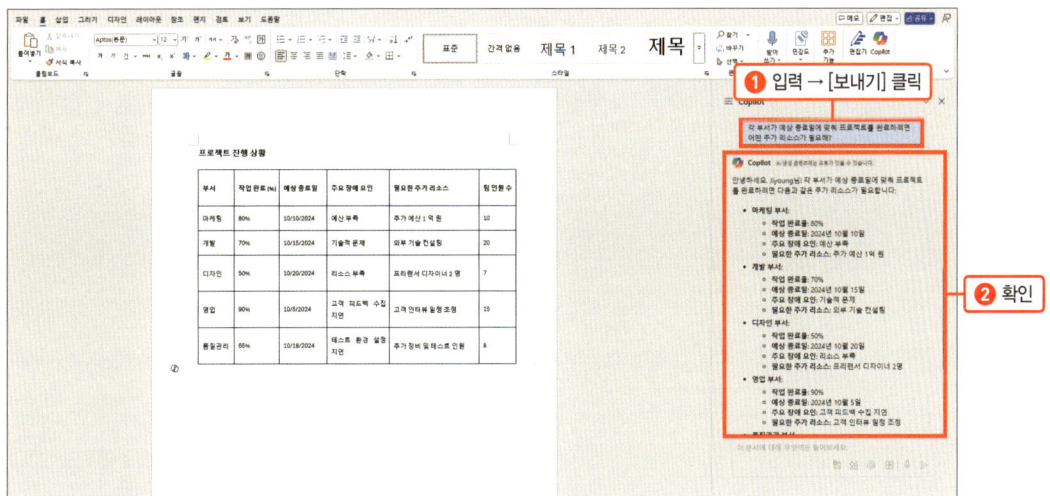

이렇게 질문을 추가하면 표에서 원하는 내용을 빠르게 확인하고 문제를 해결할 수 있습니다.

시장 점유율 분석하기

📎 예제4-3.docx

앞의 실습과 같이 Copilot을 활용하면 표의 내용을 간편하게 확인할 수 있습니다. 이밖에도 질문을 확장하면 표에서 유의미한 인사이트를 얻을 수 있습니다. 이번에는 브랜드별 시장 점유율과 매출 등이 정리된 표에서 의미 있는 정보를 얻는 방법을 알아보겠습니다.

시장 점유율 데이터 표에는 각 브랜드의 시장 점유율과 광고 비용, 신제품 출시 계획 등이 정리되어 있습니다.

브랜드	시장 점유율(%)	매출(억 원)	광고 비용(억 원)	고객 만족도(점/100)	신규 제품 출시 계획
브랜드 A	35%	350	50	85	2024년 2분기 예정
브랜드 B	25%	250	40	80	2024년 3분기 예정
브랜드 C	15%	150	30	75	2024년 4분기 예정
브랜드 D	12%	120	20	70	2025년 1분기 예정
브랜드 E	13%	130	25	72	2024년 2분기 예정

1 Copilot 입력 창에 다음과 같이 입력한 후 [보내기]를 클릭합니다.

▶ 시장 점유율 표에서 브랜드 E의 광고비 대비 매출 효율을 분석해 줘.

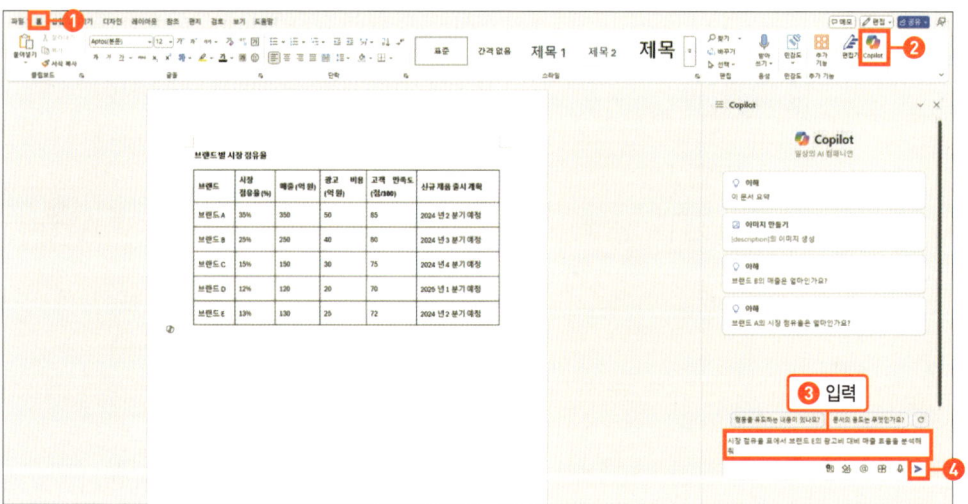

2 Copilot이 광고비와 매출에 대한 관계를 설명해 줍니다.

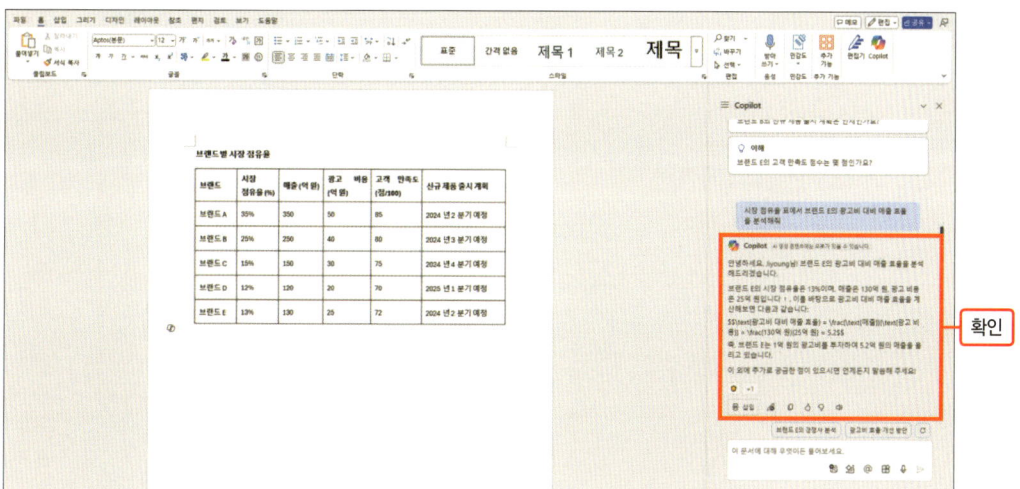

3 1과 같은 방법으로 다른 질문을 입력한 후 [보내기]를 클릭합니다.

> 향후 각 브랜드가 시장에서 경쟁력을 유지하기 위한 주요 전략에 대해 알려 줘.

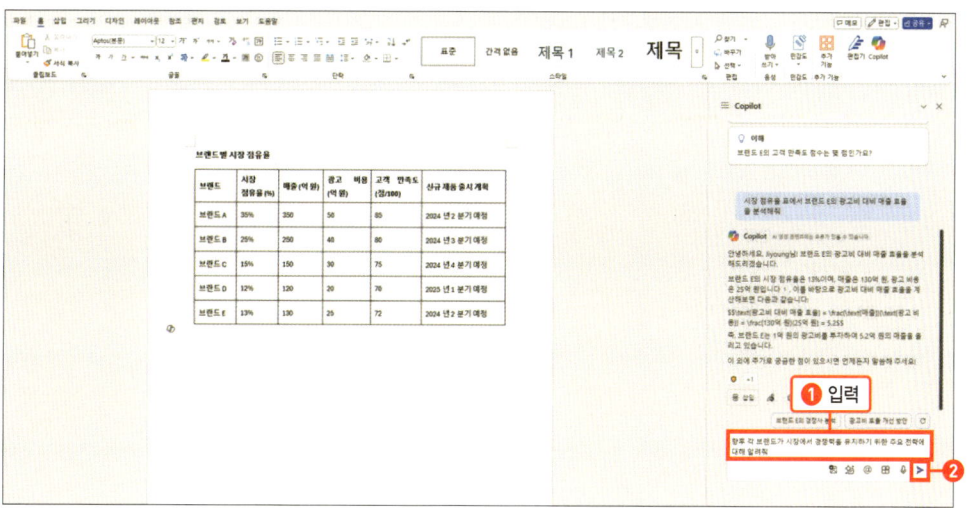

4 Copilot이 표를 분석하여 질문에 답변을 제시합니다.

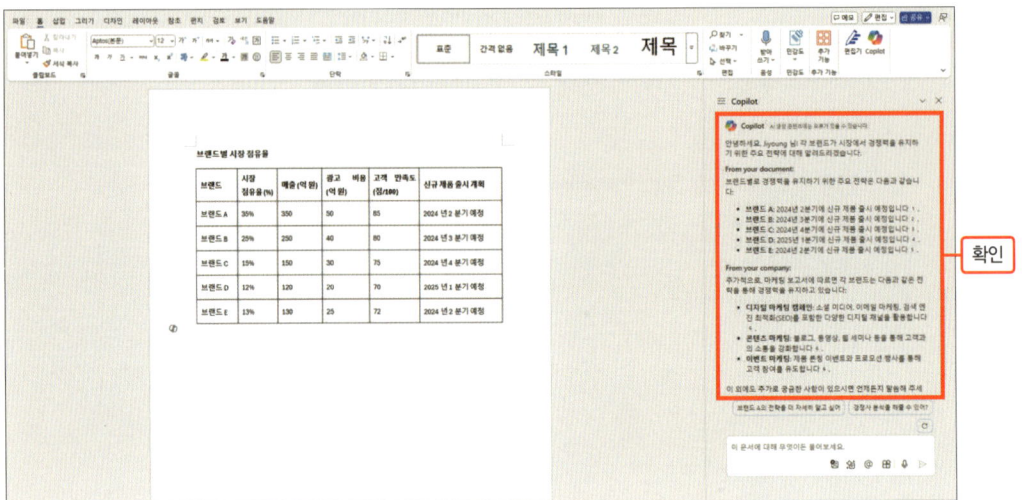

이렇게 자유롭게 질문을 추가하면서 표 데이터에서 다양한 인사이트를 얻을 수 있습니다.

실습 7 | 회의록에서 작업 목록 작성

Copilot의 활용도는 무궁무진합니다. 이번에는 회의록을 바탕으로 회의 참석자의 발언을 요약하여 목록을 작성하거나 문맥을 바탕으로 회의 내용을 요약하는 방법을 알아보겠습니다.

➡ 참석자 발언 요약하기

 예제5.docx

회의록은 회의 참석자와의 회의 내용을 공유하고 이어지는 업무의 근거 자료로 활용합니다. 회의 중 누가 어떤 발언을 했는지 살펴보면서 업무의 참고 자료로 사용하기도 하죠. 이번 실습에서는 Copilot을 활용하여 회의 참석자의 발언을 요약하는 다양한 방법을 알아보겠습니다.

1 메뉴에서 [홈]-[Copilot]을 선택합니다.

2 Copilot 입력 창에 다음과 같이 입력한 후 [보내기]를 클릭합니다.

▶ 회의 참석자의 발언을 한 줄로 요약해 줘.

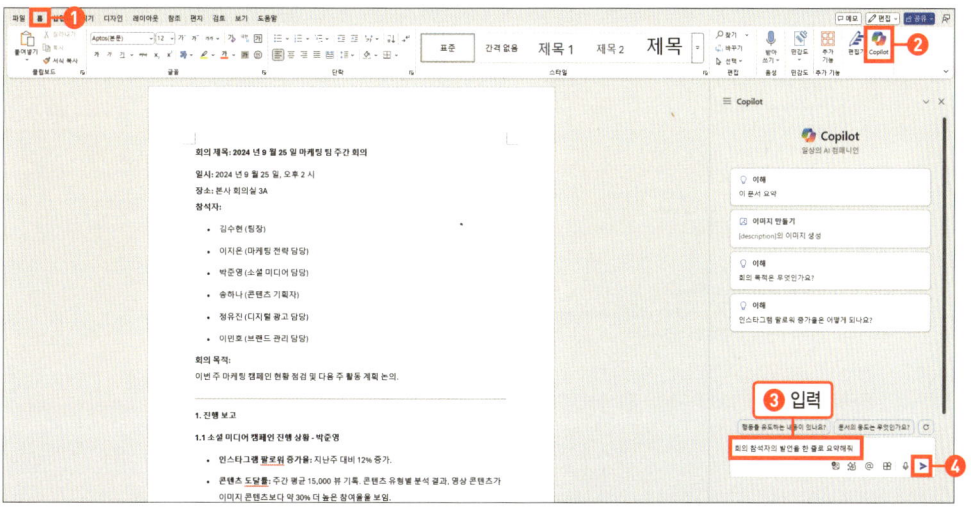

3 다음과 같이 회의 참석자의 주요 발언이 한 줄로 요약됩니다.

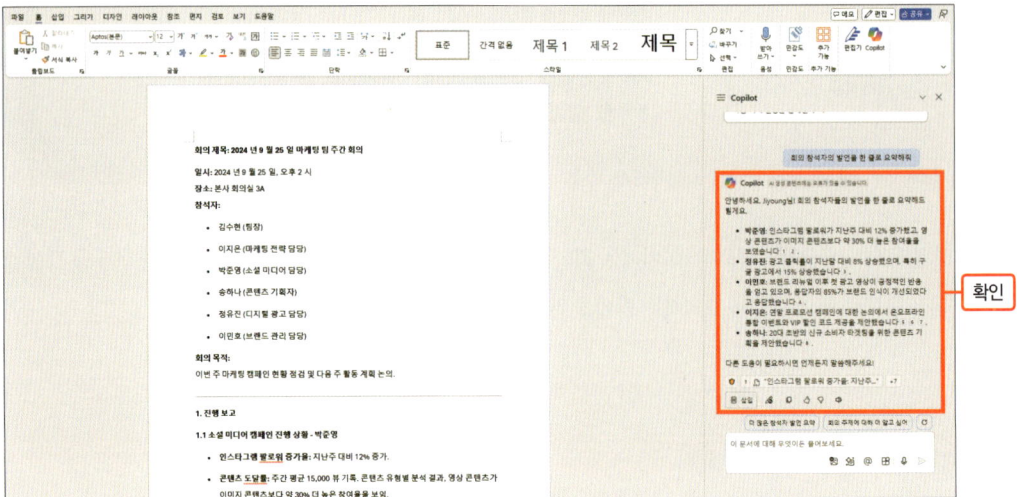

4 주요 발언이 제대로 요약되었지만 소속팀은 확인할 수 없습니다. Copilot 입력 창에 다음과 같이 입력한 후 [보내기]를 클릭하면 한 줄 요약과 소속팀 정보를 확인할 수 있습니다.

> 회의 참석자의 소속과 발언을 한 줄로 요약해 줘.

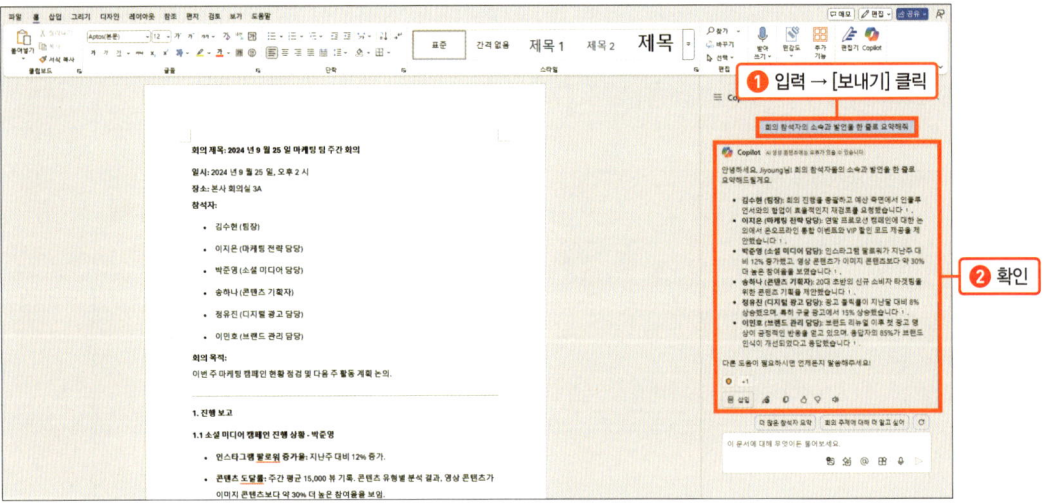

회의록에서 작업 목록 작성하기

📎 예제5.docx

회의록은 이어지는 업무에 활용되는 중요한 참고 자료입니다. 이번에는 회의 내용을 바탕으로 작업 목록을 작성해 보겠습니다.

1 Copilot 입력 창에 다음과 같이 입력한 후 [**보내기**]를 클릭합니다.

> 누가 무엇을 언제까지 해야 하는지 정리해 줘.

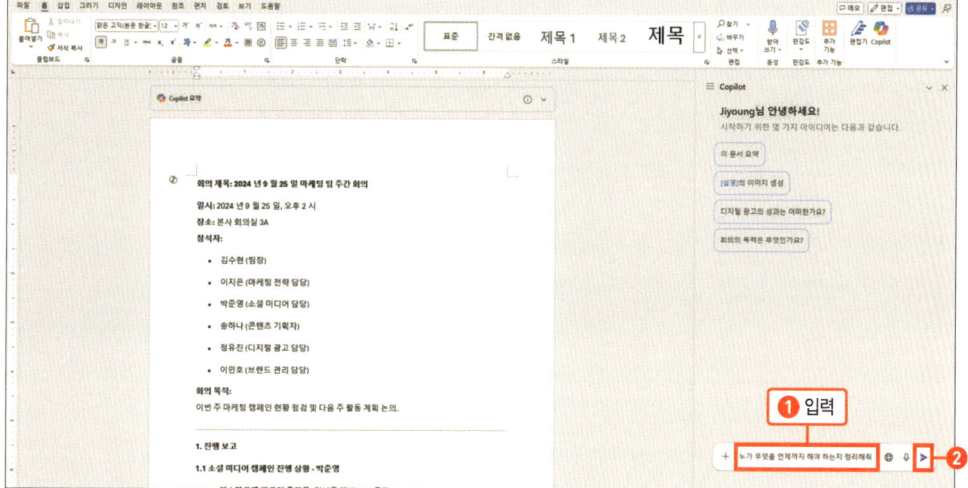

2 Copilot의 답변을 참고하여 각 담당자의 작업 목록을 만들 수 있습니다.

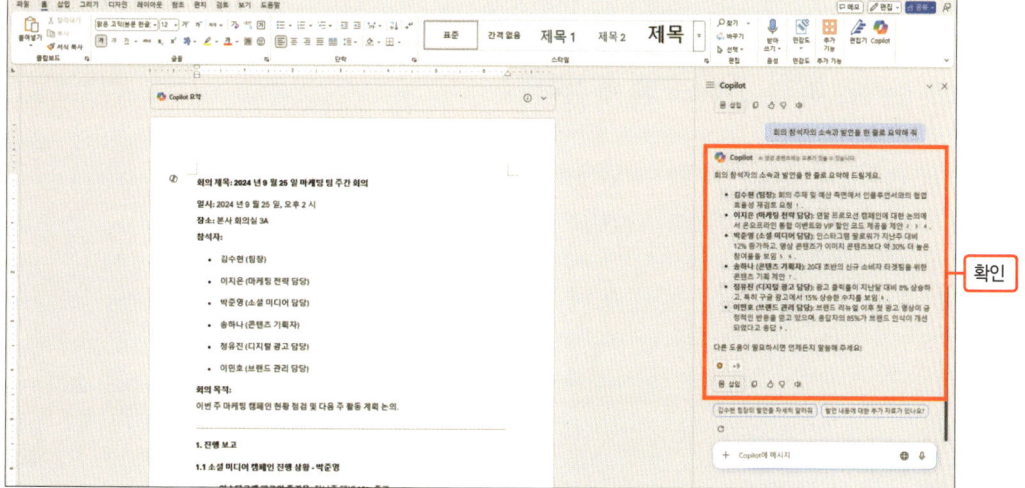

회의록을 바탕으로 작업 목록을 만들었으므로 향후 각 담당자가 무엇을 해야 하는지 메일로 공유해 주는 것이 좋겠죠? 이번에는 박준영 담당자에게 관련 업무를 메일로 공유하는 방법을 알아보겠습니다. Copilot 입력 창에 다음과 같이 입력한 후 [보내기]를 클릭하면 메일 초안을 작성할 수 있습니다.

> 박준영 담당자에게 할당된 업무를 요청하는 메일 초안을 작성해.

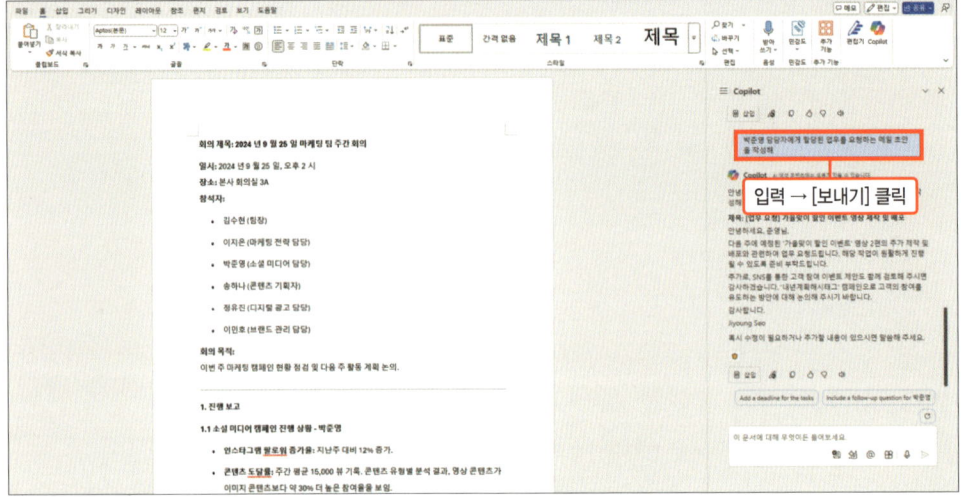

Copilot이 회의록에서 필요한 정보를 식별하여 초안을 작성해 줍니다. 이렇게 Copilot을 활용하면 많은 작업을 간단하고 빠르게 수행할 수 있습니다.

문맥 기반 제안 및 피드백 추가하기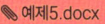

회의를 주관한 담당자 또는 책임자는 회의록에 피드백을 추가해야 할 때가 있습니다. 이번에는 회의록을 바탕으로 각 담당자에게 피드백을 추가하는 방법을 알아보겠습니다.

1 Copilot 입력 창에 다음과 같이 입력한 후 [보내기]를 클릭합니다.

> ▶ 각 발언자에 대한 제안 및 피드백을 제안해.

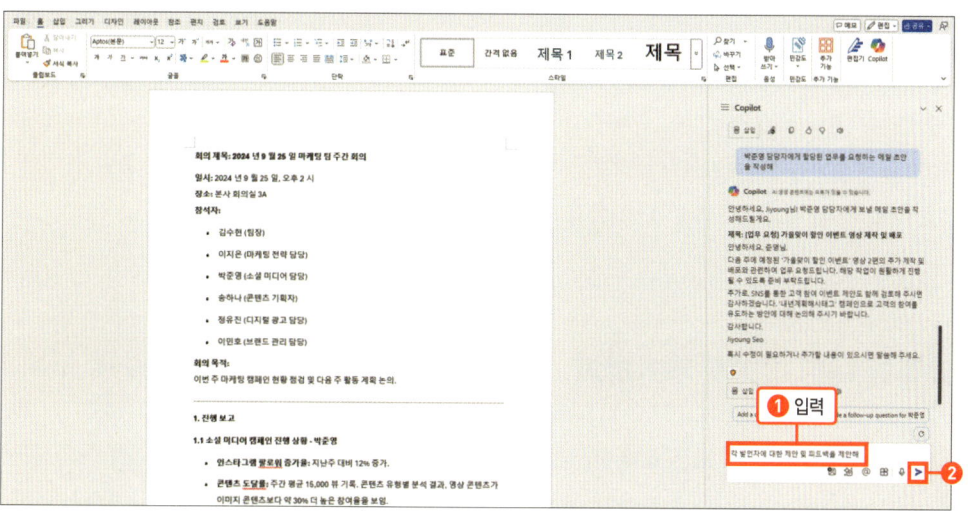

2 Copilot이 다음과 같이 각 발언자에 대한 제안 및 피드백을 제안해 줍니다.

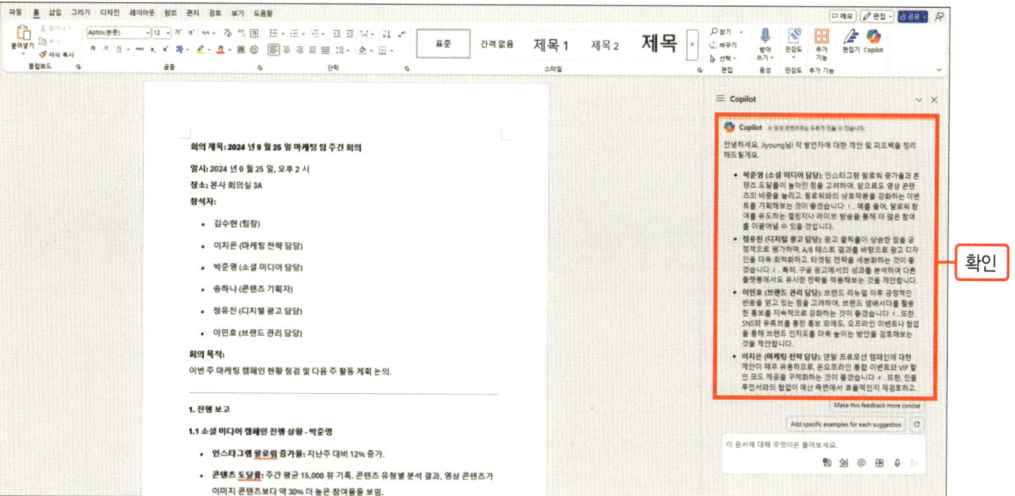

전체 업무를 총괄하는 책임자라면 이렇게 Copilot을 활용하여 회의 후 적절한 제안 및 피드백을 메일이나 메신저로 전달할 수 있습니다.

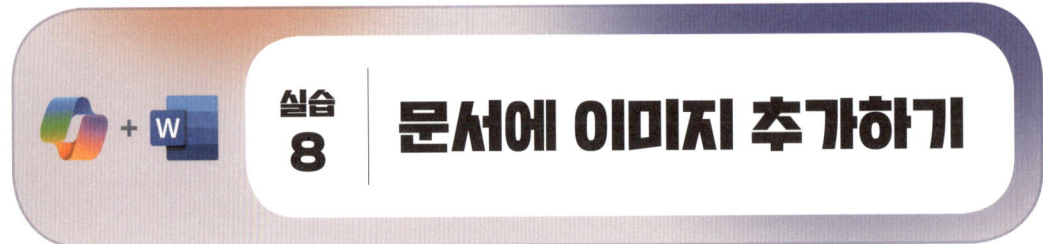

실습 8 | 문서에 이미지 추가하기

텍스트 기반인 문서에 이미지를 추가하면 문서의 가독성을 높이거나 문서의 주요 내용에 신뢰도를 높일 수 있습니다. 이번에는 Copilot을 사용해 문서에 이미지를 추가하는 방법을 알아보겠습니다.

제품에 대한 이미지 추가하기

📎 예제6-1.docx

'예제6-1.docx' 파일에는 스마트폰에 대한 제품 소개가 설명되어 있습니다. 제품 소개서 등의 문서를 작성할 때 텍스트에 이미지를 포함하면 해당 제품에 대한 특징을 부각할 수 있습니다. 이번에는 Copilot을 활용하여 이미지를 생성하는 방법을 알아보겠습니다.

1 메뉴에서 [홈]-[Copilot]을 선택합니다.

2 Copilot 입력 창에 다음과 같이 입력한 후 [보내기]를 클릭합니다.

> 이 문서에 어울리는 최신 스마트폰을 그려 줘.

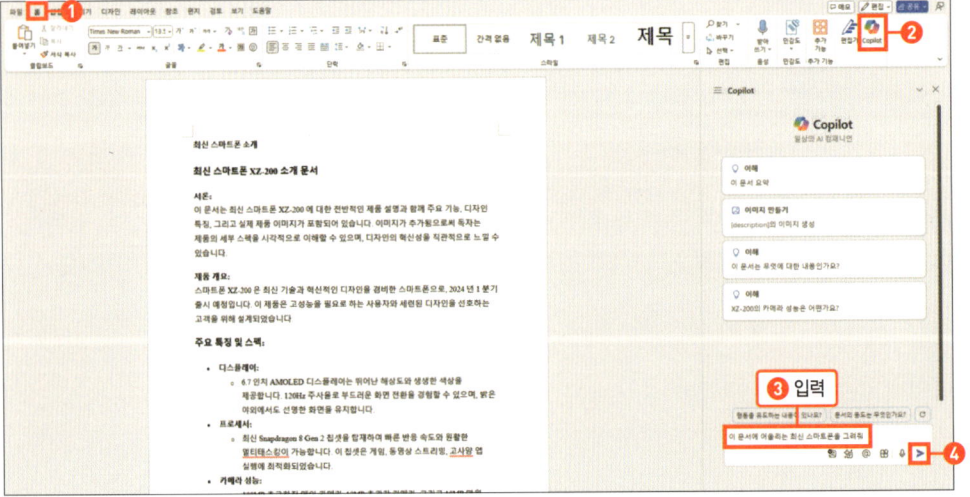

3 잠시 기다리면 Copilot이 이미지를 그려 줍니다.

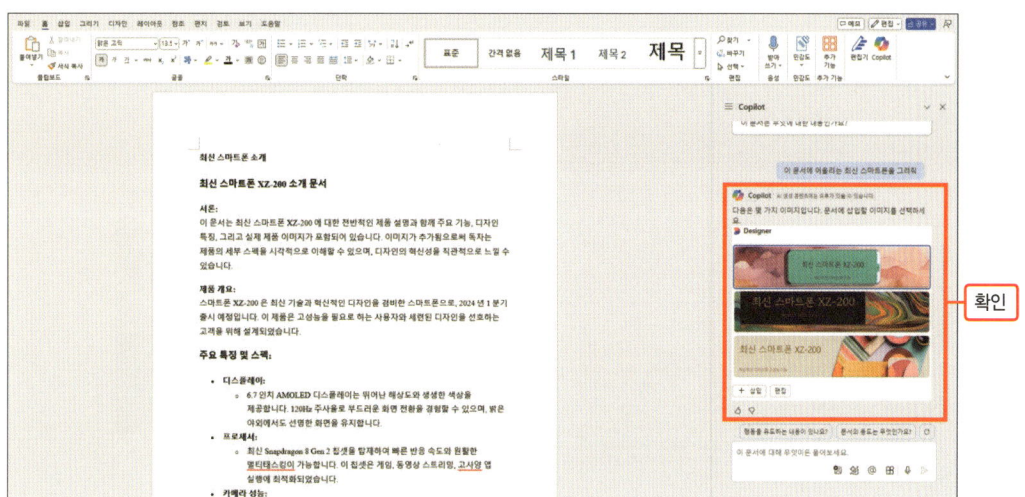

4 하지만 이 이미지는 휴대폰과 관련된 것이라고 보기 어렵습니다. 현재 Copilot을 이용해 생성된 이미지는 완성도가 다소 떨어질 수 있으므로 "최신 스마트폰을 그려 줘."라고 다시 질문한 후 [보내기] 버튼을 클릭하면 다음과 같은 이미지가 생성됩니다.

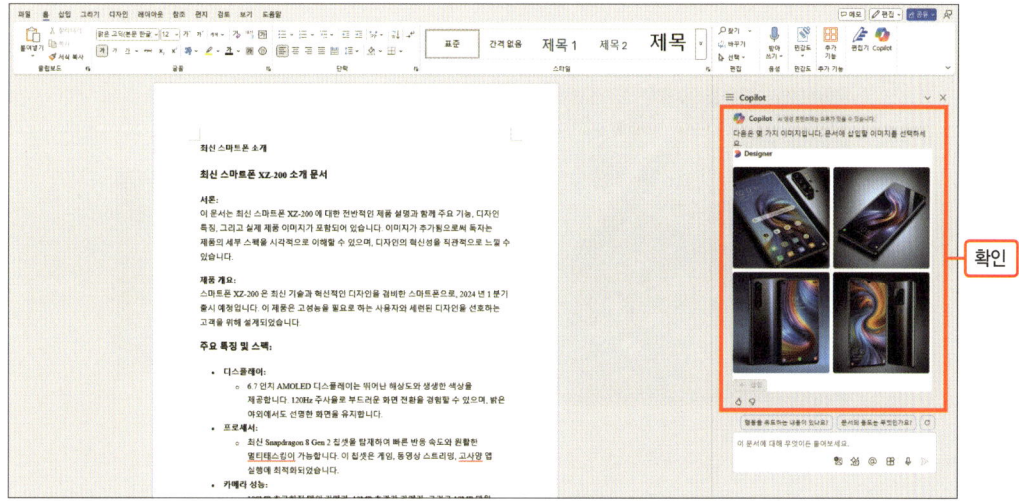

5 이제 어느 정도 휴대폰 다운 이미지가 생성되었습니다. 본문에 추가할 이미지를 선택한 후 [삽입]을 클릭합니다.

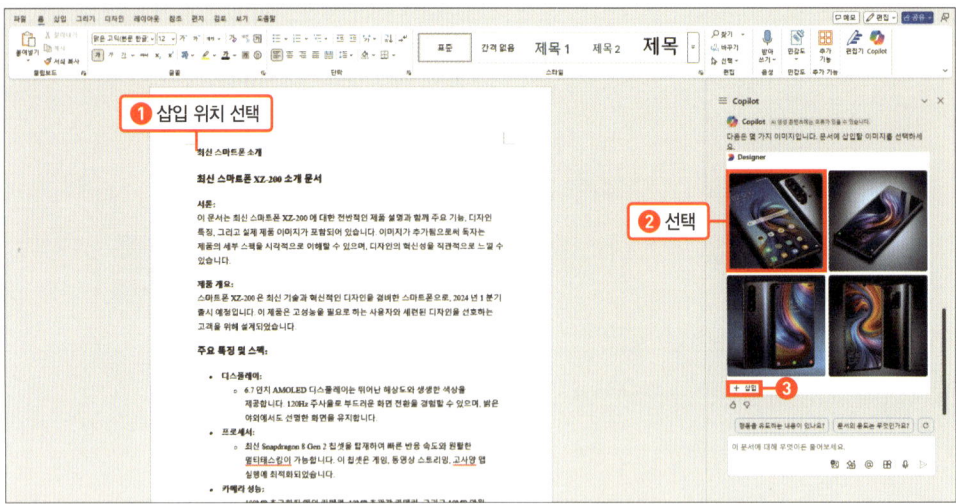

6 본문에 이미지가 삽입됩니다. 크기를 조정한 후 이미지를 원하는 위치로 옮깁니다. 이와 같은 방법으로 본문에 다양한 이미지를 추가할 수 있습니다.

프로필 이미지 추가하기

📎 예제6-2.docx

'예제6-2.docx' 파일에는 마케팅 팀에 대한 소개가 포함되어 있습니다. 팀이나 개인을 소개하는 문서에 이미지가 필요하다면 Copilot으로 이미지를 생성할 수 있습니다.

1️⃣ 메뉴에서 [홈]-[Copilot]을 선택합니다.

2️⃣ Copilot 입력 창에 다음과 같이 입력한 후 [보내기]를 클릭합니다.

▶ 이 문서에 언급된 김수현 팀장의 프로필 이미지를 그려 줘. 김수현 팀장은 한국 사람이야.

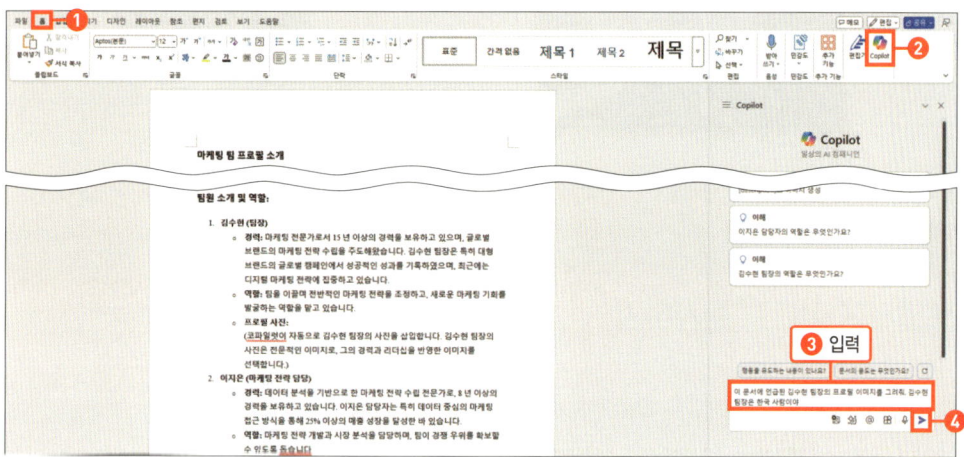

3️⃣ Copilot이 다음과 같은 이미지를 생성해 줍니다. 원하는 이미지를 선택한 후 [삽입]을 클릭합니다. 원하는 이미지가 생성되지 않는다면 "이 문서에 언급된 김수현 팀장의 프로필 이미지를 그려 줘."와 같이 조건을 줄이거나 "마케팅 팀장을 맡고 있는 30대 젊은 팀장"과 같이 질문을 구체적으로 작성합니다.

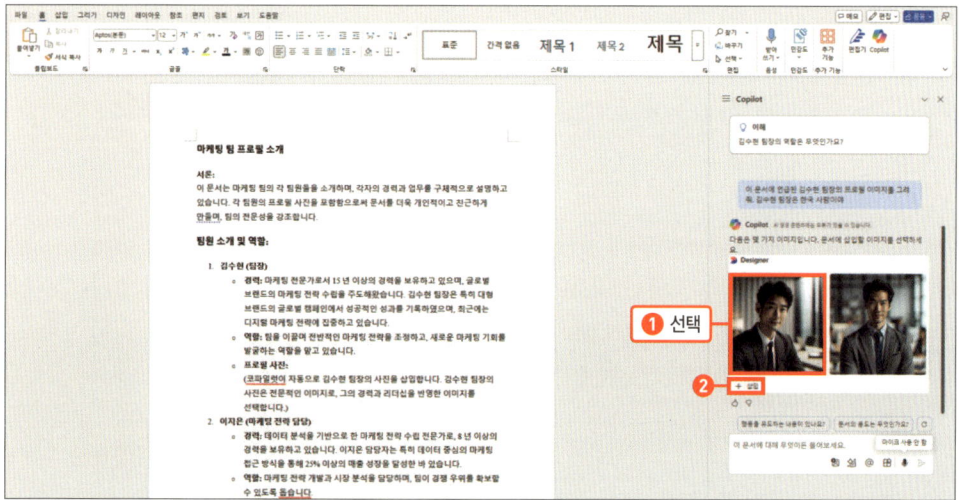

4 이미지가 본문 상단에 삽입되면 크기를 조정한 후 적당한 위치로 옮깁니다. 이와 같은 방법으로 다른 담당자의 이미지도 생성해 보세요.

보고서에 이미지 추가하기

📎 예제6-3.docx

특정 주제에 대한 보고서는 연구에 대한 검증을 기반으로 작성되지만, 이미지가 포함된다면 시각적인 즐거움뿐만 아니라 보고서의 내용을 효과적으로 전달할 수 있습니다. 이번에는 보고서에 이미지를 추가하는 방법을 알아보겠습니다.

1 메뉴에서 [홈]-[Copilot]을 선택합니다.

2 Copilot 입력 창에 다음과 같이 입력한 후 [보내기]를 클릭합니다.

> 이 문서의 '탄소 배출량 감소'와 관련된 이미지를 생성해 줘.

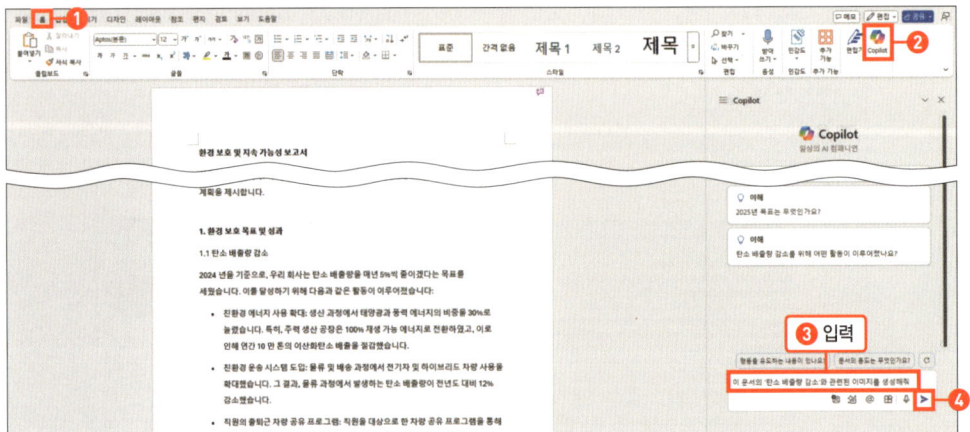

3 잠시 기다리면 Copilot이 이미지를 그려 줍니다. 이 과정에서 이미지가 정상적으로 생성되지 않는다면 "온실가스가 대기 중으로 방출되는 이미지를 생성해 줘."와 같이 구체적으로 질문합니다. 이미지가 생성되면 원하는 그림을 클릭한 후 [삽입]을 클릭합니다.

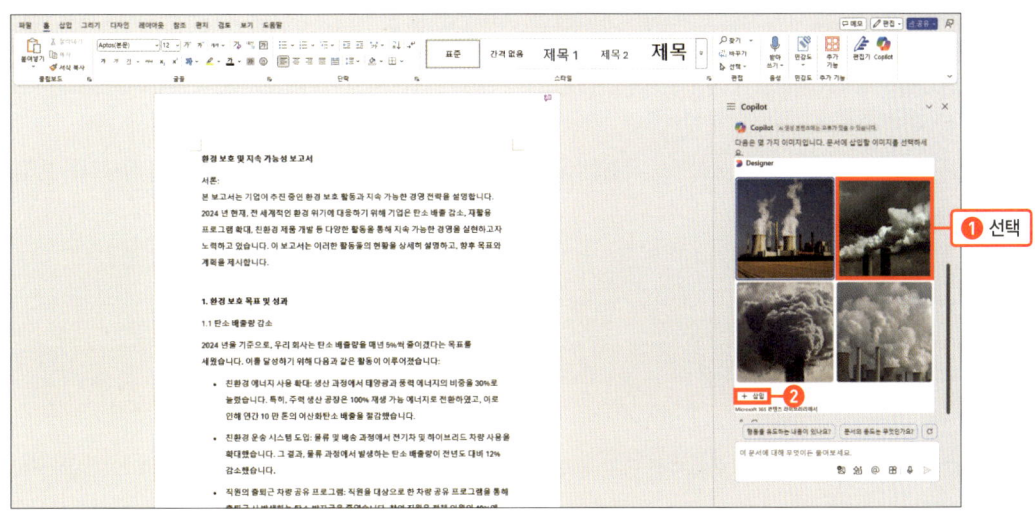

4 본문 상단에 이미지가 삽입되면 크기를 조정한 후 적당한 위치로 옮깁니다. 이와 같은 방법으로 본문에 더 많은 이미지를 추가해 보세요.

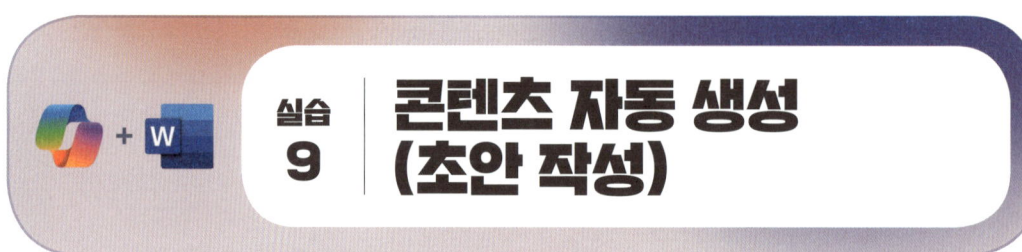

실습 9 | 콘텐츠 자동 생성 (초안 작성)

Copilot은 요약뿐만 아니라 문장 생성에도 유용합니다. 이번에는 Copilot을 활용해 문서 초안을 작성하는 방법을 알아보겠습니다.

보고서 초안 작성하기 🗒️ 새 문서

무에서 유를 창조하는 문서 작업은 막막할 수 있습니다. 하지만 초안 작성을 Copilot이 도와준다면 한결 수월하겠죠? 이번에는 Copilot을 활용해 마케팅 행사 기획안의 초안을 요청하는 방법을 알아보겠습니다.

1. 메뉴에서 [홈]-[Copilot]을 선택합니다.
2. Copilot 입력 창에 다음과 같이 입력한 후 [보내기]를 클릭합니다.

> 스마트폰 신규 버전 출시 마케팅 행사의 기획서 초안을 작성해.

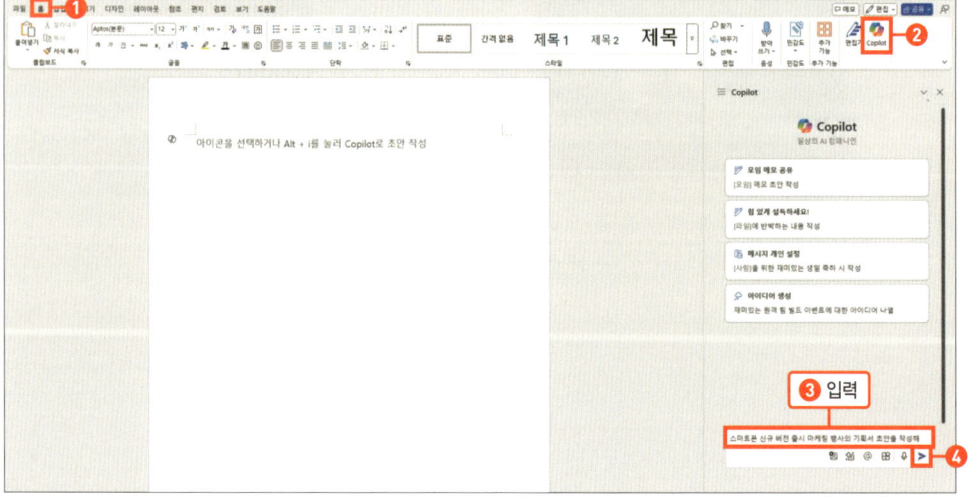

3 Copilot이 마케팅 행사 기획서의 초안을 작성해 줍니다.

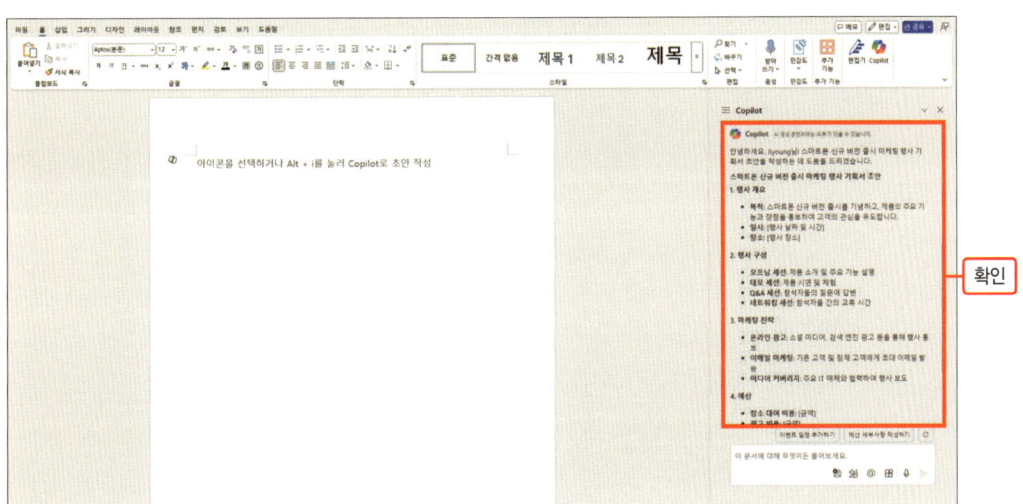

4 Copilot창의 [삽입]을 클릭한 후 세부 내용을 수정하면 기획서를 간단하게 완성할 수 있습니다.

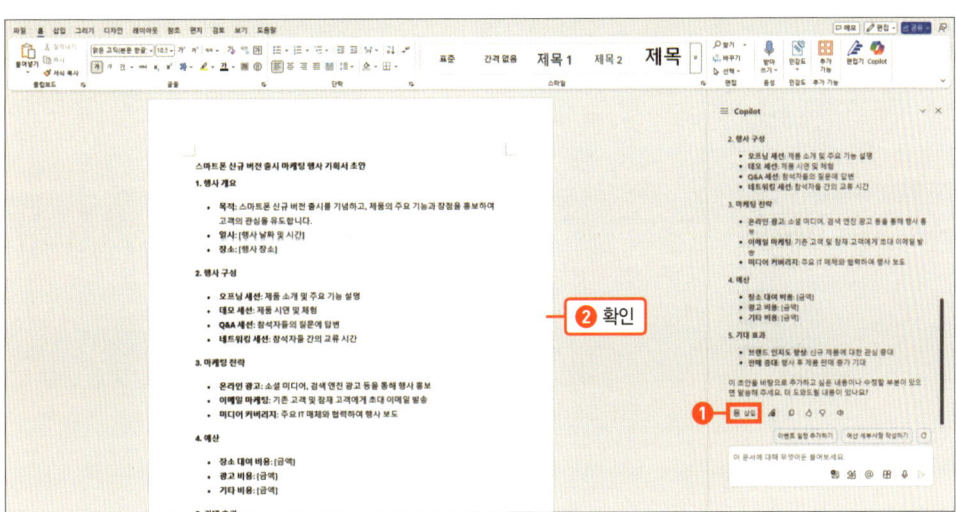

5 세부 내용을 작성할 때도 "마케팅 주요 전략과 관련하여 좀 더 구체적인 초안을 작성해 줘."와 같은 질문으로 Copilot의 도움을 받을 수 있습니다.

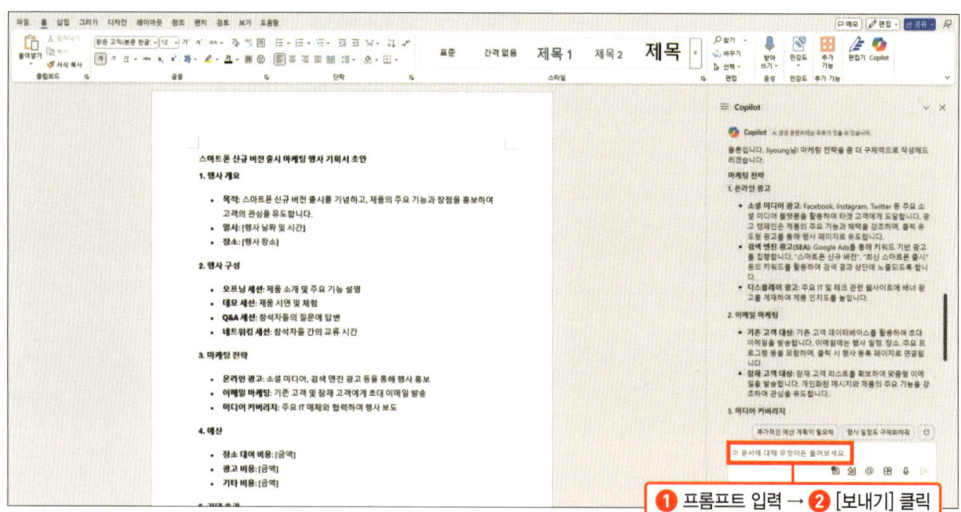

6 이 내용을 마케팅 전략에 복사하면 다음과 같은 초안이 작성됩니다.

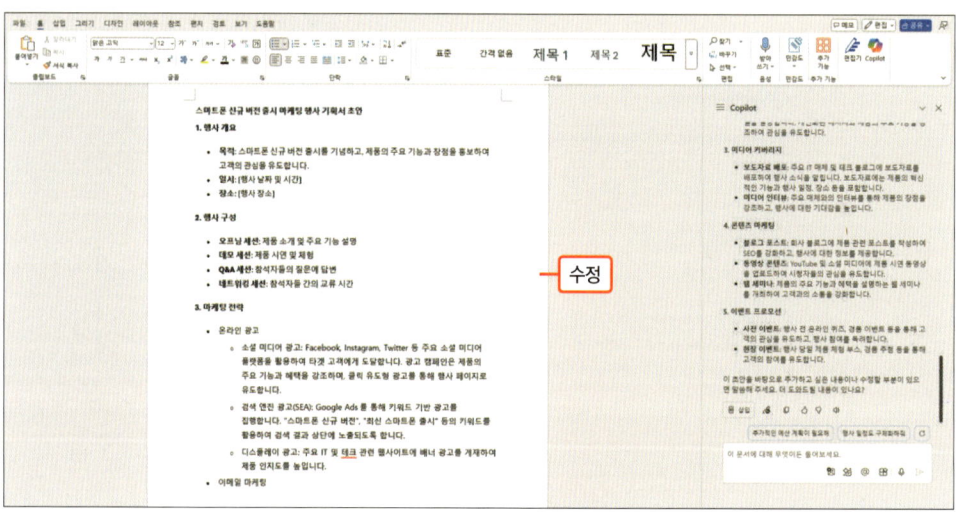

문서에서 일부 내용 작성하기

📎 예제7.docx

이번에는 앞에서 작성했던 보고서의 일부 내용을 추가해 내용을 보강해 보겠습니다.

1 메뉴에서 [홈]-[Copilot]을 선택합니다.

2 Copilot 입력 창에 다음과 같이 입력한 후 [보내기]를 클릭합니다.

▶ 이 문서에서 '기대 효과'에 대한 내용을 생성해 줘.

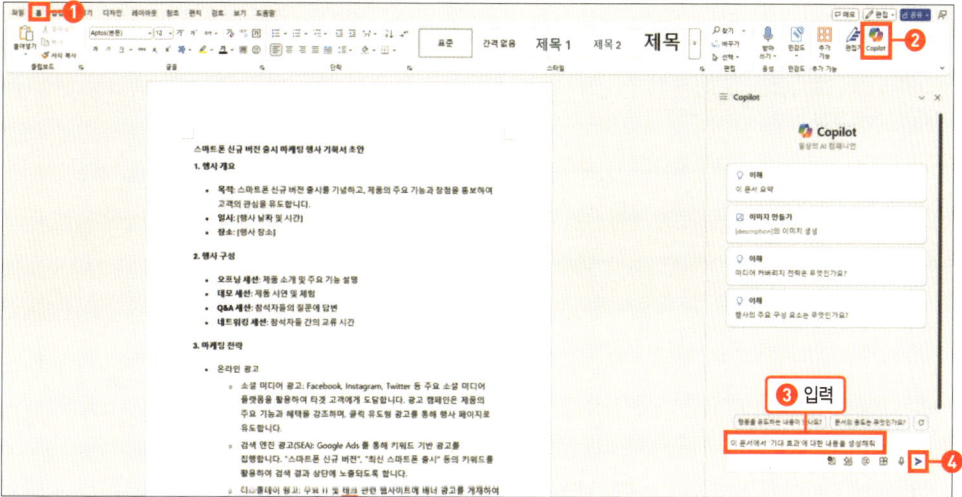

3 Copilot이 기대 효과에 대한 내용을 작성해 줍니다.

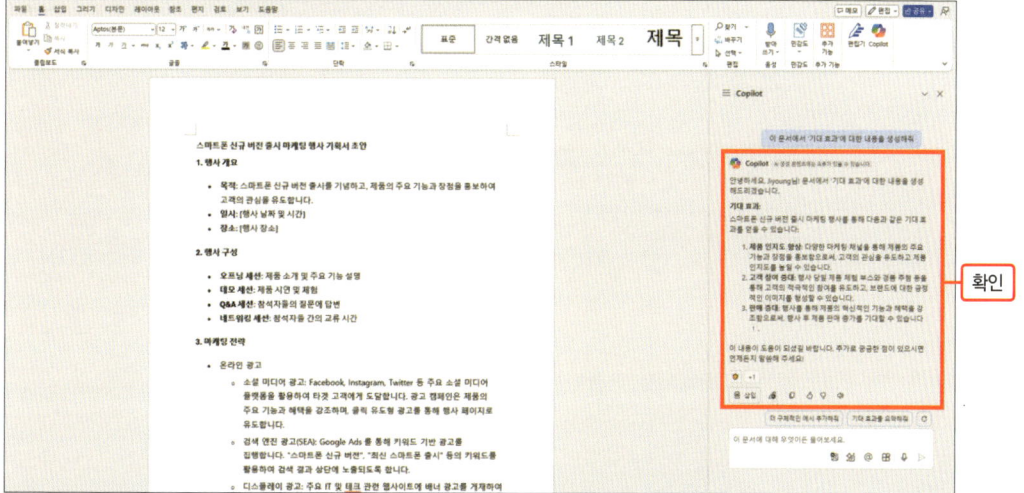

4 생성된 내용이 마음에 들지 않는다면 다음과 같은 내용으로 다시 질문합니다.

> 경제적 측면, 사회적 측면으로 나눠서 내용을 좀 더 풍성하게 작성해 줘.

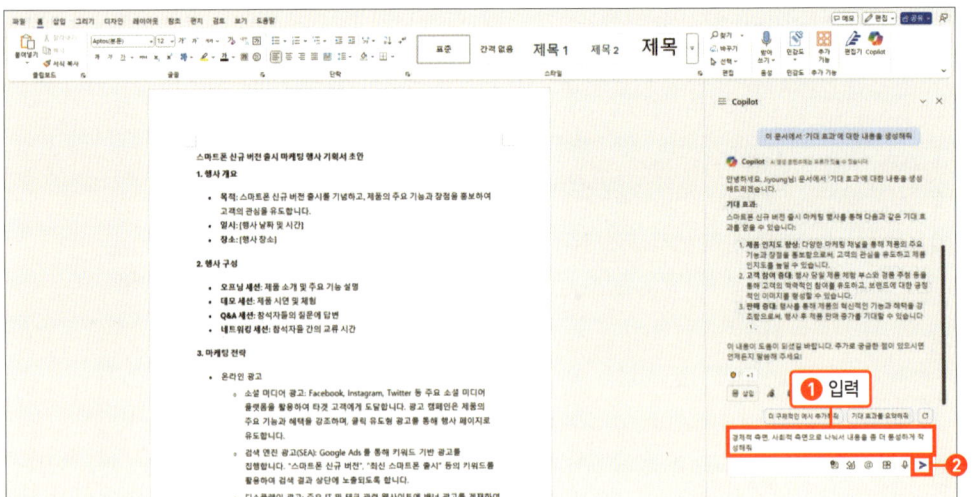

5 그러면 Copilot이 좀 더 풍부하게 문장을 생성해 줍니다.

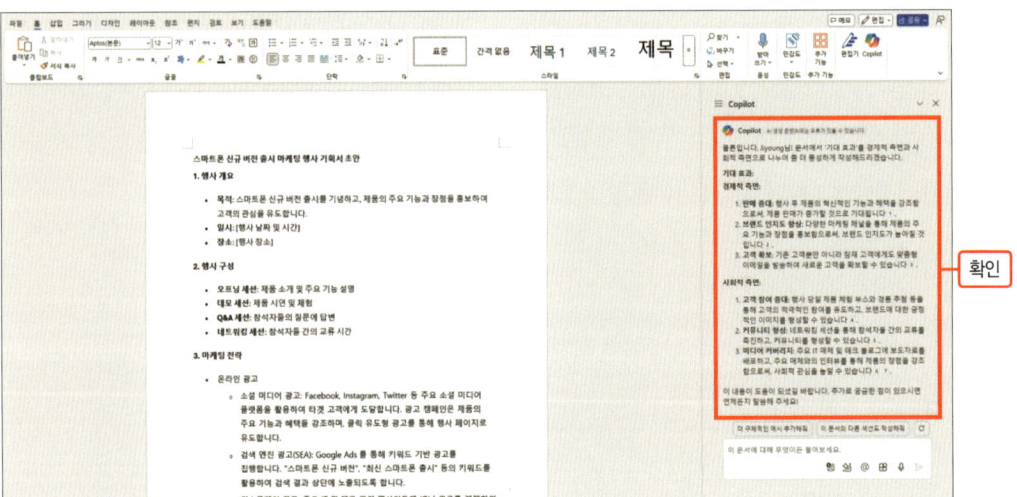

6 이 내용을 본문의 마지막 부분에 추가합니다.

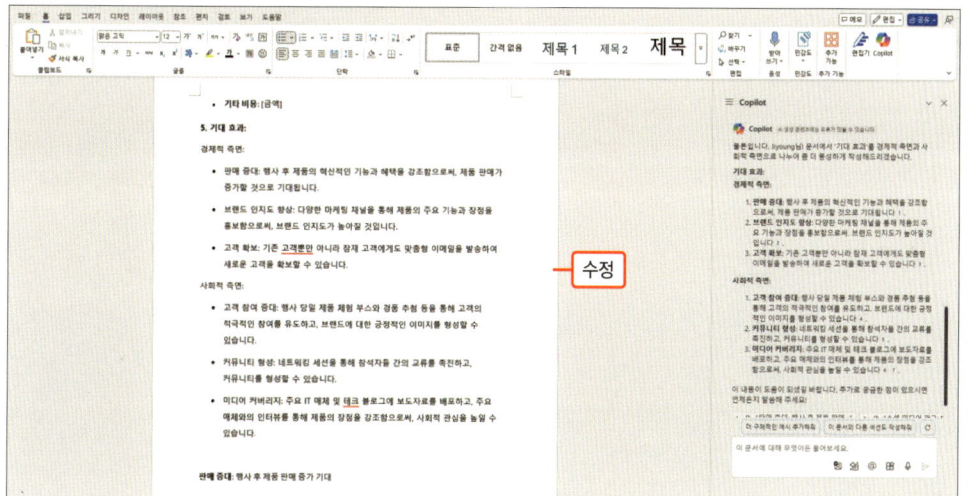

파워포인트 Copilot

파워포인트 Copilot은 앞에서 살펴본 워드 Copilot과 달리, 슬라이드에 직접적인 수정이 가능합니다. 하지만 모든 작업이 그런 것은 아닌데, 이번에는 어떤 작업을 했을 때 슬라이드를 수정할 수 있는지 알아보겠습니다. 또한 생성형 AI의 특성상 매번 결과가 다르게 나타날 수 있습니다. 따라서 실행 결과가 이 책과 다를 수 있습니다.

 **실습 1** 프레젠테이션 만들기

무에서 유를 창조하는 일은 어렵고 시간이 많이 걸리는 작업입니다. 특히 문서 작업의 경우, 누군가가 초안만 작성해 주어도 나머지 작업을 쉽게 마무리할 수 있죠. 이번에는 Copilot을 활용하여 파워포인트 초안을 작성하는 방법을 알아보겠습니다. Copilot이 생성한 프레젠테이션은 사람이 기대하는 수준만큼 완벽하지 않으므로 초안으로만 사용하고 반드시 편집하여 사용해야 합니다.

↔ 주제어로 프레젠테이션 만들기 　　　　　　　　　　　　🔖 새 프레젠테이션

이번에는 주제어를 사용해 프레젠테이션을 만드는 방법을 알아보겠습니다. 주제어는 '코파일럿 사용 방법'입니다.

1️⃣ 파워포인트를 실행한 후 [새로 만들기]에서 원하는 테마를 선택합니다. 여기서는 [**새 프레젠테이션**]을 선택했습니다.

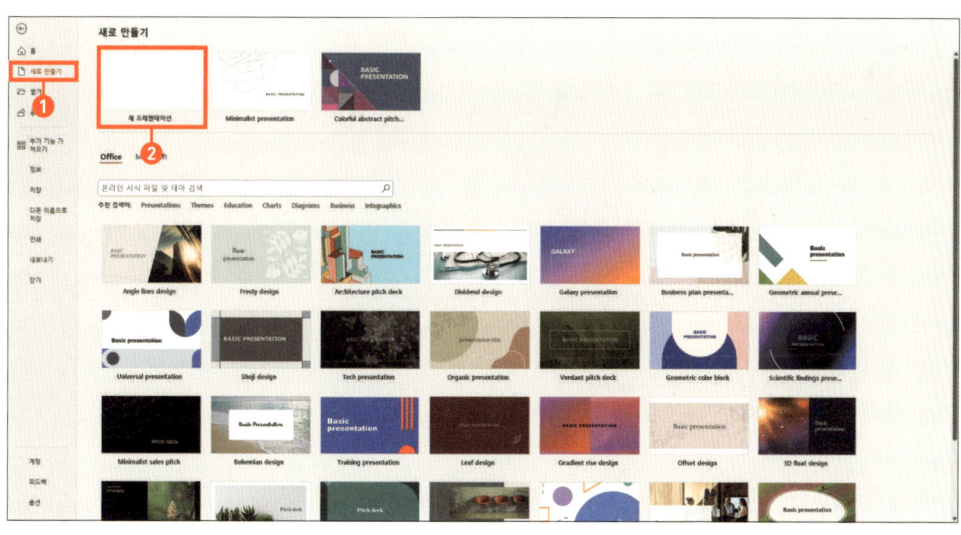

2 슬라이드 위에 표시되는 Copilot 아이콘 을 클릭하면 그림과 같은 메뉴가 표시됩니다. 여기서는 Copilot으로 초안을 작성할 것이므로 [프레젠테이션 만들기]를 선택했습니다.

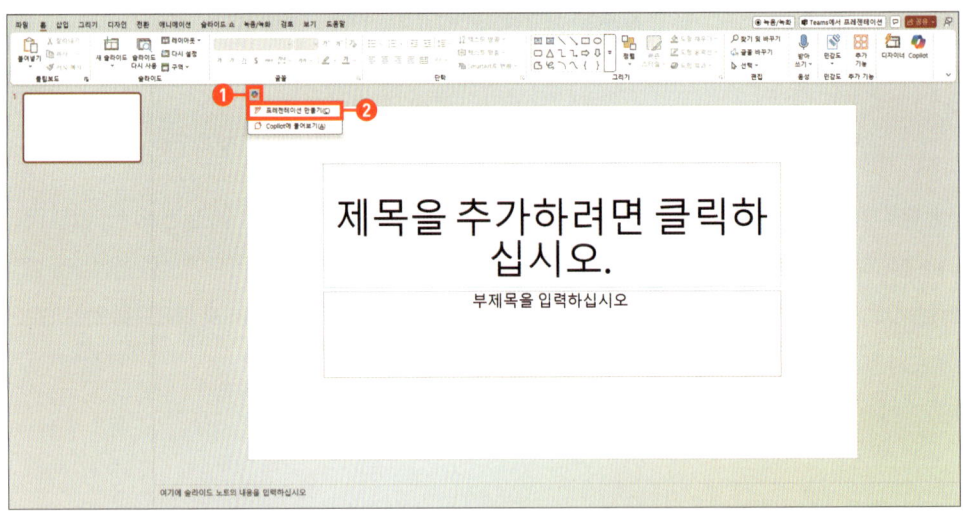

3 Copilot 창이 표시되면 입력 창에 요청 사항을 입력한 후 [보내기] 를 클릭합니다. 여기서는 '코파일럿 사용방법'을 입력했습니다.

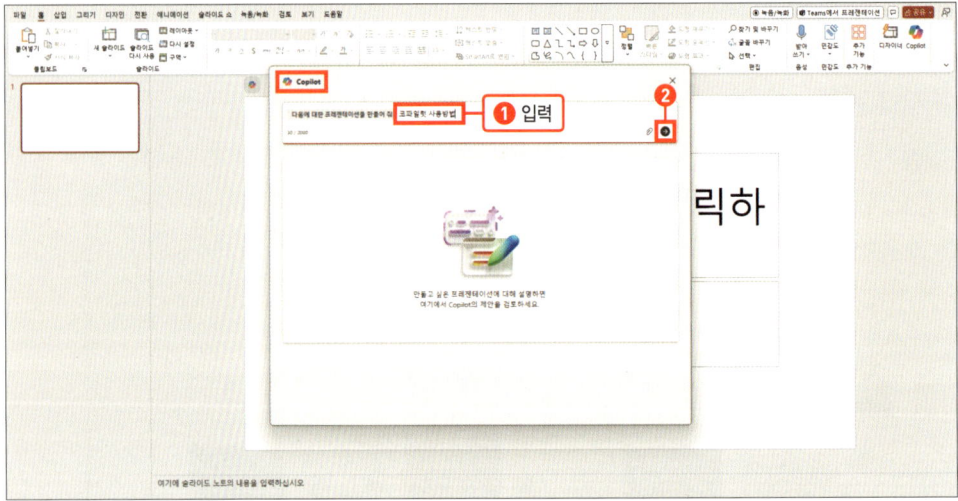

4 잠시 기다리면 다음과 같은 목차의 슬라이드를 만들어 줍니다. 목차를 확인한 후 [슬라이드 생성]을 클릭합니다.

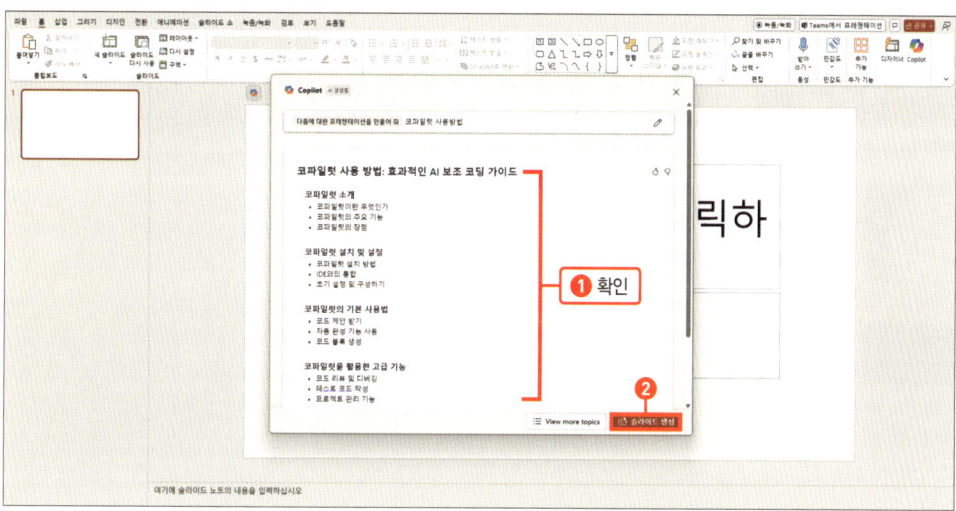

5 프레젠테이션에 슬라이드가 만들어집니다. 작업 화면 아래에 있는 [유지]를 클릭하면 만들어진 슬라이드를 그대로 사용할 수 있고 🗑을 클릭하면 만들어진 슬라이드가 삭제됩니다.

6 완성된 프레젠테이션의 각 슬라이드와 내용을 수정하여 사용하면 됩니다.

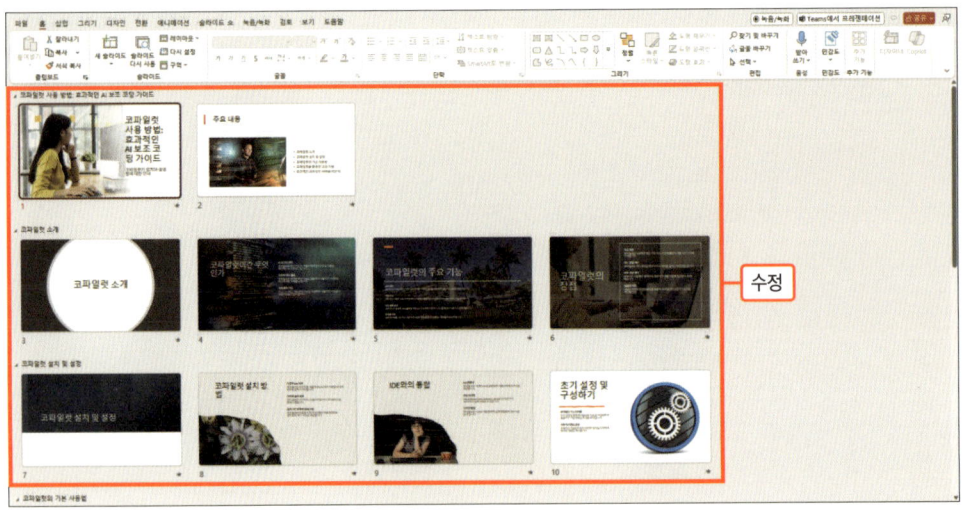

다수의 키워드로 프레젠테이션 생성하기
🔖 새 프레젠테이션

파워포인트 Copilot에서는 여러 가지 키워드로 프레젠테이션을 생성할 수도 있습니다. 다양한 키워드를 사용하면 좀 더 구체적인 내용을 포함한 프레젠테이션을 생성할 수 있죠. 앞의 실습에서 하나의 키워드로 프레젠테이션을 생성하는 방법을 알아봤다면 이번에는 여러 가지 키워드로 프레젠테이션을 생성하는 방법을 알아보겠습니다.

1 새 프레젠테이션을 실행한 후 슬라이드의 Copilot 아이콘 을 클릭하고 [**프레젠테이션 만들기**]를 선택합니다.

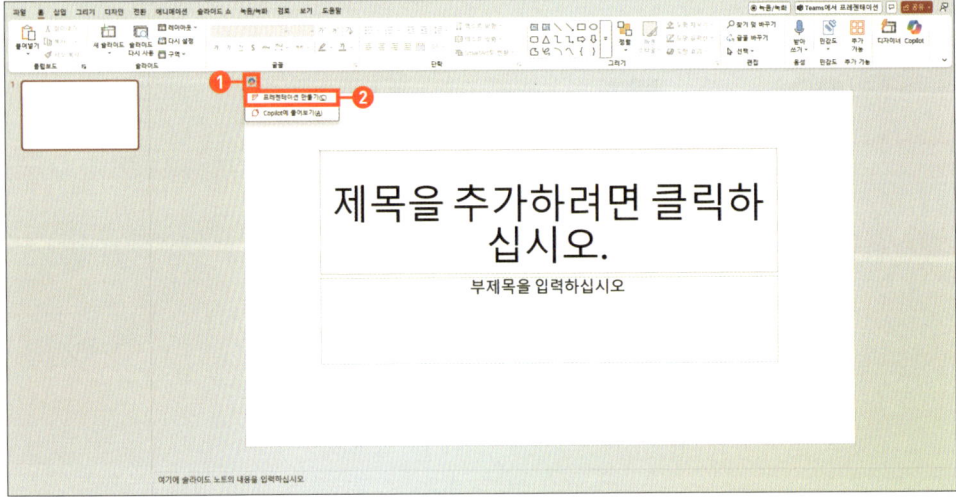

2 Copilot 창이 표시되면 다음과 같이 입력한 후 [보내기] ➡를 클릭합니다.

> ▶ 다음 키워드를 주제로 한글 프레젠테이션을 생성해. 지구 온난화, 해수면 상승, 극한 기상 현상, 온실가스 배출, 빙하 감소, 생태계 파괴, 산불 증가, 농업 생산성 감소, 기후 난민, 해양 산성화

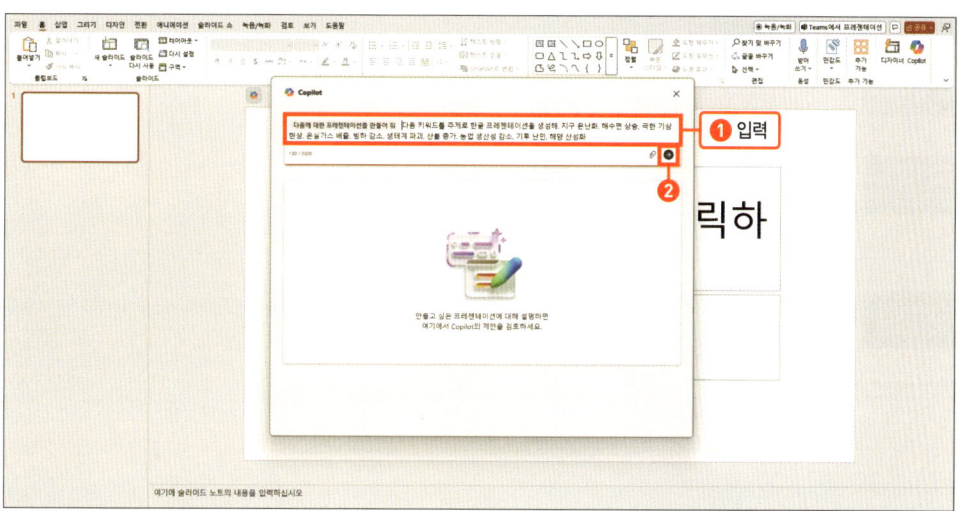

3 잠시 기다리면 다음과 같은 목차의 프레젠테이션을 만들어 줍니다. 목차를 확인한 후 [슬라이드 생성]을 클릭합니다.

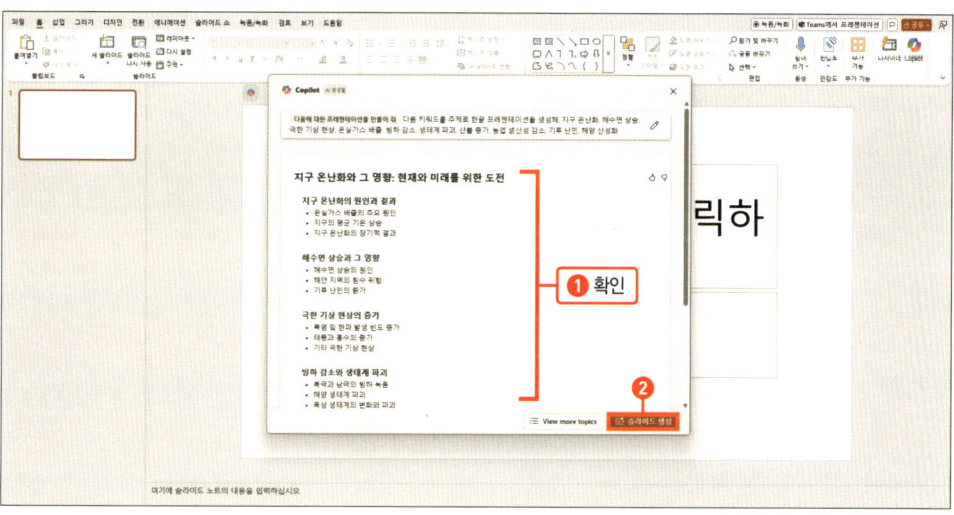

4 프레젠테이션이 만들어졌습니다. 작업 화면 아래에서 **[유지]**를 클릭합니다. 이후 원하는 내용으로 수정하여 사용합니다.

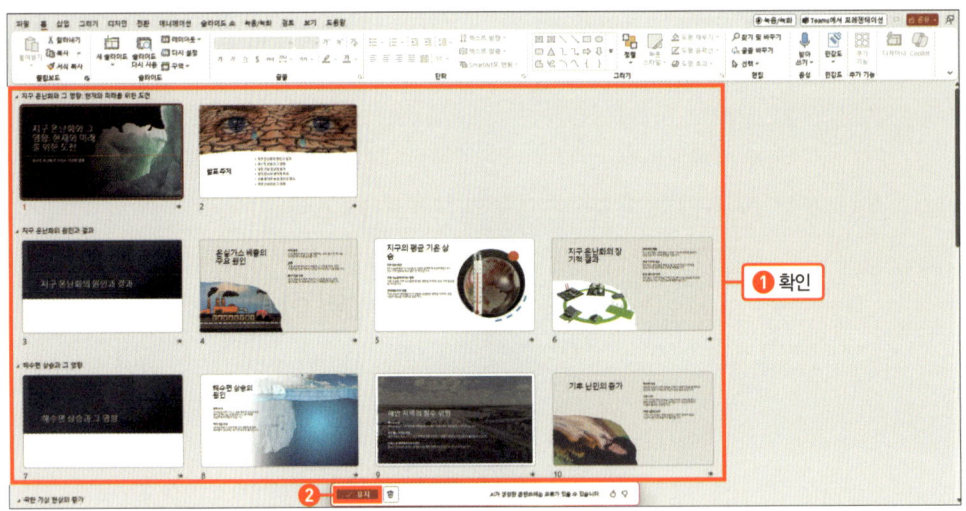

파일을 이용하여 프레젠테이션 생성하기 🔖 예제1.docx

파워포인트 Copilot을 활용하면 워드로 정리한 보고서를 바탕으로 프레젠테이션을 생성할 수 있습니다. 이번에는 워드 파일을 참조하여 프레젠테이션을 생성하는 방법을 알아보겠습니다.

Copilot에서 다른 문서를 참고하여 프레젠테이션을 생성하려면, 프레젠테이션을 생성하는 데 사용할 문서가 원드라이브에 저장되어 있어야 합니다. 예제1.docx 파일을 원드라이브에 업로드한 후에 실습하세요.

TIP 파일의 URL을 복사하는 좀 더 자세한 방법은 115쪽을 참고하세요.

1 새 프레젠테이션을 실행한 후 슬라이드의 Copilot 아이콘 을 클릭하고 [**프레젠테이션 만들기**]를 선택합니다.

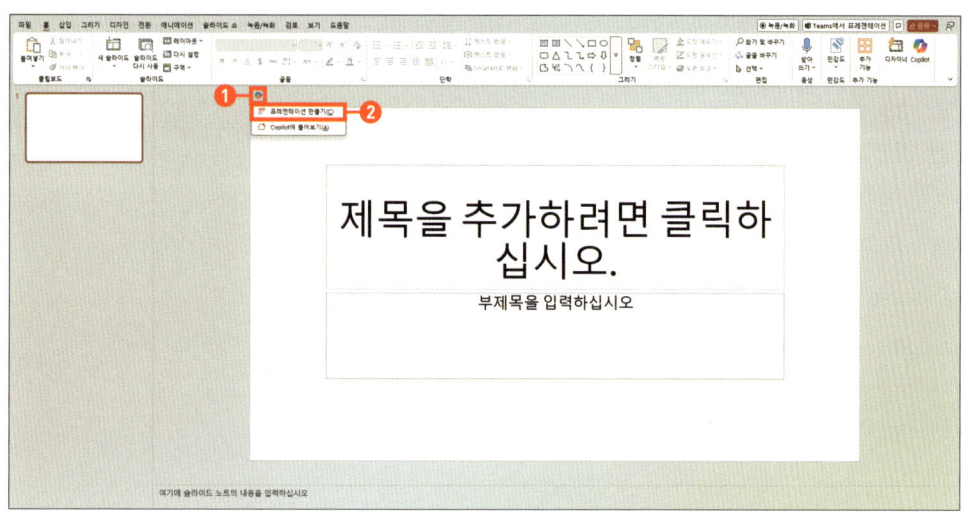

2 원드라이브에 저장된 파일의 URL을 참고하여 다음과 같이 입력한 후 [**보내기**] 를 클릭합니다.

> /(URL)을 참고해서 프레젠테이션을 생성해.

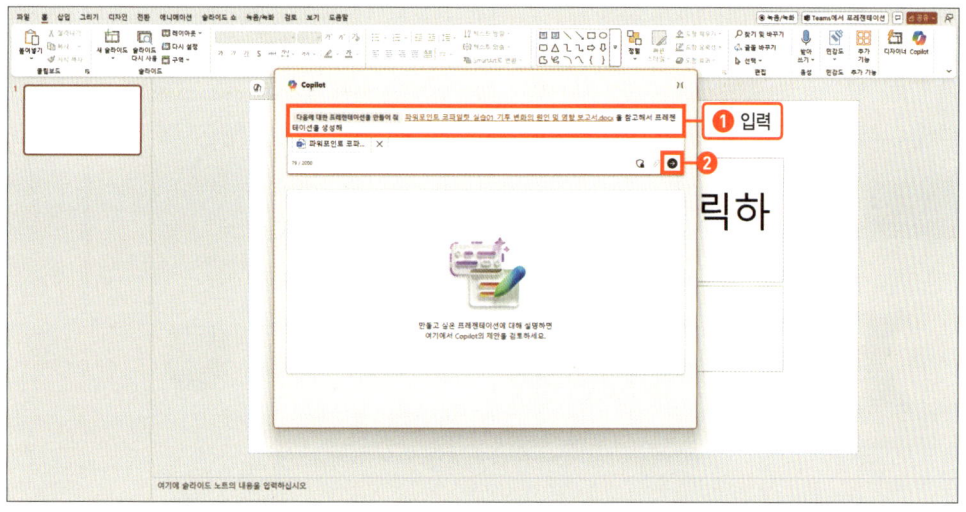

3 잠시 기다리면 Copilot이 다음과 같은 목차의 슬라이드를 만들어 줍니다. 목차를 확인한 후 [슬라이드 생성]을 클릭합니다.

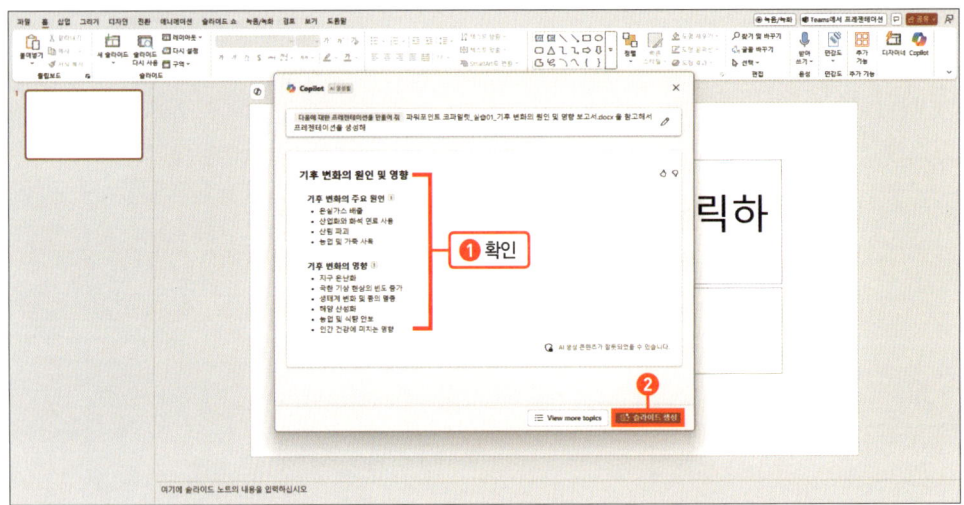

4 프레젠테이션에 슬라이드가 만들어집니다. [유지]를 클릭한 후 각 슬라이드의 내용을 변경하여 사용합니다.

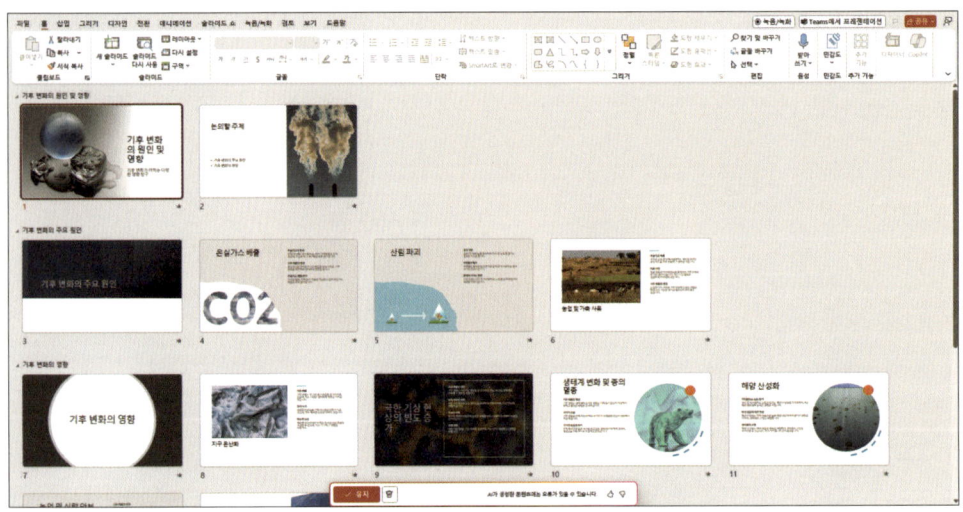

TIP 워드뿐만 아니라 엑셀, PDF 형식의 파일을 참고하여 프레젠테이션을 생성할 수도 있습니다.

전문가의 조언 **생성된 프레젠테이션의 목차 수정하기**

Copilot 창에 프롬프트를 입력하여 프레젠테이션을 생성할 때 다음 그림과 같이 생성할 슬라이드의 목차를 먼저 제시합니다. 이때 각 목차 사이에 마우스 커서를 올려놓으면 [새 항목 추가] 와 [휴지통] 아이콘이 표시됩니다.

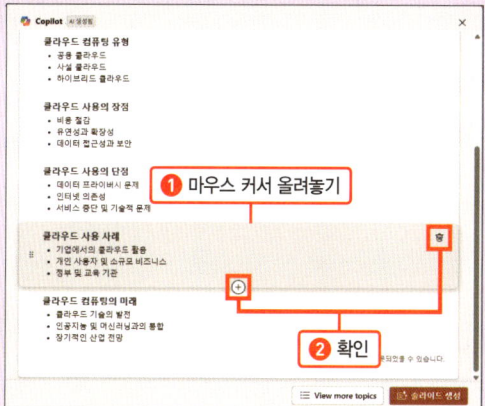

를 클릭한 후 프롬프트를 입력하여 원하는 슬라이드를 추가할 수 있고 Copilot이 제시한 목차 중 마음에 들지 않는 슬라이드가 있다면 를 눌러 해당 목차를 삭제할 수 있습니다.

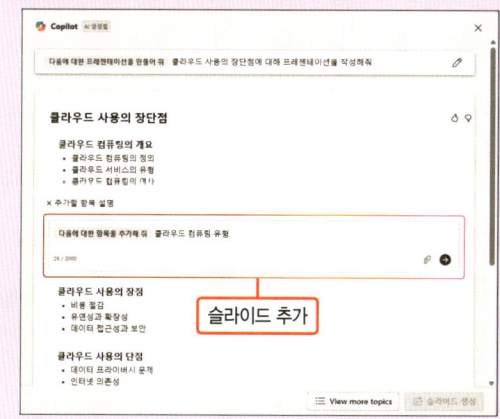 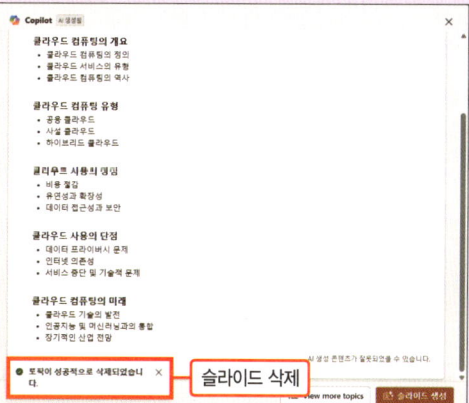

다양한 언어로 번역

프레젠테이션 문서가 영어로 작성되었거나 한글로 작성되었을 때 다른 언어로 번역해야 하는 경우가 종종 있습니다. 이번에는 언어를 번역하는 방법을 알아보겠습니다.

영어 프레젠테이션을 한글로 변환하기
📎 예제2.pptx

'예제2.pptx'는 영문으로 작성된 프레젠테이션입니다. 이번에는 Copilot을 활용하여 영문 프레젠테이션을 한글로 번역하는 방법에 대해 알아보겠습니다.

1. 메뉴에서 [홈]-[Copilot] 🟠을 선택합니다.

2. Copilot 입력 창에 다음과 같이 입력한 후 [보내기] ▶를 클릭합니다.

> 첫 번째 슬라이드를 한국어로 번역해.

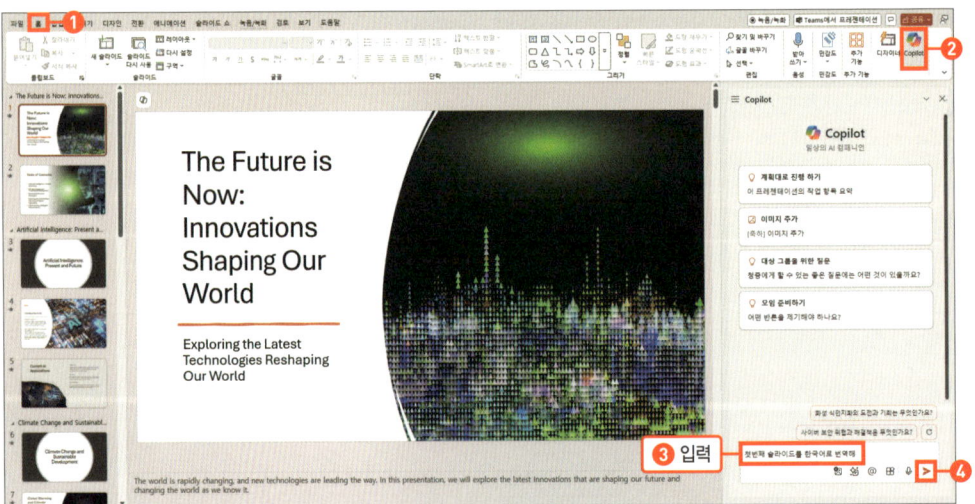

3 잠시 기다리면 '전체 프레젠테이션을 새 파일로만 번역할 수 있습니다. 전체 프레젠테이션을 번역하시겠습니까?'라는 문구와 함께 [번역] 버튼이 활성화됩니다. [번역]을 클릭합니다.

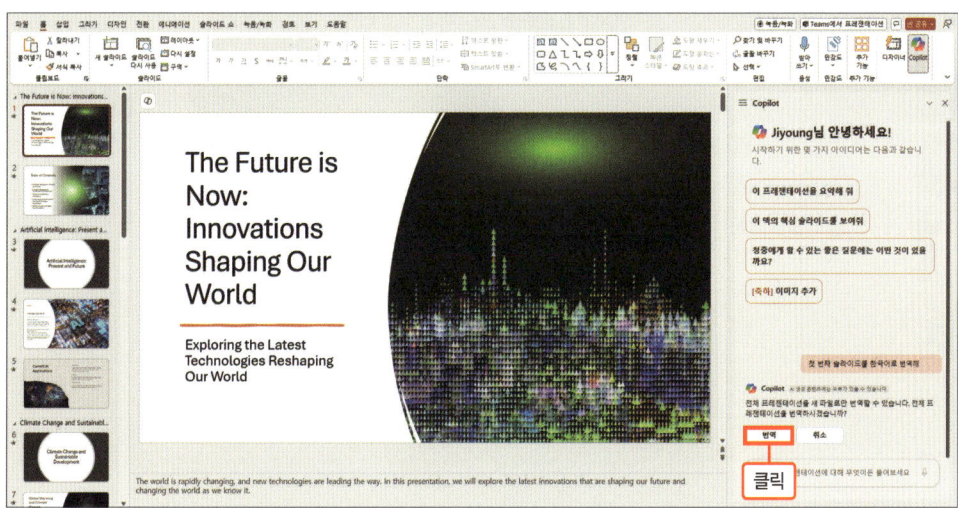

4 번역할 언어를 선택한 후 [번역]을 클릭합니다.

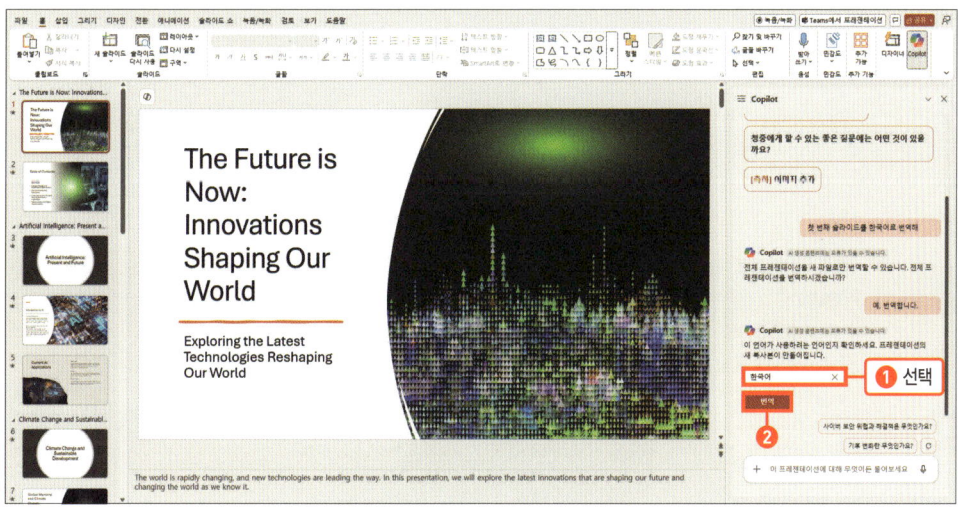

5 잠시 기다리면 다음과 같이 한 개의 한국어로 번역된 파일이 만들어집니다.

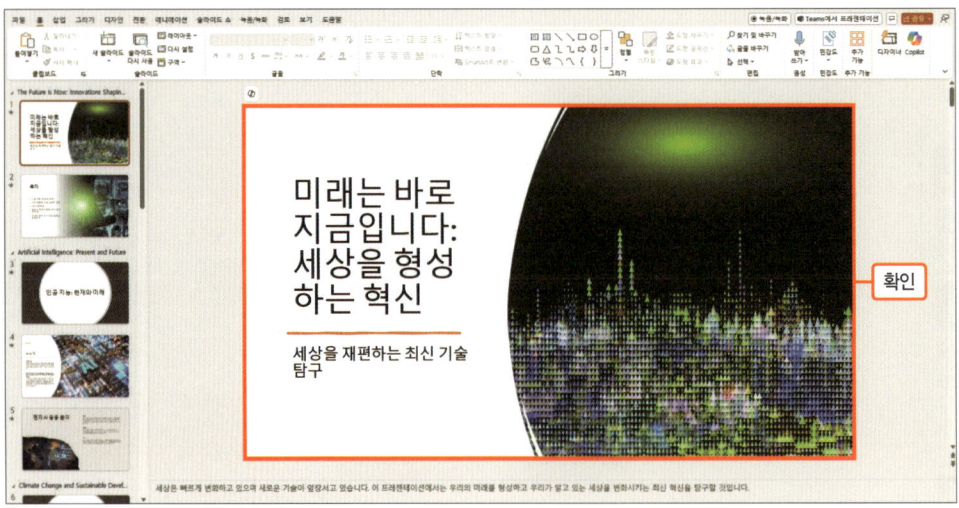

6 다시 영문 버전의 파일로 이동하여 Copilot 입력 창에 다음과 같이 입력한 후 [보내기]를 클릭하면 번역 가능한 언어를 모두 확인할 수 있습니다.

▶ 번역이 가능한 언어들을 모두 언급해 줘.

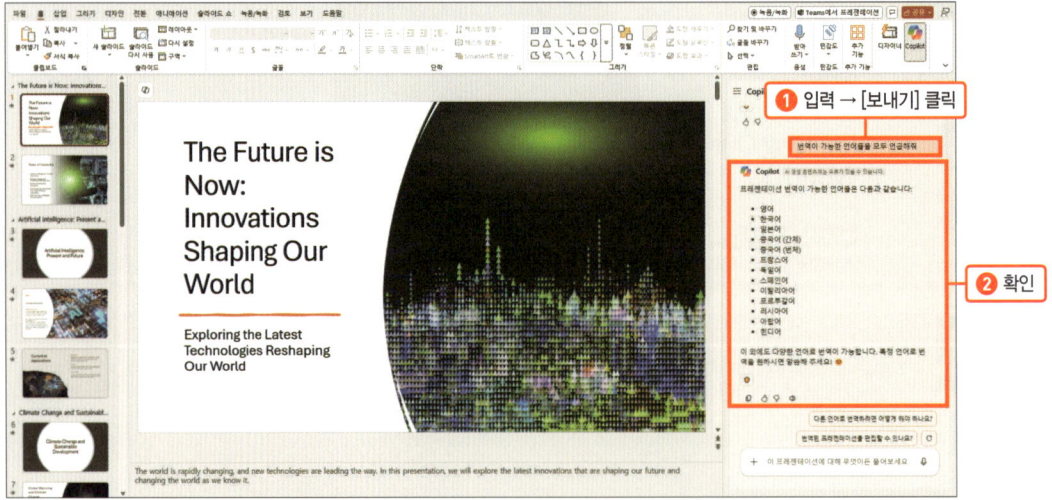

현재(2025년 3월) 기준으로 영어, 중국어(간체 및 번체), 일본어, 스페인어, 프랑스어, 독일어, 이탈리아어, 포르투갈어, 러시아어, 한국어, 아랍어, 힌디어 등에 대한 번역이 가능합니다.

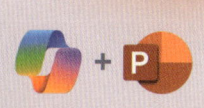

실습 3 | 스크립트 작성

파워포인트는 주로 보고서 작성보다 발표 자료로 활용됩니다. 모든 슬라이드를 직접 작성했다 하더라도 발표는 항상 긴장될 수밖에 없는데요. 이때 스크립트를 작성한 후 한두 번 발표 연습을 해두면 편리합니다. 하지만 스크립트 작성 역시 또다른 일이 될 수 있는데, 이번에는 Copilot을 이용해 스크립트를 자동 생성해 보겠습니다.

한글 프레젠테이션 스크립트 작성하기

📎 예제3-1.pptx

한글로 작성된 파워포인트 문서에 대한 스크립트를 작성해 보겠습니다.

1. 메뉴에서 [홈]-[Copilot]을 선택합니다.
2. Copilot 입력 창에 다음과 같이 입력한 후 [보내기]를 클릭합니다.

> 이 프레젠테이션에 대한 스크립트를 추가해.

3장 파워포인트 Copilot 169

3 잠시 기다리면 Copilot이 다음과 같이 각 슬라이드 내용에 적합한 스크립트를 생성해 줍니다.

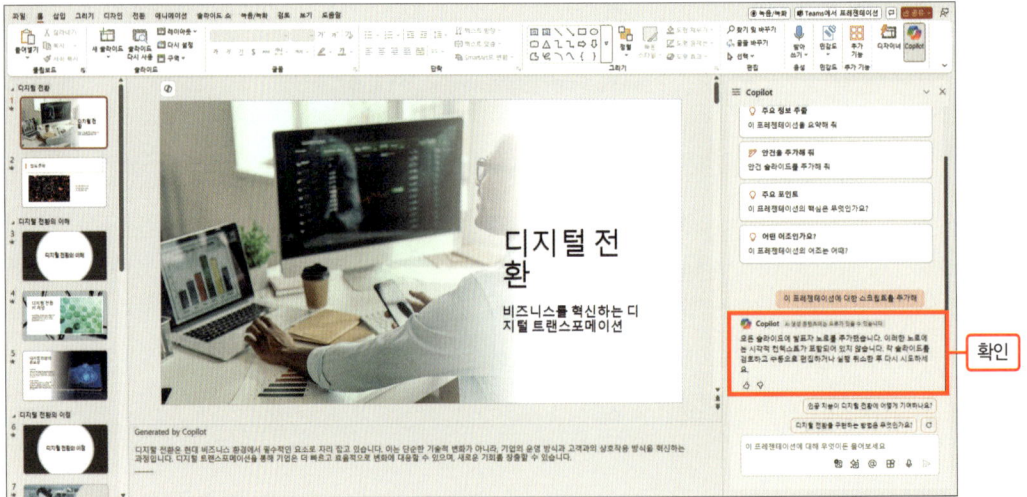

4 스크립트가 슬라이드 노트에 추가됩니다. Copilot이 생성한 스크립트의 내용을 확인하기 위해 텍스트가 많은 5번 페이지를 선택합니다. Copilot이 제안해 준 스크립트에는 두 번째 문단인 '프로세스 최적화' 부분이 누락된 것을 확인할 수 있습니다. 이렇게 생성형 AI는 완벽하지 않으므로 확인 및 수정은 사람이 진행해야 합니다.

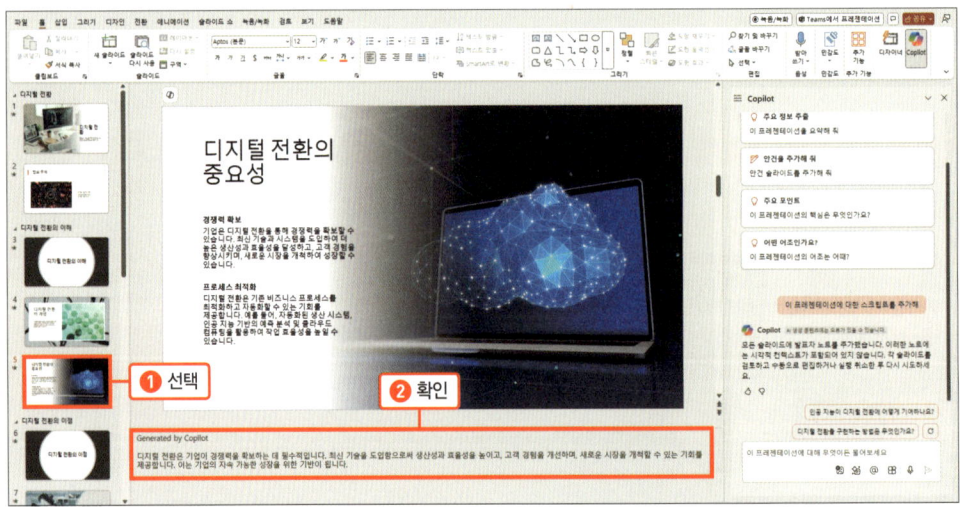

다른 언어에 대한 스크립트 작성하기

📎 예제3-2.pptx

앞에서 한글로 작성된 프레젠테이션에 대해 스크립트를 작성했다면, 이번에는 영어로 작성된 프레젠테이션에 한글 스크립트를 작성하는 방법을 알아보겠습니다. '예제3-2.pptx'는 영어로 작성된 프레젠테이션입니다. Copilot을 활용하면 번역된 스크립트를 바로 추가할 수 있어 유용하게 사용할 수 있습니다.

1 메뉴에서 [홈]-[Copilot]을 선택합니다.

2 Copilot 입력 창에 다음과 같이 입력한 후 [보내기]를 클릭합니다.

> 이 프레젠테이션에 대한 스크립트를 한국어로 작성해.

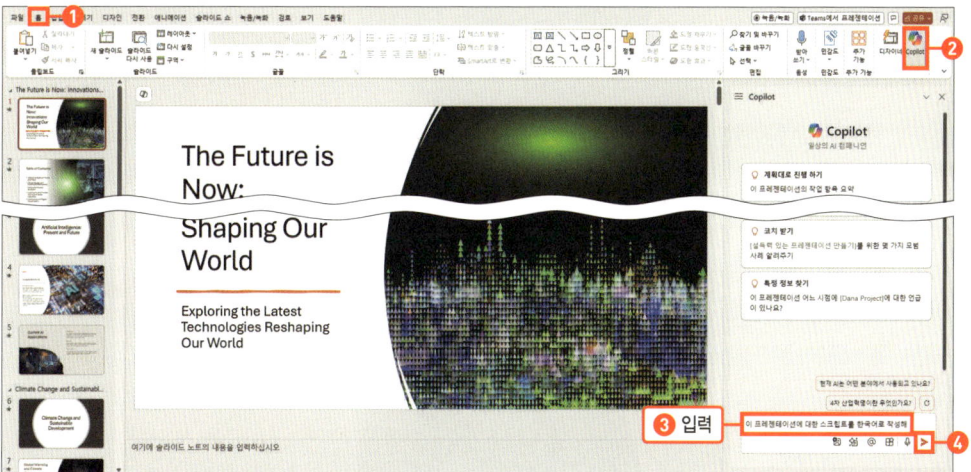

3 잠시 기다리면 Copilot이 다음과 같이 한국어 스크립트를 요청했지만 영문 스크립트를 작성해 줍니다.

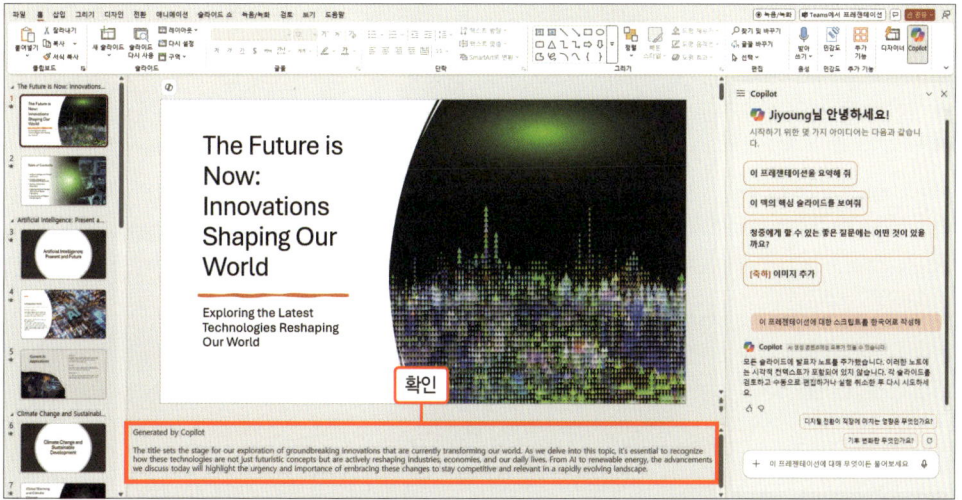

4 영문 스크립트의 번역이 필요하다면 이번에는 Copilot 입력 창에 다음과 같이 입력한 후 [보내기]를 클릭합니다.

> 스크립트를 한국어로 번역해.

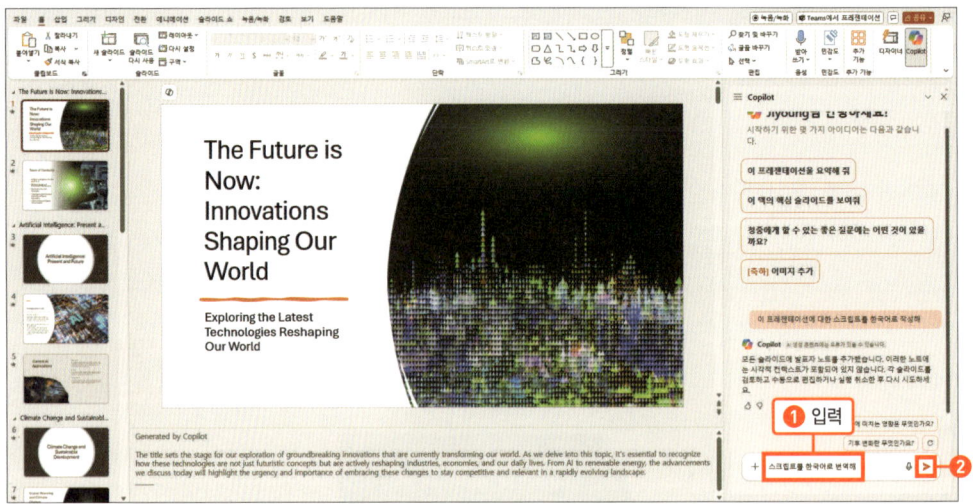

5 번역할 언어를 선택한 후 [번역]을 클릭합니다.

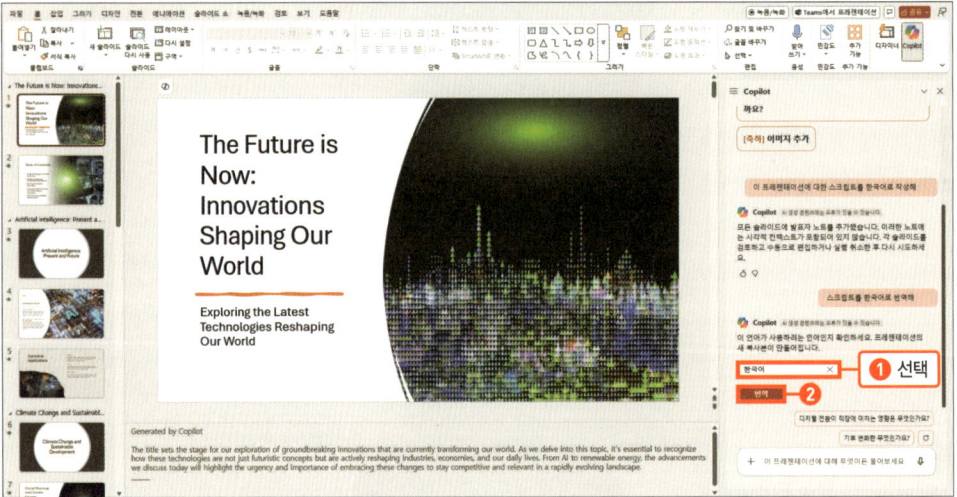

6 잠시 기다리면 Copilot이 다음과 같이 스크립트를 포함한 전체 프레젠테이션을 한글로 번역해 줍니다.

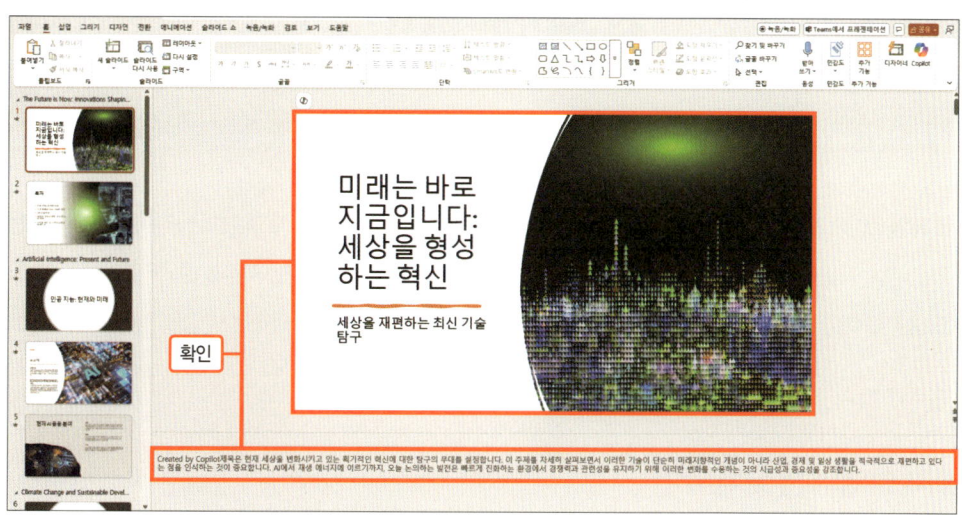

한 번에 한국어로 작성할 수 있다면 편리하겠지만, 영어로 작성한 후 한국어로 번역하는 번거로움이 있더라도 결국 원하는 결과를 얻을 수 있다는 것을 알 수 있습니다.

실습 4 | 프레젠테이션 요약

일반적으로 파워포인트 프레젠테이션은 슬라이드 수가 많지 않지만, 종종 수십에서 수백 개의 슬라이드를 포함하는 문서들도 있습니다. 시간이 허락된다면 긴 프레젠테이션을 일일이 읽어보면 좋겠지만, 시간을 절약하고자 한다면 요약만 읽어도 충분할 때가 있습니다. 이번에는 Copilot을 이용해 프레젠테이션을 요약하는 방법을 알아봅니다.

프레젠테이션 요약하기

📎 예제3-1.pptx

먼저 일반적인 프레젠테이션을 요약하는 방법을 알아보겠습니다.

1. 메뉴에서 [홈]-[Copilot]을 선택합니다.
2. Copilot 입력 창에 다음과 같이 입력한 후 [보내기]를 클릭합니다.

> ▶ 이 프레젠테이션의 전체 내용을 한 문단으로 요약해.

3 잠시 기다리면 전체 프레젠테이션의 내용을 짧게 요약해 줍니다.

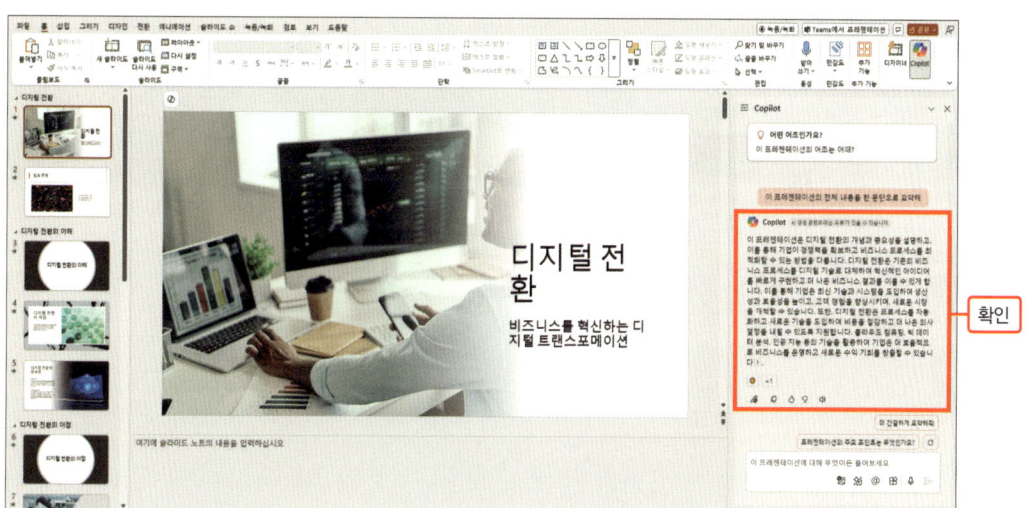

4 이번에는 프레젠테이션을 더 간단하게 요약하기 위해 Copilot 입력 창에 다음과 같이 입력한 후 [보내기]를 클릭합니다.

> 이 프레젠테이션의 핵심 키워드 5개를 제시해.

5 다음과 같이 Copilot이 프레젠테이션 전체를 포괄하는 키워드를 제시해 줍니다.

Copilot을 활용하면 전체 프레젠테이션을 간단하게 요약해 어떤 내용을 담고 있는지 간편하게 확인할 수 있습니다.

요약 슬라이드 생성하기

📎 예제3-1.pptx

Copilot을 활용하면 전체 프레젠테이션을 요약한 슬라이드를 추가할 수도 있습니다. 이번에는 Copilot을 활용해 요약 슬라이드를 추가하는 방법을 알아봅니다.

1 메뉴에서 [홈]-[Copilot]을 선택합니다.

2 Copilot 입력 창에 다음과 같이 입력한 후 [보내기]를 클릭합니다.

> 이 프레젠테이션을 요약한 슬라이드를 생성해.

3 잠시 기다리면 Copilot이 요약 슬라이드를 생성해 줍니다.

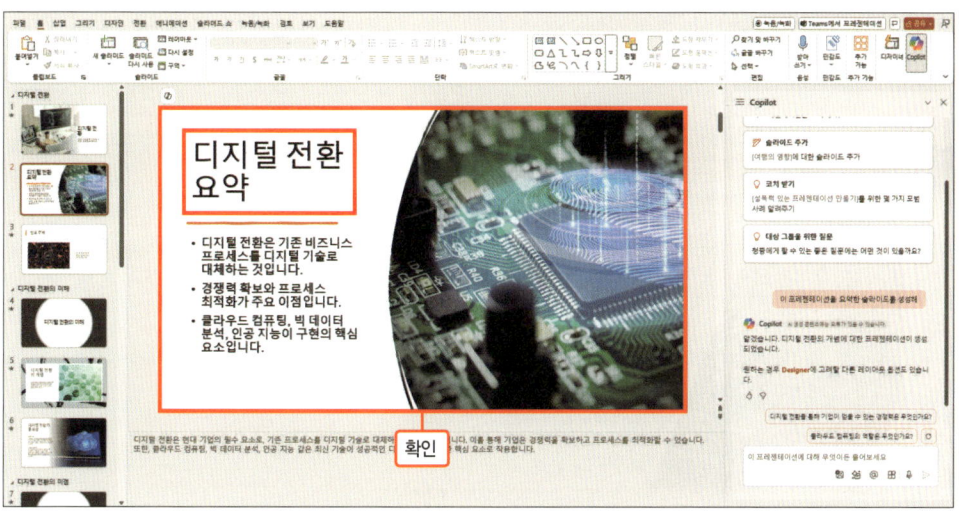

이와 같이 Copilot을 사용하면 전체 슬라이드의 요약을 쉽게 만들 수 있습니다.

목차 슬라이드 추가하기 📎 예제4-1.pptx

Copilot을 활용하면 전체 프레젠테이션을 요약한 목차 슬라이드를 생성할 수 있습니다. 이번에는 목차 슬라이드가 없는 프레젠테이션에 목차 슬라이드를 추가하는 방법을 알아보겠습니다.

1 메뉴에서 [홈]-[Copilot]을 선택합니다.

2 Copilot 입력 창에 다음과 같이 입력한 후 [보내기]를 클릭합니다.

> 이 프레젠테이션에 목차 슬라이드 작성해

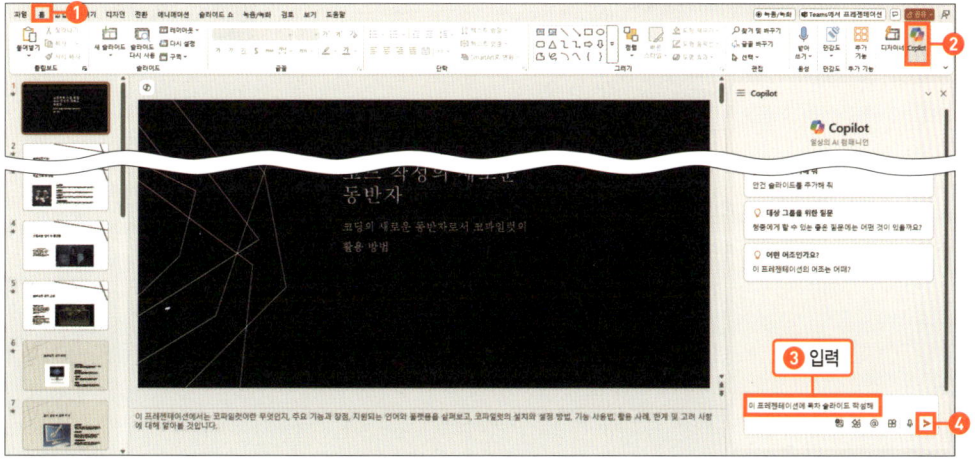

3 잠시 기다리면 목차 슬라이드가 생성됩니다. Copilot이 생성해 준 목차 슬라이드의 디자인을 변경하고 싶다면 Copilot 창의 [디자이너]를 클릭합니다.

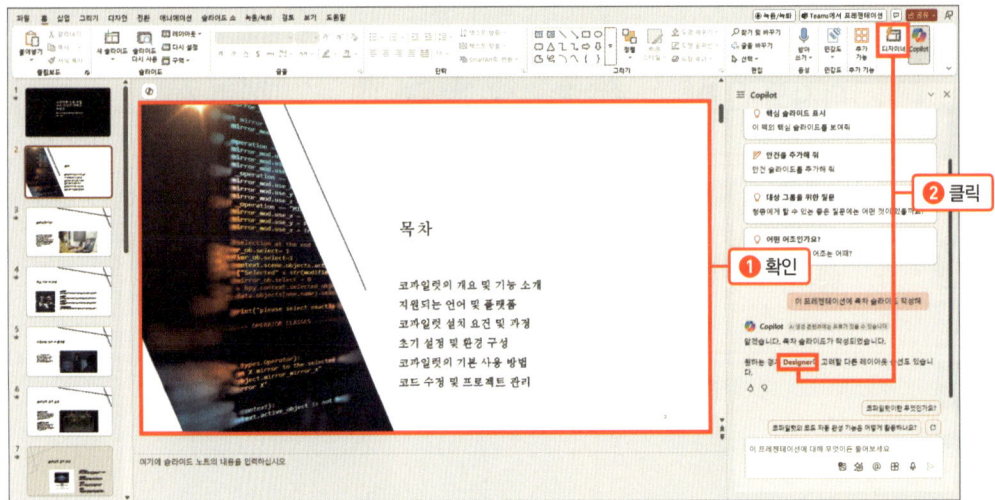

4 Copilot 창이 [디자이너]로 변경되고 원하는 디자인을 선택하면 슬라이드에 바로 적용할 수 있습니다.

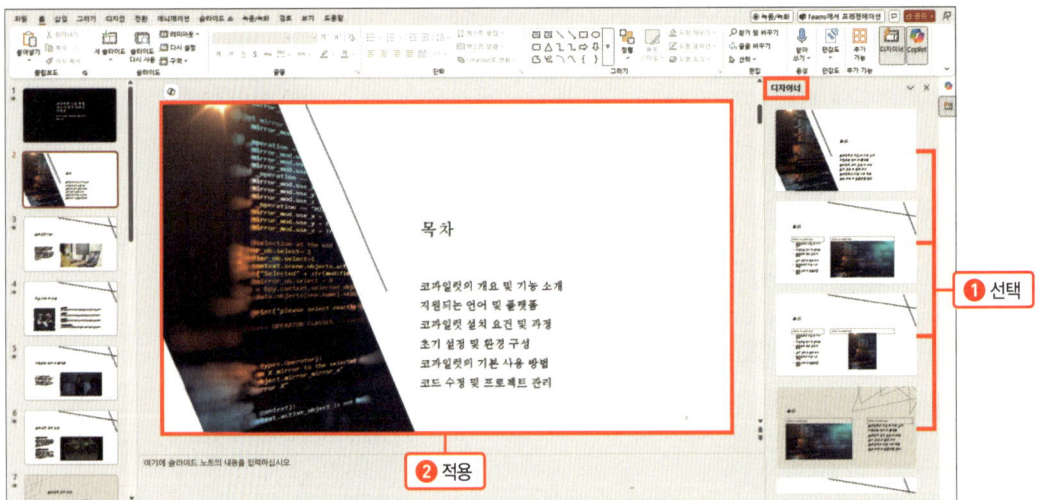

TIP 디자인 변경은 각 슬라이드별로 변경할 수 있습니다

이밖에 Copilot을 활용하여 프레젠테이션에서 설명하는 주제의 장단점을 요약하거나 프레젠테이션 내용을 바탕으로 예상 Q&A 슬라이드를 생성할 수도 있습니다.

실습 5 이미지 추가하기

파워포인트는 메시지를 전달하는 도구로, 간결하고 시각적으로 효과적이어야 합니다. 프레젠테이션에 추가한 이미지도 전달하려는 메시지와 관련이 있어야 하므로 신중하게 선택해야 합니다. 이번에는 Copilot을 활용해 프레젠테이션에 적합한 이미지를 추가하는 방법을 알아보겠습니다.

→ 프레젠테이션에 적합한 이미지 추가하기　　　📎 예제4-2.pptx

이번에는 앞의 실습에서 Copilot으로 생성한 요약 슬라이드에 이미지를 추가해 보겠습니다.

1 메뉴에서 [홈]-[Copilot]을 선택합니다.

2 Copilot 입력 창에 다음과 같이 입력한 후 [보내기]를 클릭합니다. Copilot으로 이미지를 생성할 때는 구체적인 단어를 제시하여 요청하는 것이 좋습니다.

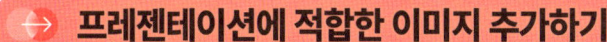
▶ 세 번째 슬라이드의 내용에 맞는 이미지를 추가해.

3장 파워포인트 Copilot　179

3 잠시 기다리면 Copilot이 이미지를 생성해 줍니다.

TIP Copilot이 생성한 이미지가 마음에 들지 않는다면 원하는 이미지를 표현할 수 있는 구체적인 단어를 추가하거나 변경하여 다시 요청해 보세요.

4 세 번째 슬라이드가 선택된 상태에서 생성된 이미지 중 원하는 이미지를 선택한 후 **[삽입]**을 클릭합니다.

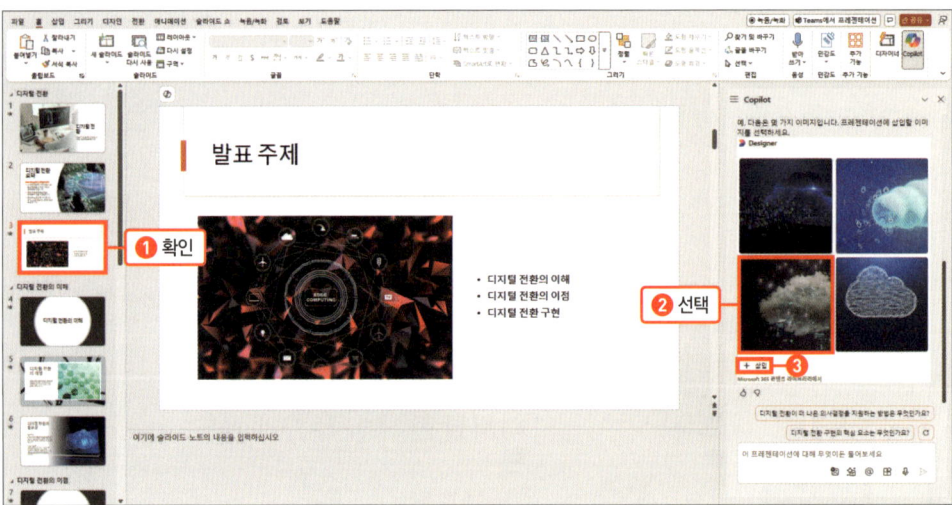

5 삽입된 이미지를 적당한 위치에 배치합니다. 이와 같은 방법으로 다른 슬라이드에도 적합한 이미지를 생성하여 삽입할 수 있습니다.

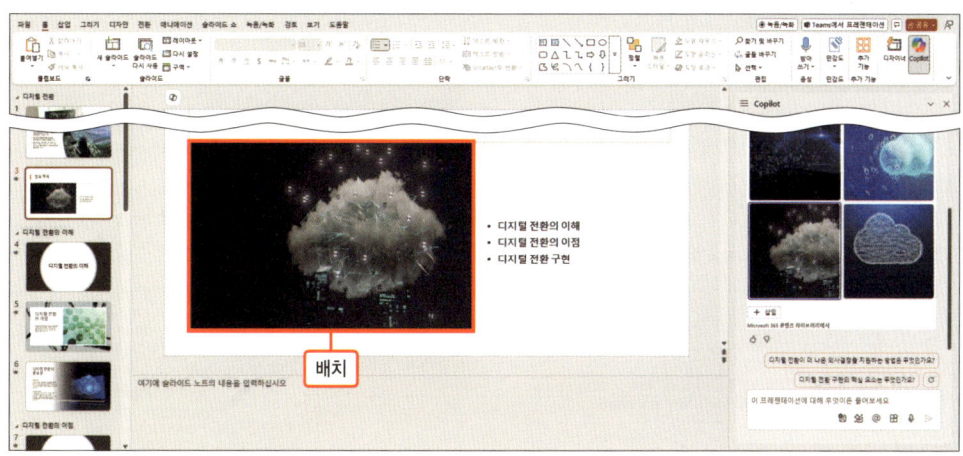

이미지 찾기

📎 예제5.pptx

이번에는 프레젠테이션에 적합한 이미지를 삽입하는 방법을 알아보겠습니다. '예제5.pptx'에는 웹 사이트에 필요한 아이콘의 기능과 해당 기능에 대한 설명이 표로 정리되어 있습니다. 이번에는 각 기능에 어울리는 아이콘을 생성해 보겠습니다.

1 메뉴에서 [홈]-[Copilot]을 선택합니다.

2 Copilot 입력 창에 다음과 같이 입력한 후 [보내기]를 클릭합니다.

▶ 검색 기능에 대한 아이콘을 생성해.

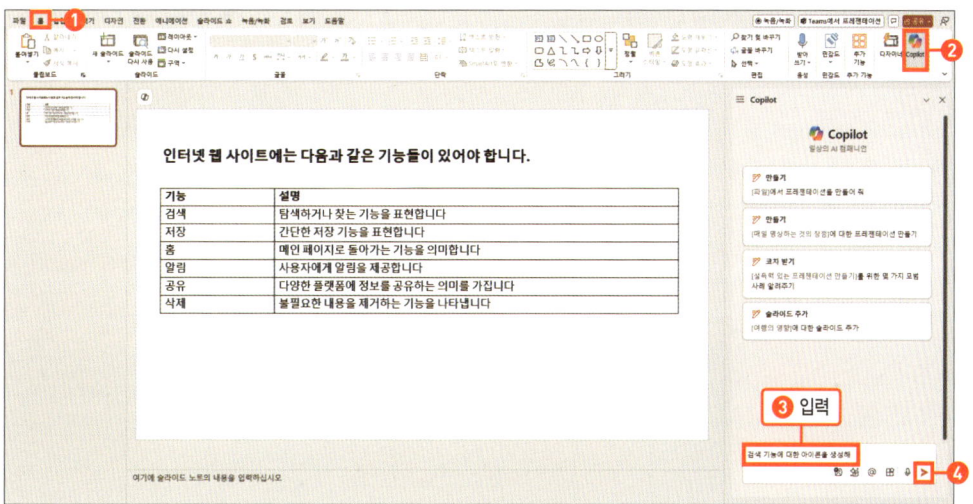

3 잠시 기다리면 '스톡 이미지'에서 검색한 결과라는 메시지와 함께 이미지를 제시합니다. 스톡 이미지는 사진 작가나 디자이너가 미리 촬영하거나 제작한 이미지로, 다양한 용도로 사용하기 위해 판매되는 이미지입니다. 이러한 이미지는 다양한 용도로 사용할 수 있지만, 라이선스를 구매해야 사용할 수 있습니다. 따라서 Copilot이 제시한 이미지를 사용할 때는 주의가 필요합니다.

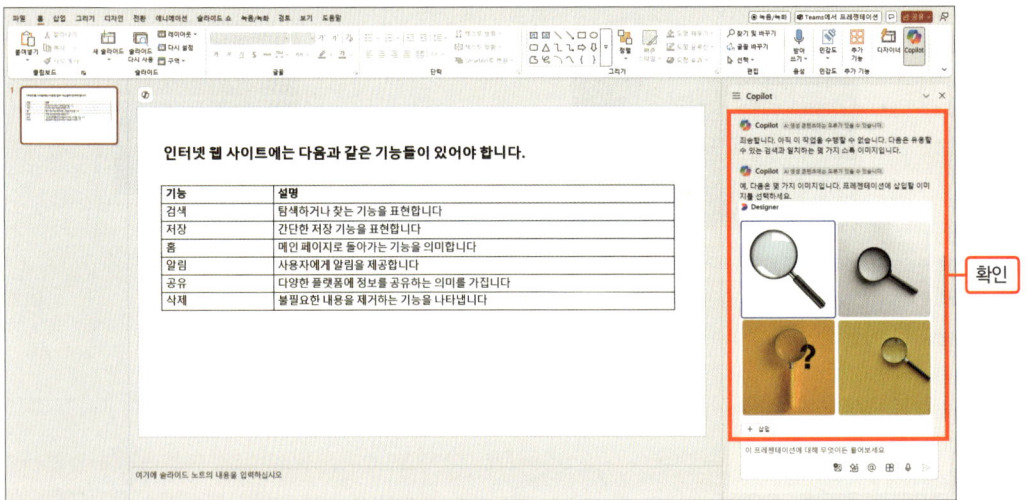

4 원하는 이미지를 선택한 후 [삽입]을 클릭합니다. 이와 같은 방법으로 나머지 기능에 대한 이미지를 삽입합니다.

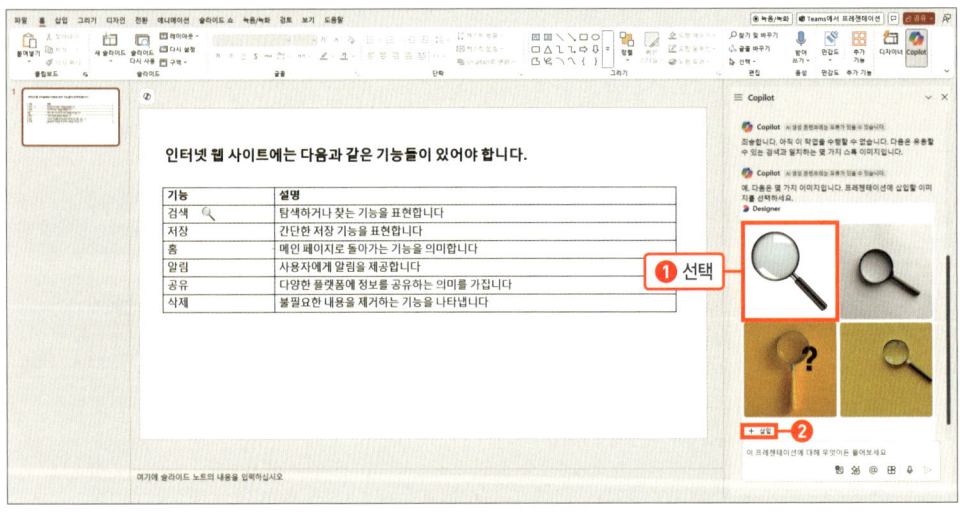

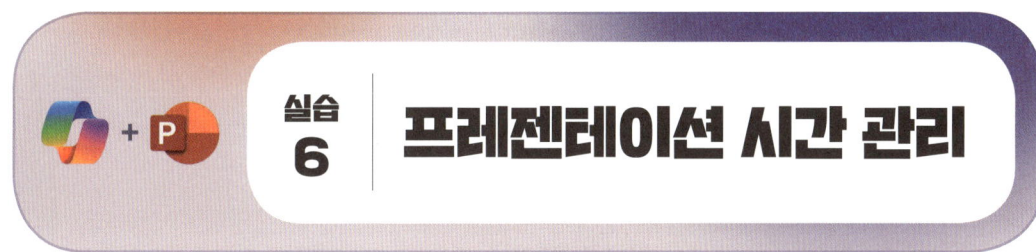

프레젠테이션을 이용하여 발표할 때는 시간을 준수하는 것이 중요합니다. 10분을 발표하는 데 50장이 넘는 슬라이드는 적절하지 않을 수 있죠. 이번에는 Copilot을 활용해 발표 시간을 고려하여 슬라이드를 조정하는 방법을 알아보겠습니다.

불필요한 슬라이드 정리하기

✏️ 예제6.pptx

1. 메뉴에서 [홈]-[Copilot]을 선택합니다.
2. Copilot 입력 창에 다음과 같이 입력한 후 [보내기]를 클릭합니다.

> 이 프레젠테이션에서 3분 발표를 위해 불필요한 슬라이드를 알려 줘.

3장 파워포인트 Copilot 183

3 잠시 기다리면 Copilot이 다음과 같은 결과를 보여 줍니다. Copilot이 특정 슬라이드를 지목하지 않고 각 슬라이드의 특성과 불필요한 이유를 알려 줍니다.

4 프레젠테이션을 수정하는 것이 번거롭다면 다음과 같이 입력한 후 [보내기]를 클릭합니다.

> 이 프레젠테이션을 2개 슬라이드로 요약해.

5 잠시 기다리면 전체 프레젠테이션을 두 개의 슬라이드로 요약해 줍니다. 요약된 내용을 바탕으로 프레젠테이션을 재구성해 보세요.

TIP 시간 관리를 위해 전체 프레젠테이션을 요약해야 한다면 174쪽의 프레젠테이션 요약 실습을 참고하세요.

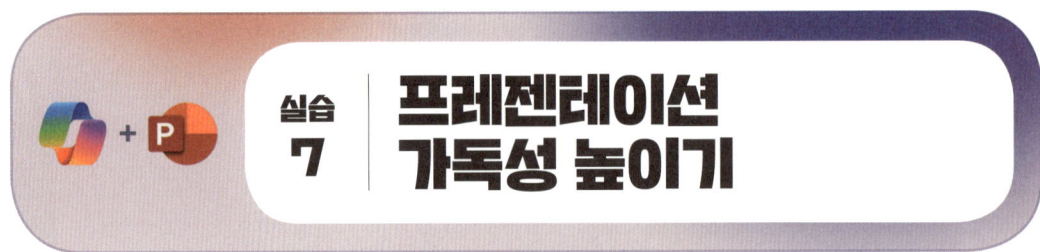

프레젠테이션의 내용을 그룹으로 묶거나 표로 재구성하면 가독성을 높일 수 있습니다. 이런 작업을 직접해야 한다면 많은 시간이 필요하겠지만, Copilot을 사용하면 전체 슬라이드를 재구성하거나 많은 텍스트를 빠르게 표로 정리할 수 있습니다. 이번에는 프레젠테이션의 가독성을 높이는 다양한 방법을 알아보겠습니다.

문장을 자연스럽게 변경하기

📎 예제7-1.pptx

아무리 중요한 정보가 담겨 있더라도 텍스트만 가득한 슬라이드는 가독성이 떨어져 전체 내용을 이해하기 어려울 수 있습니다. 이 경우, Copilot을 활용하면 많은 텍스트 중 핵심 내용만 간추릴 수 있습니다.

1 메뉴에서 [홈]-[Copilot]을 선택합니다.

2 Copilot 입력 창에 다음과 같이 입력한 후 [보내기]를 클릭합니다.

> 이 슬라이드를 항목별로 가독성 높게 정리해 줘.

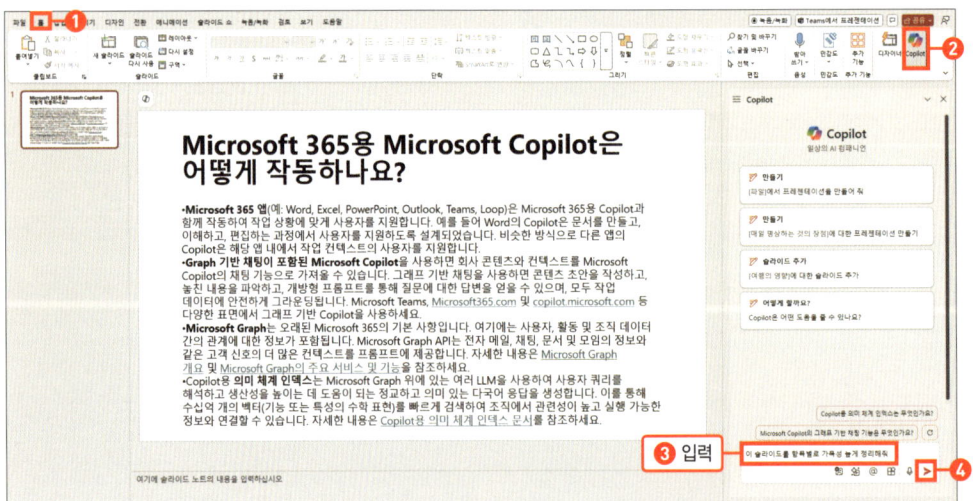

3 잠시 기다리면 Copilot이 프레젠테이션의 내용을 정리해 줍니다.

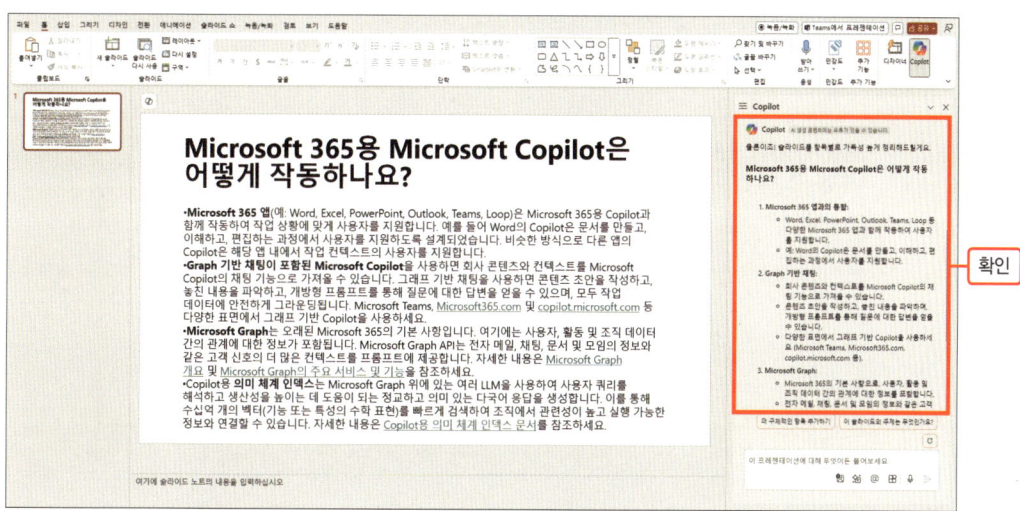

4 요약된 내용이 만족스럽지 않거나 좀 더 간결하게 수정하고 싶다면 Copilot 입력 창에 다음과 같이 입력한 후 [보내기]를 클릭하세요.

> 조금 더 간단하게 정리해 줘.

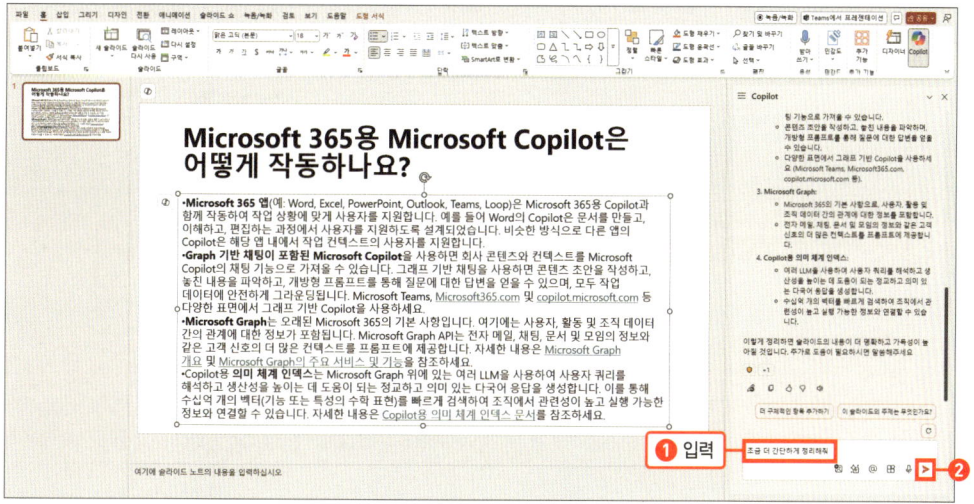

5 Copilot이 다음과 같이 간단하게 정리해 줍니다.

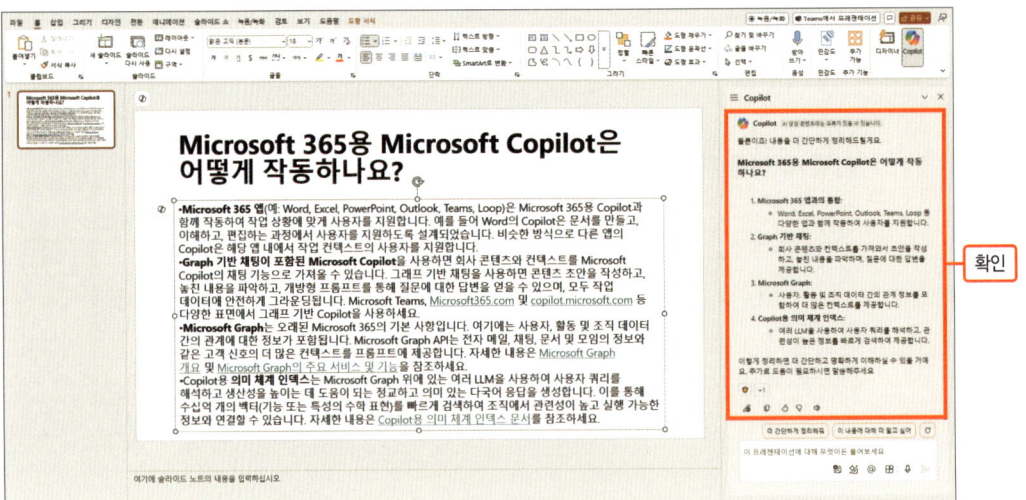

6 Copilot 창의 [복사] 를 클릭하여 답변을 복사한 후 슬라이드에 붙여 넣으면 텍스트로만 가득했던 슬라이드를 간단하게 재구성할 수 있습니다.

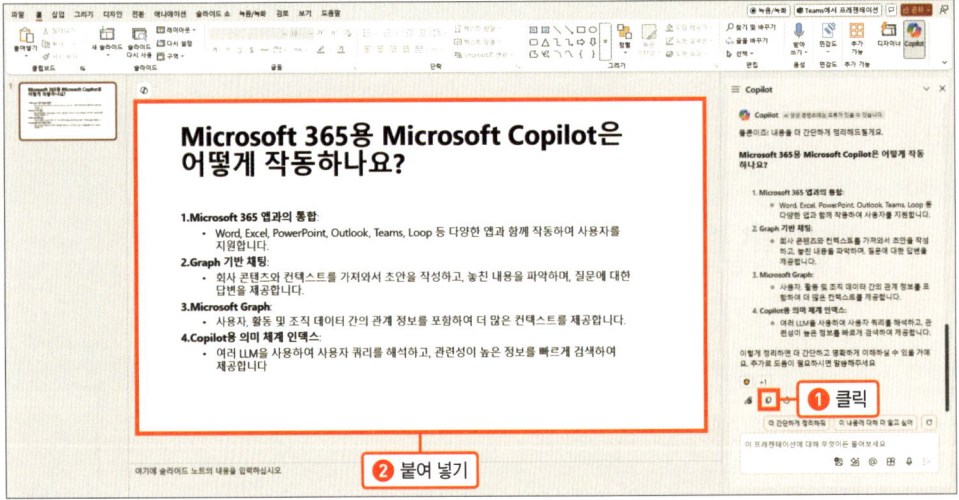

TIP Copilot을 활용하여 그림을 추가하거나 디자인을 변경하면 좀 더 가독성 높은 프레젠테이션을 완성할 수 있습니다. 이미지를 생성하는 방법은 179쪽, 디자인을 변경하는 방법은 190쪽을 참고하세요.

텍스트를 표로 가공하기

📎 예제7-2.pptx

Copilot을 활용하면 텍스트가 많은 슬라이드의 내용을 표로 구성할 수 있습니다. 이번에는 프레젠테이션의 가독성을 높이기 위해 슬라이드의 텍스트를 표로 가공해 보겠습니다.

1 메뉴에서 [홈]-[Copilot]을 선택합니다.

2 표로 구성할 슬라이드를 선택한 후 Copilot 입력 창에 다음과 같이 입력하고 **[보내기]**를 클릭합니다.

> 이 슬라이드의 내용을 표로 구성해.

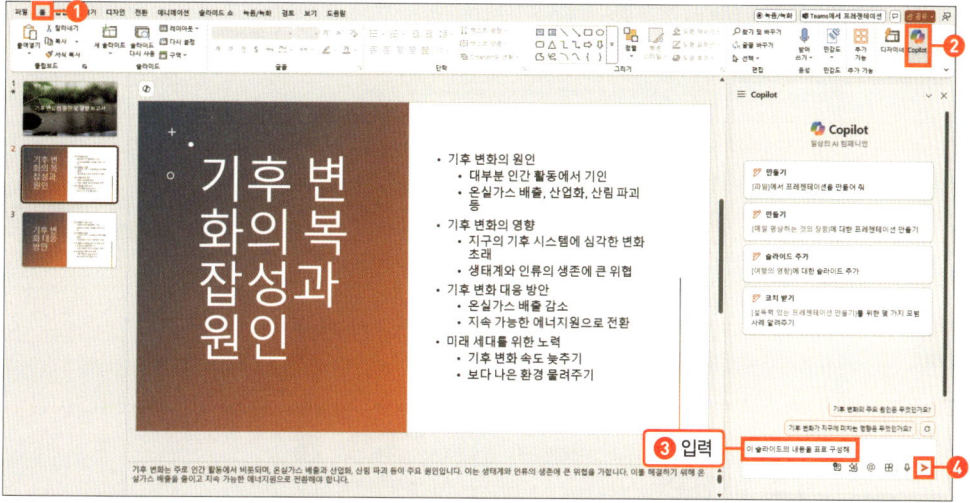

3 잠시 기다리면 Copilot이 선택된 슬라이드의 텍스트를 표로 정리해 줍니다.

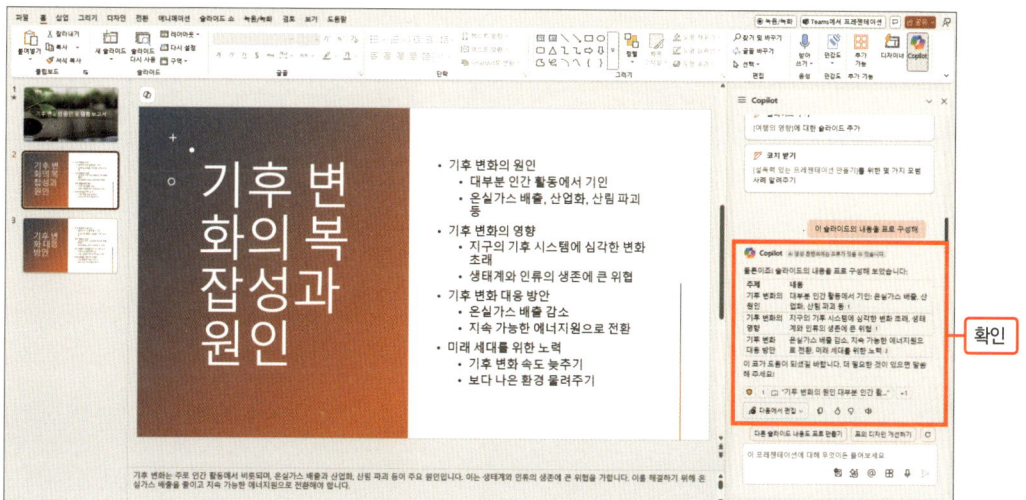

3장 파워포인트 Copilot 189

4 Copilot 창의 ▣를 클릭하여 답변을 복사한 후 슬라이드에 붙여 넣으면 Copilot 창이 디자이너 창으로 변경됩니다.

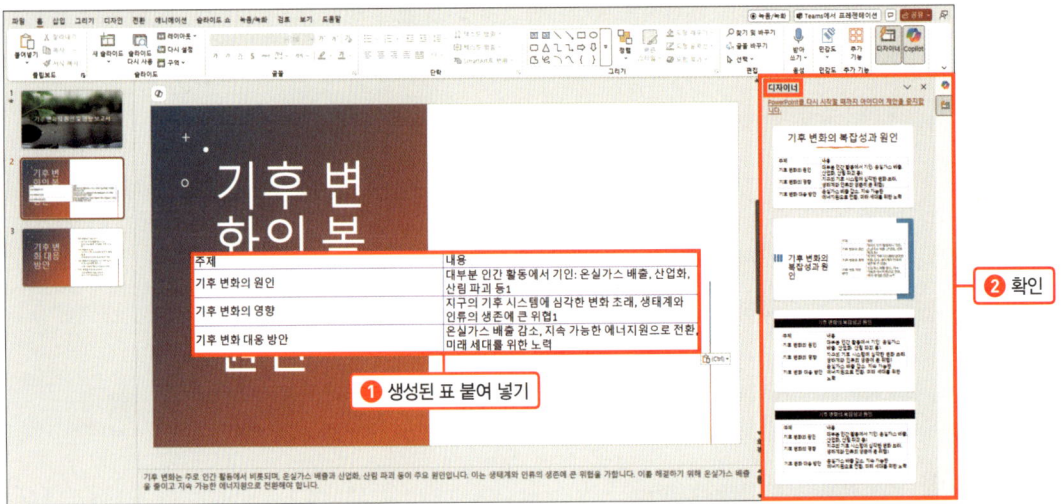

5 디자이너 창에서 원하는 표 디자인을 선택하면 스타일을 간단하게 변경할 수 있습니다.

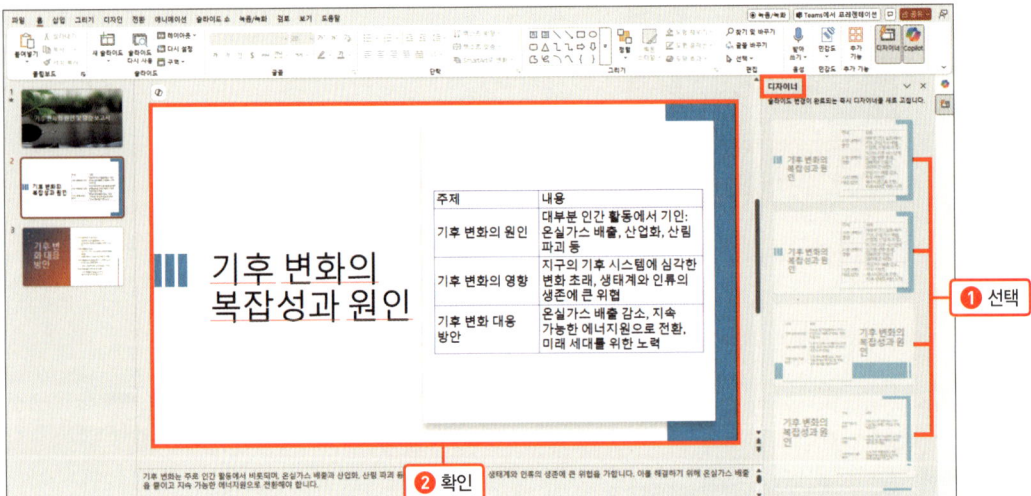

6 메뉴에서 Copilot을 선택한 후 [다음에서 편집]을 클릭하면 표로 정리된 내용을 워드나 엑셀에서 편집할 수도 있습니다. 요약된 표를 워드에서 가공하려면 [Word에서 편집]을 선택합니다.

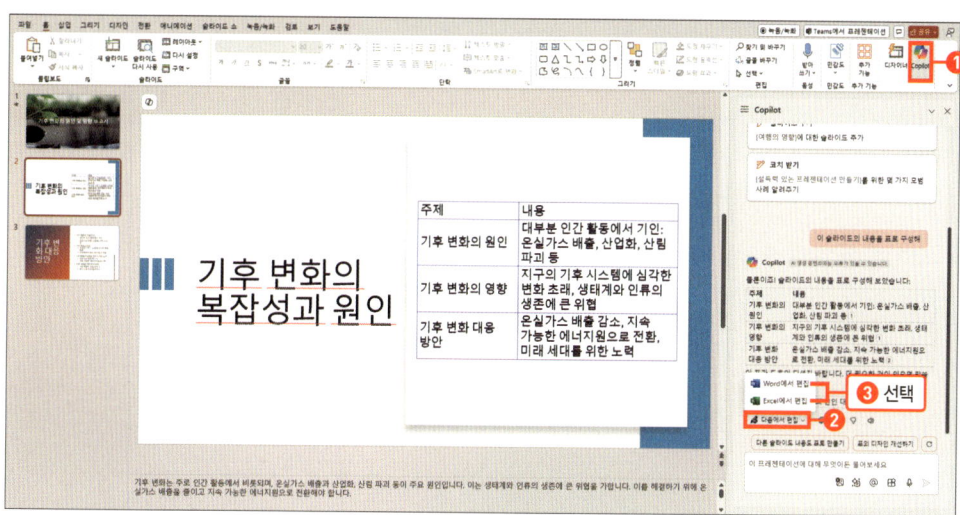

7 워드가 자동으로 실행되고 요약된 표가 표시됩니다. 바로 내용을 수정하거나 Copilot의 도움을 받아 보세요.

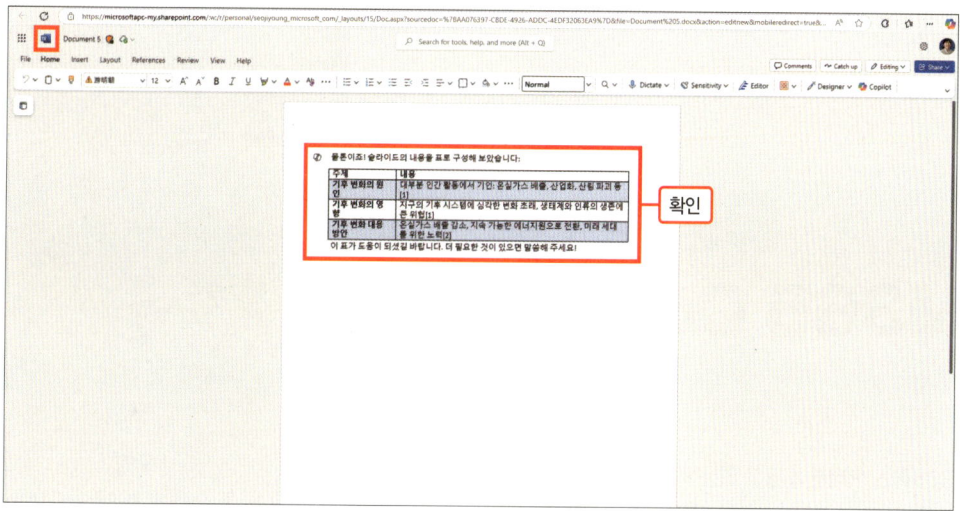

유용한 M365 Copilot 앱

M365에는 여러분이 알고 있는 엑셀, 워드, 파워포인트 외에 생산성을 향상해 주는 다양한 앱이 포함되어 있으며 M365 Copilot에서는 이 다양한 앱들에도 Copilot 기능을 제공합니다. 이번에는 특히 사용자들의 업무에 도움이 되는 앱을 중심으로 Copilot을 활용하는 방안을 알아보겠습니다.

실습 1 | 아웃룩 Copilot

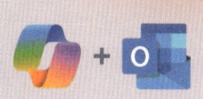

아웃룩 Copilot은 사용자가 이메일을 표준화된 형식으로 작성하도록 도와주며, 이메일을 보다 빠르게 작성하는 데 도움을 줍니다. 모바일 버전의 아웃룩에서 Copilot을 활용하면 이동 중이거나 짧은 시간 내에 답변을 작성할 수 있습니다. 아웃룩 Copilot은 클래식 아웃룩, 뉴 아웃룩, 모바일 아웃룩에서 모두 사용할 수 있으며, 이 책은 뉴 아웃룩을 바탕으로 작성되었습니다.

메일 초안 만들기

아웃룩 Copilot을 활용하면 깔끔하게 정리된 메일 초안을 손쉽게 작성할 수 있습니다. 메일을 작성할 때 인삿말, 본문, 맺음말이 잘 정돈된 메일은 받는 사람에게 예의 바르고 정중한 이미지를 전달합니다. Copilot은 이러한 형식을 갖춘 메일 초안을 제공하여 사용자의 메일 작성 부담을 덜어 줍니다. 다만, Copilot이 생성한 메일은 초안이므로 반드시 내용을 검토하고 필요한 부분을 수정한 후에 발송해야 합니다.

1 아웃룩을 실행한 후 메뉴에서 **[홈]-[새 메일]**을 선택합니다.

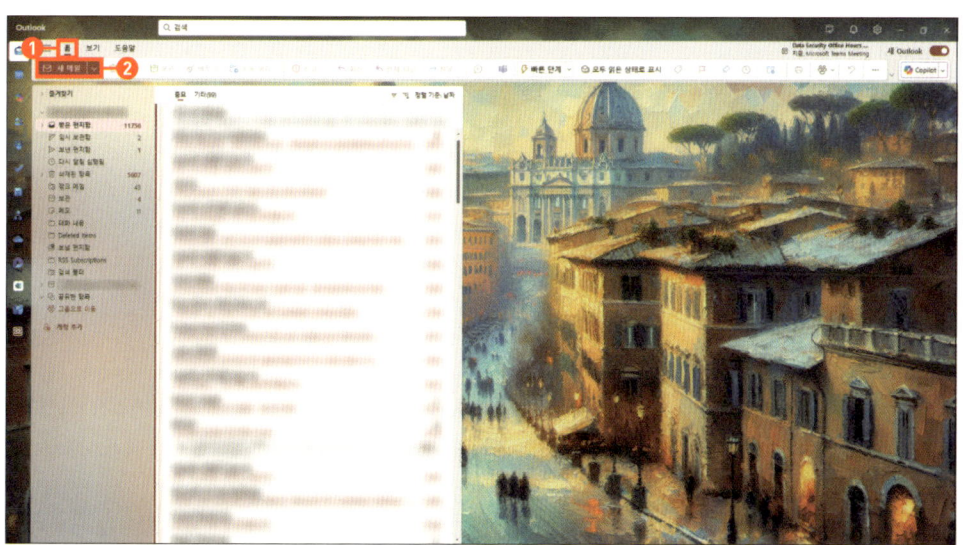

4장 유용한 M365 Copilot 앱 193

2 새 메일에서 [메시지]-[Copilot] ◎을 선택하면 [채팅], [코칭], [초안] 중 하나를 선택할 수 있습니다. 여기서는 [초안]을 선택하여 메일을 작성해 보겠습니다.

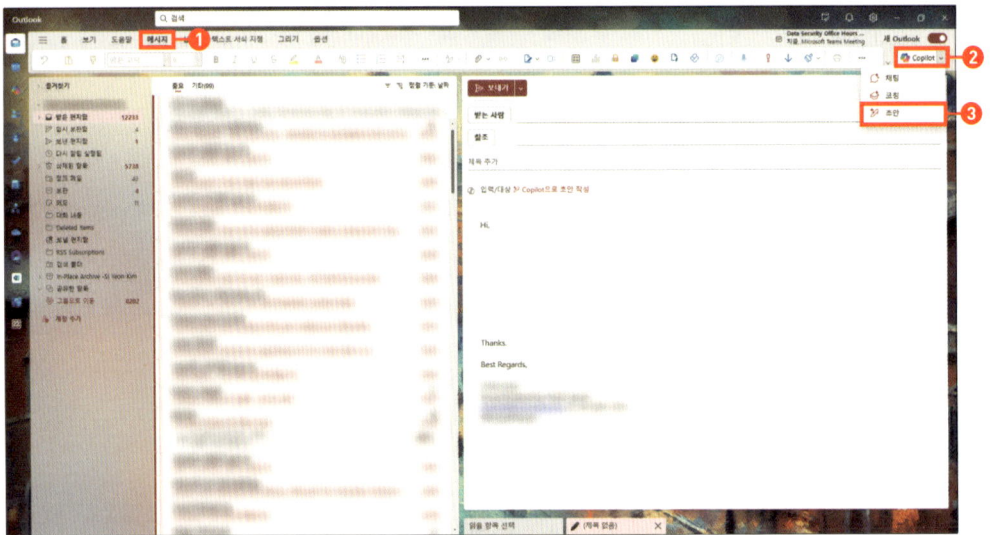

TIP [Copilot의 코칭]을 선택하면 사용자가 입력한 메일 내용을 검토하여 Copilot이 메일 초안을 보완할 수 있고 [채팅]을 선택하면 화면 오른쪽에 Copilot 창이 표시됩니다. [Copilot의 코칭]에 대한 좀 더 자세한 내용은 197쪽을 참고하세요.

3 Copilot 입력 창이 표시되면 간단하게 발송할 내용을 입력한 후 [생성] ◎을 클릭합니다.

▶ 크리스마스 점심 파티에 친구들을 초대하고 싶어. 장소는 우리 집, 시간은 오전 11시.

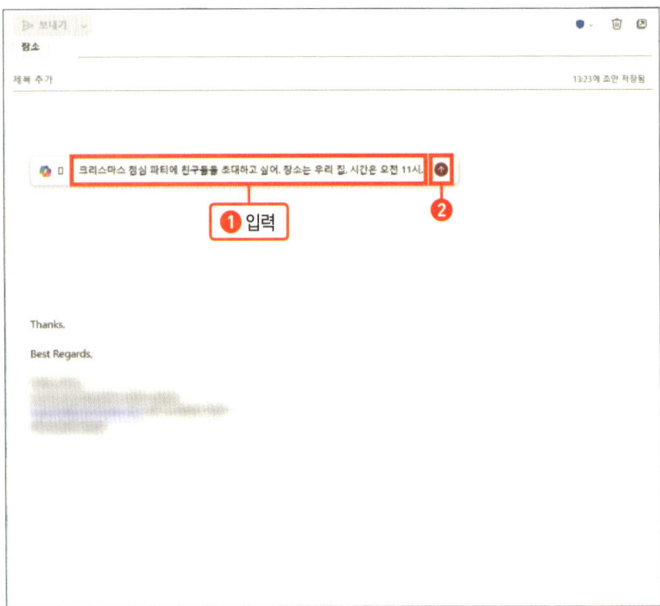

194

4 잠시 기다리면 Copilot이 메일의 초안을 작성해 줍니다.

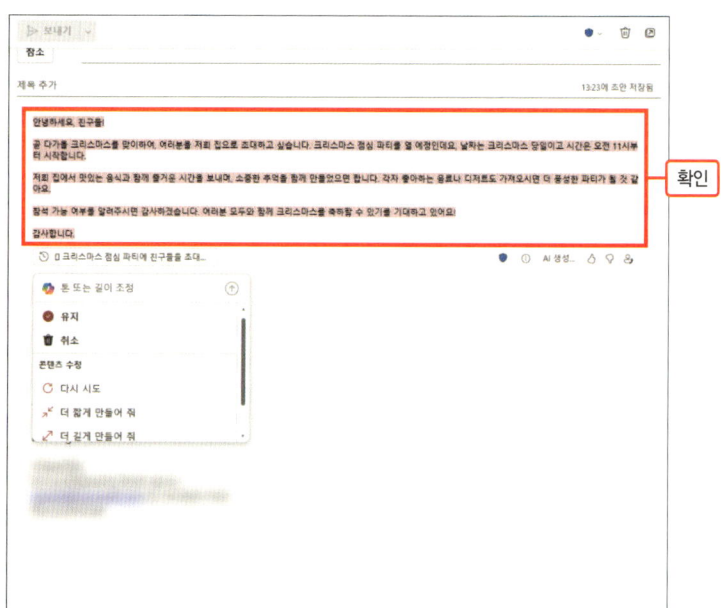

5 Copilot이 작성해 준 초안을 그대로 사용할 수도 있고 내용을 추가/수정할 수도 있습니다. 여기서는 [더 길게 만들어 줘], [격식있는]을 선택하여 초안을 수정했습니다.

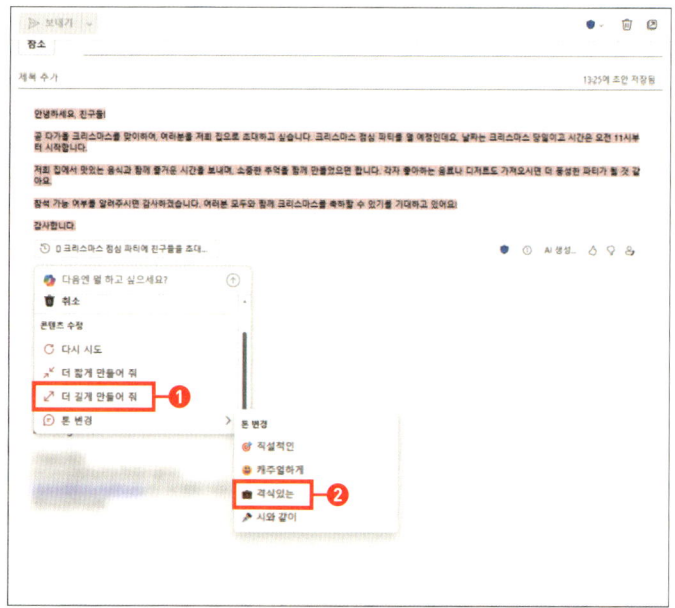

TIP 작성된 초안의 내용이 마음에 들지 않는다면 [다시 시도]를 선택하여 새로운 초안을 제안받을 수 있습니다.

6 메일 초안 중 중요한 내용을 원하는 형태로 수정할 수 있습니다. 다음과 같이 원하는 수정 사항을 입력한 후 [생성]을 클릭합니다.

▶ 시간과 장소를 불릿 형태로 표현해 줘.

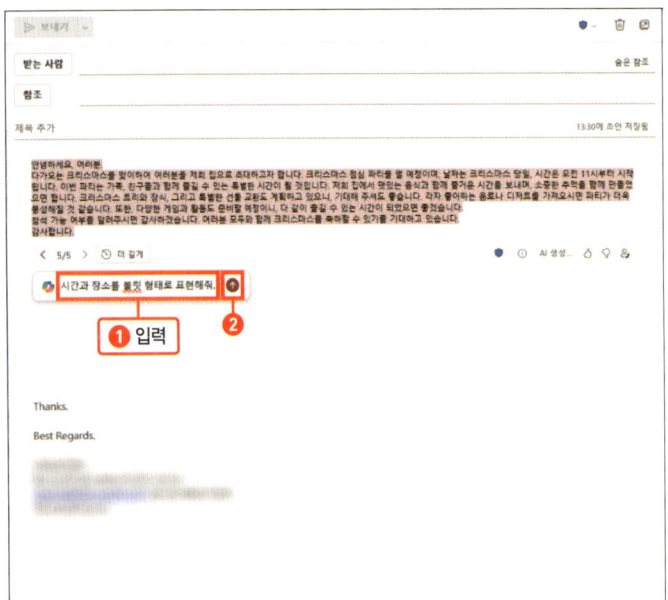

7 마음에 드는 초안이 작성되었다면 [유지]를 선택한 후 받는 사람 등을 입력하고 메일을 발송합니다.

메일 코칭받기

메일을 주고받다 보면 감정적으로 대응하거나 상대방에 대한 배려를 간과할 때가 있습니다. 하지만 한 번 발송한 메일은 되돌릴 수 없으므로 신중해야 합니다. Copilot은 사용자가 쉽게 이해할 수 있고 존중이 담긴 메일을 작성하는 데 도움을 줍니다. Copilot의 메일 코칭 기능을 활용하면 상대방을 배려하면서도 사용자가 원하는 메시지를 정확하고 효과적으로 전달할 수 있습니다.

1 아웃룩을 실행한 후 메뉴에서 [홈]-[새 메일]을 선택합니다.

2 [코칭] 기능을 사용하려면 최소 100자 이상의 메일을 작성해야 합니다. 메시지 창에 원하는 내용을 입력합니다.

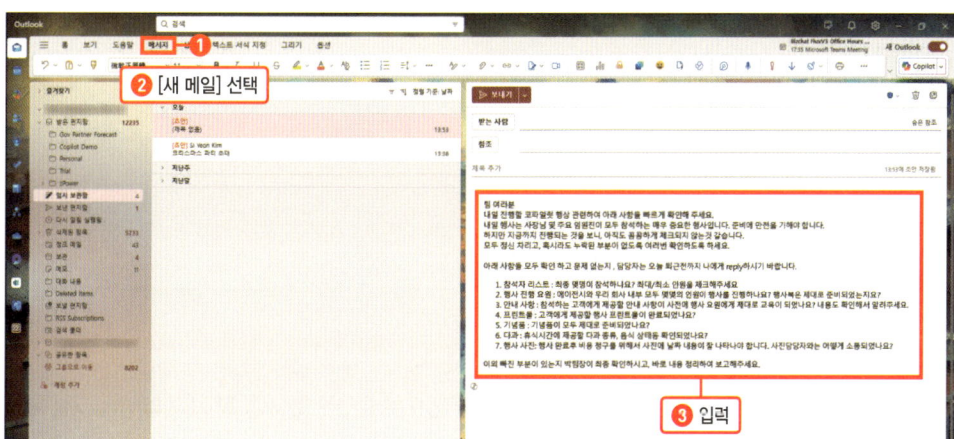

3 [Copilot]-[코칭]을 선택하면 메일 입력 창의 아래에 [Copilot의 코칭] 창이 표시됩니다. 여기서는 입력한 메일의 [어조], [읽는 사람의 감정], [명확도] 등을 선택하여 입력한 메일의 수정을 제안받을 수 있습니다. 원하는 수정 방향을 선택한 후 [모든 제안 적용]을 클릭하면 입력한 메일이 수정됩니다.

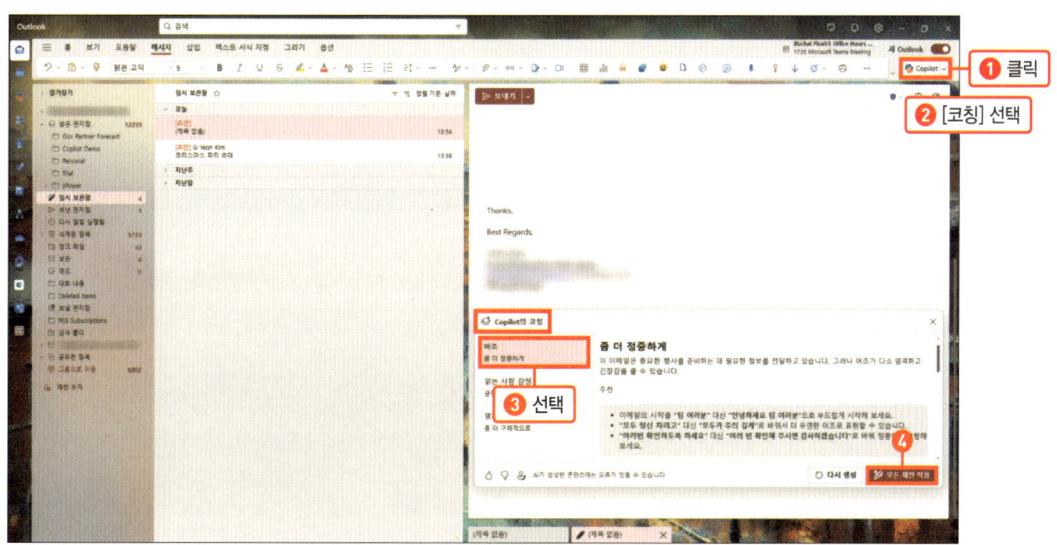

4장 유용한 M365 Copilot 앱　197

4 여기에서는 [어조]를 선택하여 입력한 메일이 좀 더 정중한 방향으로 수정되었습니다.

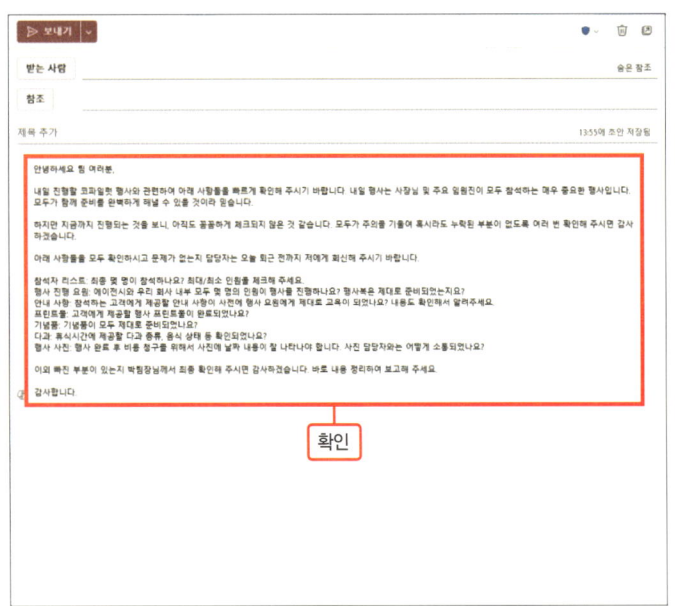

확인

메일 요약하기

아웃룩 Copilot은 긴 메일 대화의 핵심 내용을 빠르게 파악할 수 있도록 요약해 줍니다. 한 가지 주제에 대해 여러 번 메일을 주고받거나 내용이 복잡하면 이해하기 어려울 수 있습니다. 이때 Copilot의 메일 요약 기능을 사용하면 메일 내용을 더욱 신속하게 파악할 수 있습니다.

Copilot의 메일 요약 기능을 효과적으로 활용하려면 아웃룩의 레이아웃 설정을 변경하는 것이 좋습니다. 설정을 변경하지 않아도 메일 요약 기능을 사용할 수 있지만, 이 기능은 특정 주제와 관련된 모든 메일을 참고하여 요약할 때 좀 더 정확해지므로 동일한 주제로 주고받은 여러 메일을 하나로 그룹화하는 것이 효과적입니다.

1 아웃룩 메뉴에서 [설정] ⚙ 을 선택합니다.

클릭

2 [설정] 창의 [메일]-[레이아웃]에서 [메시지 구성]의 [메시지를 구성할 방식]을 [전자 메일을 대화별로 그룹화하여 표시]로 변경하고 [저장]을 클릭합니다.

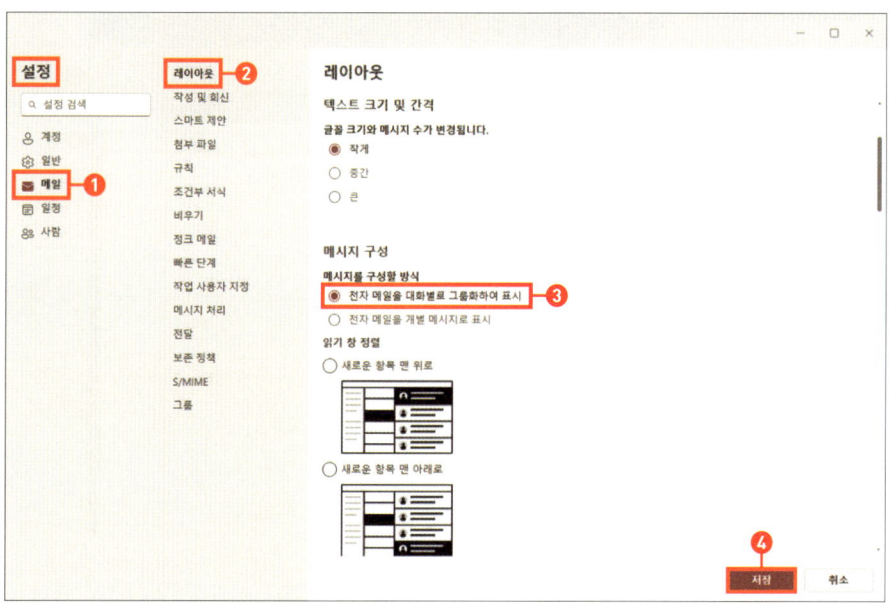

3 설정이 변경되면 특정 주제에 대해 주고받은 메일이 그룹화되어 표시됩니다.

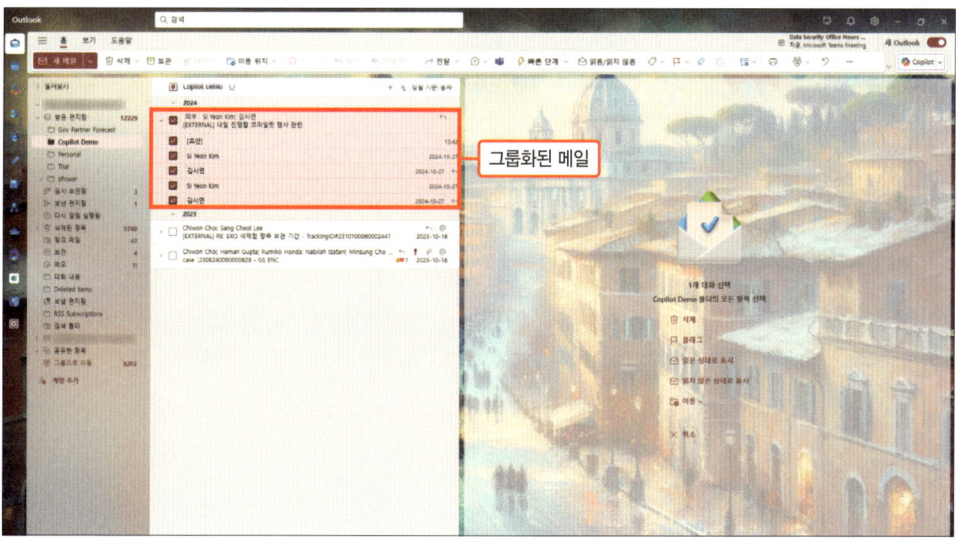

TIP 설정이 적용되지 않는다면 아웃룩을 다시 시작해 보세요.

4 이제 메일 요약 기능을 사용해 보겠습니다. 요약할 메일이 선택된 상태에서 [Copilot]-[요약]을 선택합니다.

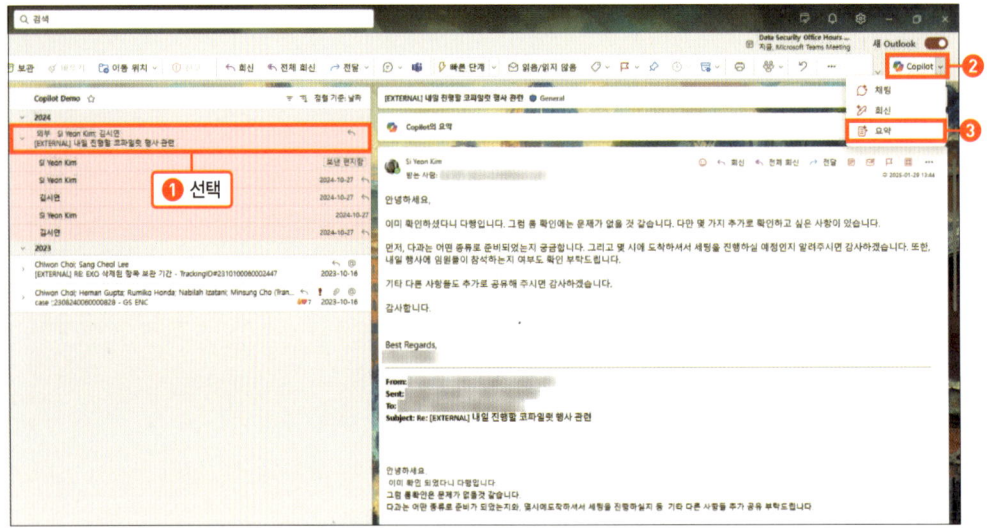

5 잠시 기다리면 Copilot이 메일을 요약해 줍니다. 다음은 Copilot 행사와 관련하여 담당 에이전 시와의 주고받은 메일로, 지금까지 주고받은 메일이 간략하게 요약된 것을 확인할 수 있습니다.

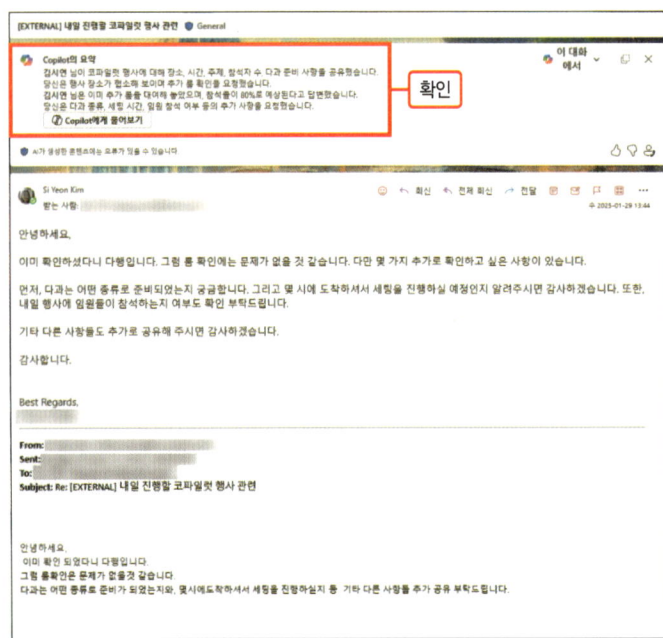

이렇게 Copilot의 요약 기능을 활용하면, 오랜 기간 동안 주고받은 메일의 핵심 내용을 빠르게 파악하여 신속하게 대응할 수 있습니다.

모바일에서 메일 요약하고 답장하기

모바일에서도 아웃룩 Copilot을 활용해 메일을 요약하거나 답장을 보낼 수 있습니다. 이동 중에 빠르게 답장을 작성해야 할 때 모바일 Copilot이 큰 도움이 됩니다. 모바일 아웃룩을 사용하는 경우, PC에서 사용하는 아이디로 로그인하면 Copilot이 자동으로 적용됩니다.

모바일 아웃룩은 안드로이드 버전과 아이폰 버전에 따라 다소 다를 수 있습니다. 이는 모바일 OS의 차이에 따른 것이지만, Copilot의 작동 방식과 결과는 동일합니다. 또한 아웃룩 메뉴 및 Copilot의 한글화는 모바일 기기의 기본 언어 설정을 따릅니다. 따라서 아웃룩 메뉴와 Copilot의 답변을 한글로 확인하려면 모바일 기기의 기본 언어를 한글로 설정해야 합니다.

1 모바일 아웃룩을 실행하면 화면 오른쪽 위에 Copilot 아이콘 이 표시됩니다.

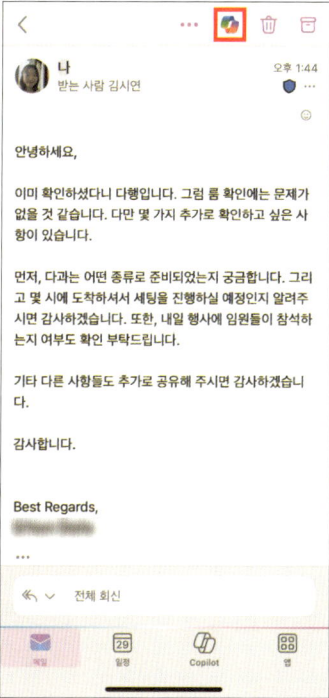

2 요약할 메일이 선택된 상태에서 Copilot을 탭하면 다음 그림과 같이 메일이 요약됩니다.

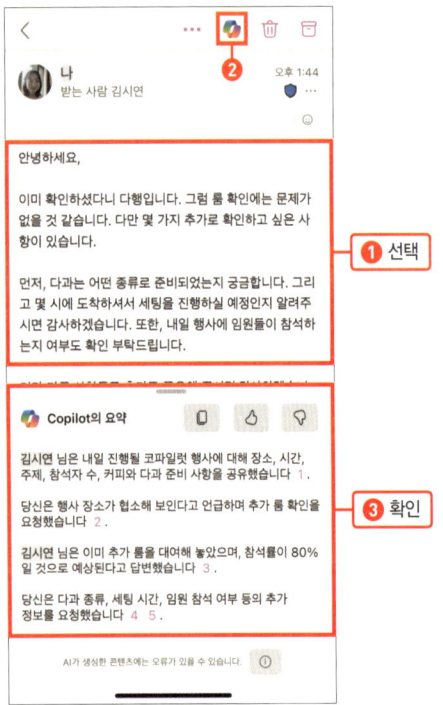

3 메일에 답장을 보낼 때도 Copilot을 활용할 수 있습니다. 화면 아래의 [회신]을 탭하면 답장 작성 창이 표시됩니다.

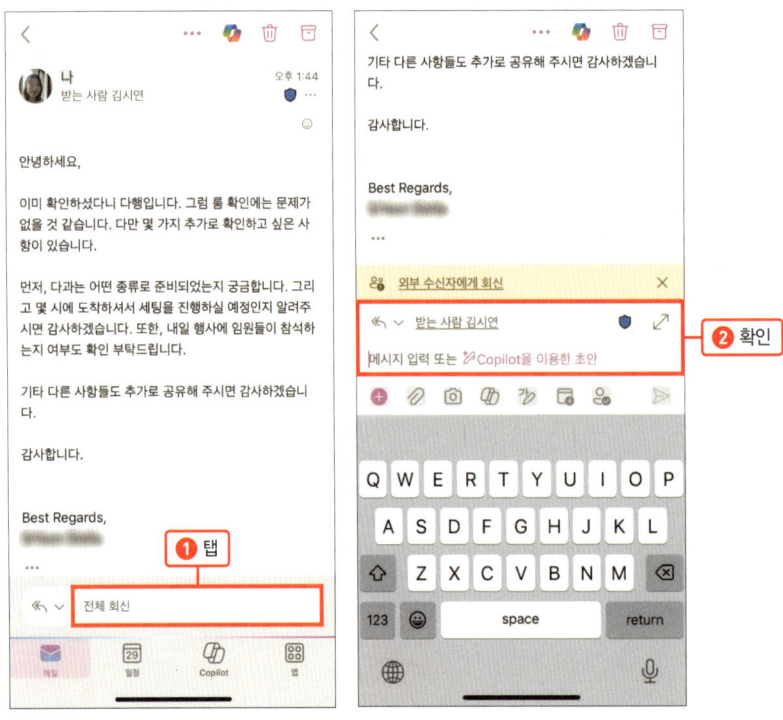

4 다음의 그림과 같이 간단하게 원하는 내용을 입력한 후 ➡를 탭합니다.

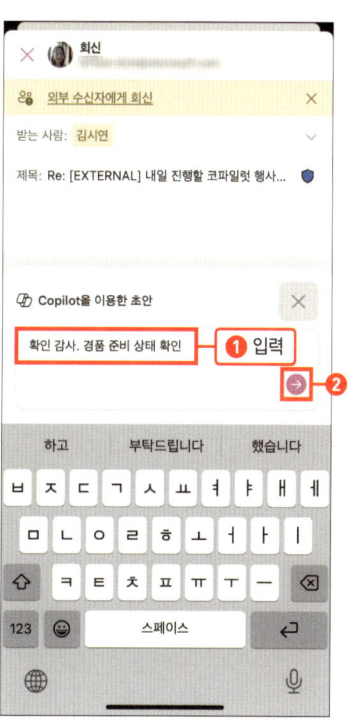

5 자동으로 메일 초안이 작성됩니다. Copilot이 생성한 초안은 지금까지 주고받은 메일을 기반으로 생성되며 사용자가 Copilot이 생성한 초안을 수정할 수도 있습니다. 생성된 초안을 사용하려면 [유지]를 탭하고 새로운 초안을 제안받으려면 [다시 생성]을 탭하면 됩니다.

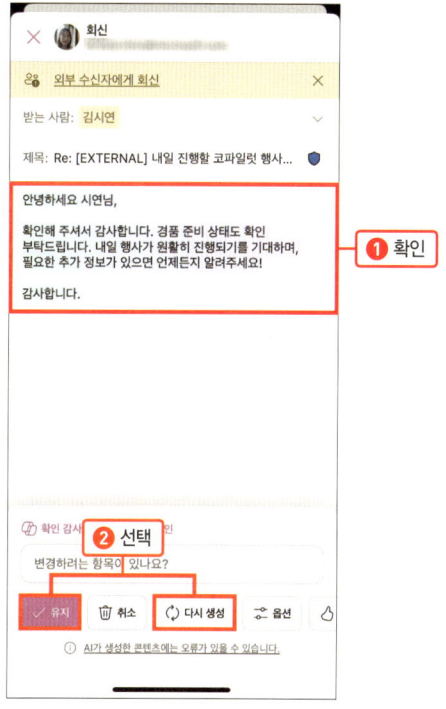

4장 유용한 M365 Copilot 앱 203

6 Copilot이 생성한 초안을 바탕으로 메일을 수정하면 답장을 간단하게 발송할 수 있습니다.

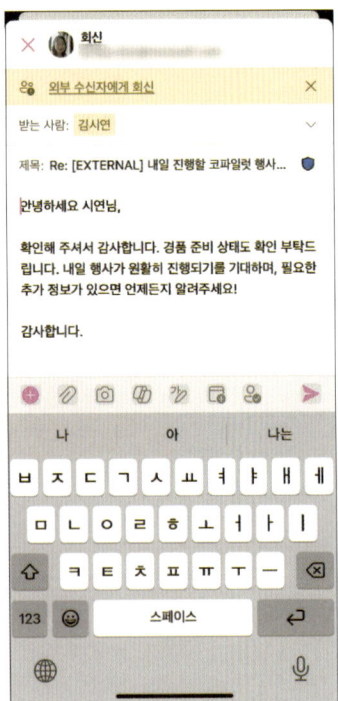

실습 2 | 원노트 Copilot

원노트는 전자 필기장 앱으로, 문서 정리, 노트 정리, 회의록 작성 등 다양하게 활용할 수 있습니다. 원노트 Copilot은 원노트에 생성된 콘텐츠를 쉽게 파악하고 이해하며, 생성하고 기억하는 데 도움을 줍니다. Copilot은 LLM과 원노트의 강력한 기능을 통해 **프롬프트와 맥락을 기반으로 관련성 있고 유용한 콘텐츠를 생성**할 수 있습니다. 이밖에 Copilot의 개방형 채팅 기능을 활용하여 무한한 아이디어를 실현하고 지능적인 응답을 얻을 수 있습니다.

→ 원노트 Copilot으로 필기 내용 요약하기

📎 예제1.one

원노트 Copilot은 기본 Copilot 기능에 더해 원노트 콘텐츠 생성, 요약, 문서 편집, 내용에 대한 질문 및 정리를 지원합니다. 원노트 메뉴의 [홈]-[Copilot]을 선택하면 화면 오른쪽에 Copilot 창이 표시되고, 작업 화면의 왼쪽에도 Copilot 아이콘이 표시됩니다. Copilot 창에서는 원노트의 내용과 웹 검색 결과를 반영하여 요청한 작업에 대한 답변을 제공합니다. 또한 Copilot 아이콘을 클릭하면 문서 요약, 일정 정리, 메모 재구성 등의 특정 작업을 요청할 수 있습니다.

TIP 생성형 AI의 특성상 결과가 책과 다르게 나타날 수 있습니다.

실습 예제는 Azure AI 서비스에 대한 설명을 원노트로 옮긴 것입니다. 이번에는 원노트 Copilot으로 메모한 내용을 요약하는 방법을 알아보겠습니다.

1 메뉴의 [홈]-[Copilot] 을 선택합니다.

2 Copilot 입력 창에 다음과 같이 입력한 후 [보내기] ▶를 클릭합니다.

> Azure AI 서비스가 무엇이고 어떤 나라에서 사용할 수 있는지 알려 줘.

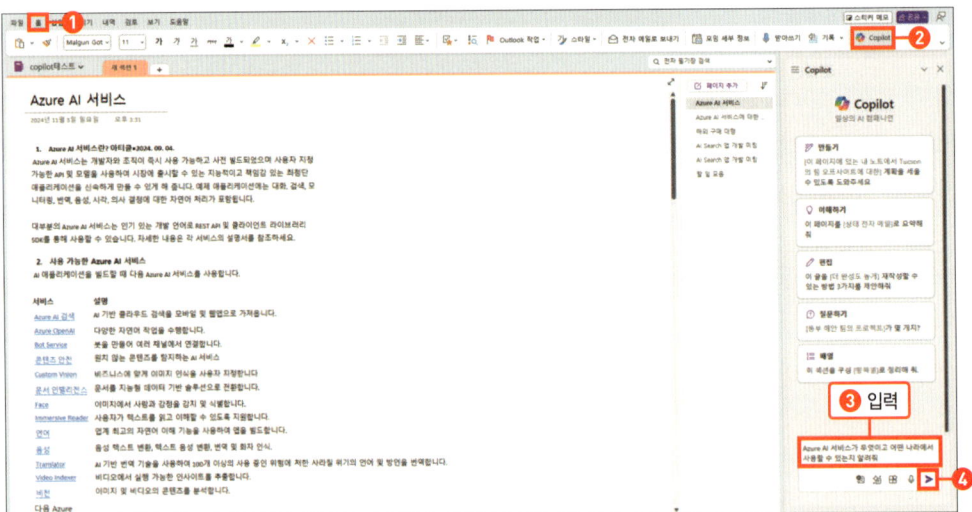

3 잠시 기다리면 답변이 생성됩니다. 답변의 각주를 확인하면 웹 페이지를 기반으로 답변이 생성된 것을 알 수 있습니다. 원노트 Copilot은 웹 기반의 답변을 바탕으로 원노트에 원하는 내용을 메모하는 것은 물론, 다양한 원노트 콘텐츠를 생성하고 분석할 수 있습니다.

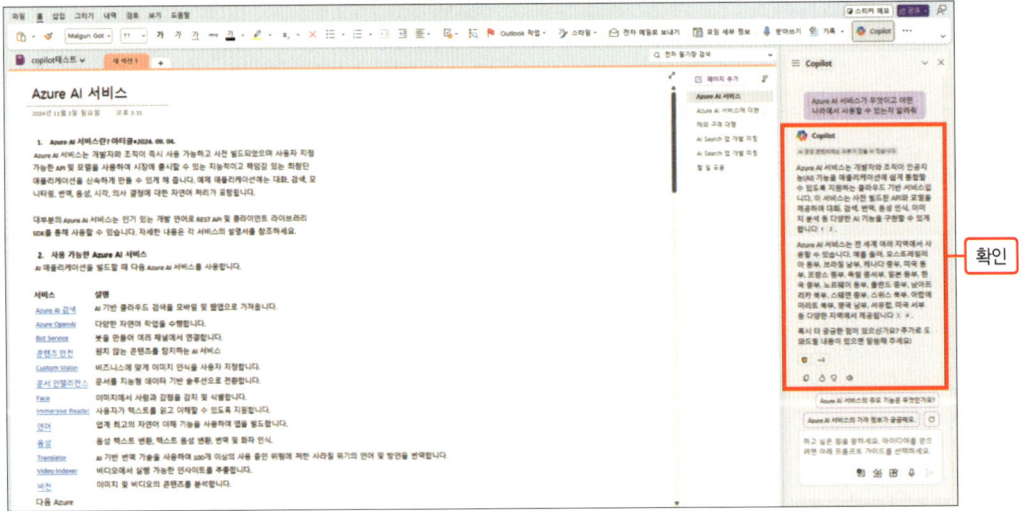

4 페이지 전체 내용을 요약 노트로 만들 수도 있습니다. 페이지 왼쪽을 클릭하면 표시되는 Copilot 아이콘 을 클릭한 후 [요약 페이지]를 선택합니다.

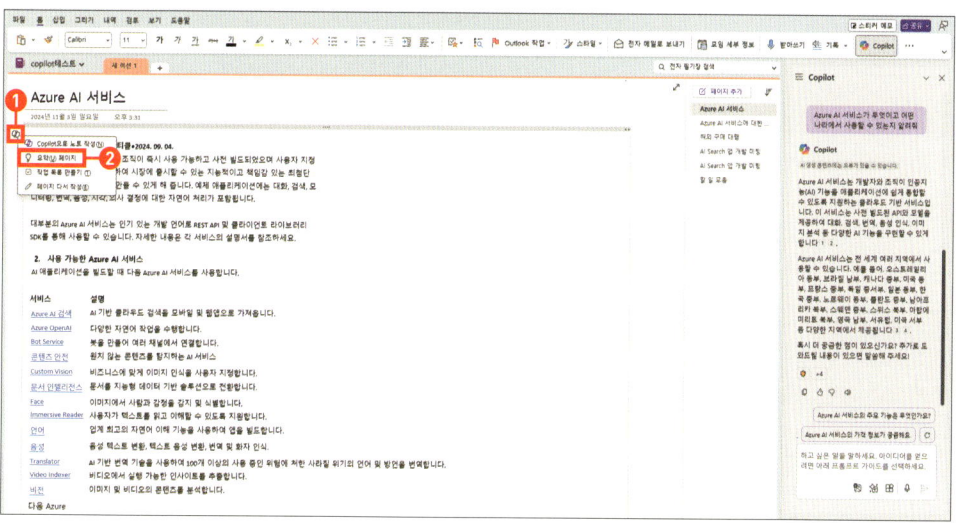

5 화면 아래의 [유지]를 클릭하면 페이지 전체 내용이 요약됩니다.

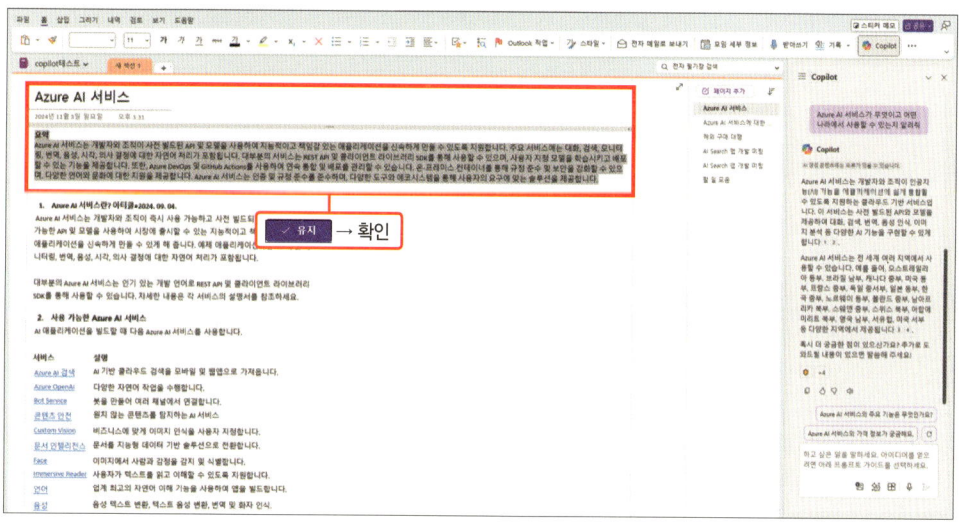

6 이번에는 원노트 페이지의 내용을 글머리 기호로 정리해 보겠습니다. Copilot 입력 창에 다음과 같이 입력한 후 [보내기]를 클릭합니다.

> 페이지의 내용을 글머리 기호로 요약해.

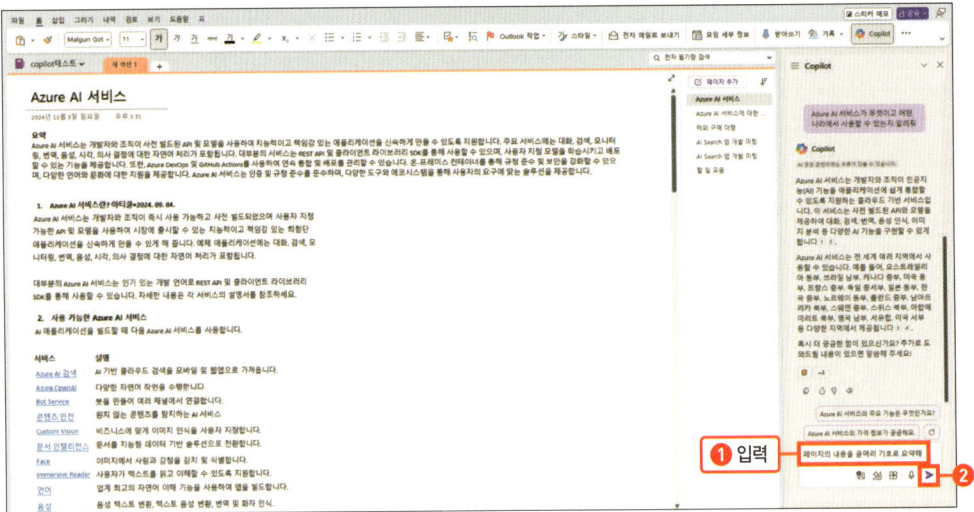

7 잠시 기다리면 Copilot이 페이지의 내용을 글머리 기호로 요약해 줍니다. 이렇게 원노트 Copilot을 활용하면 다양한 방법으로 콘텐츠를 생성하거나 요약할 수 있습니다.

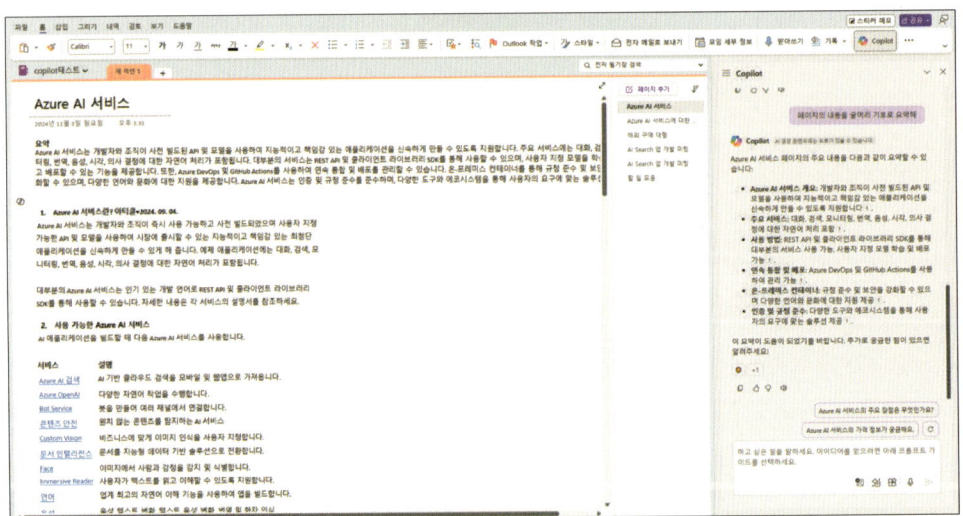

TIP Copilot 창을 구분선을 클릭하여 왼쪽으로 드래그하면 Copilot 창을 확대할 수 있습니다.

할 일 목록 만들기

원노트 Copilot을 활용하면 친구의 생일 파티, 미팅 전 사전 준비 등 다양한 계획의 초안을 작성할 수 있습니다. 이번에는 원노트 Copilot을 활용하여 계획의 초안을 작성하는 방법을 알아보겠습니다.

1 원노트를 실행한 후 새 페이지를 생성합니다.

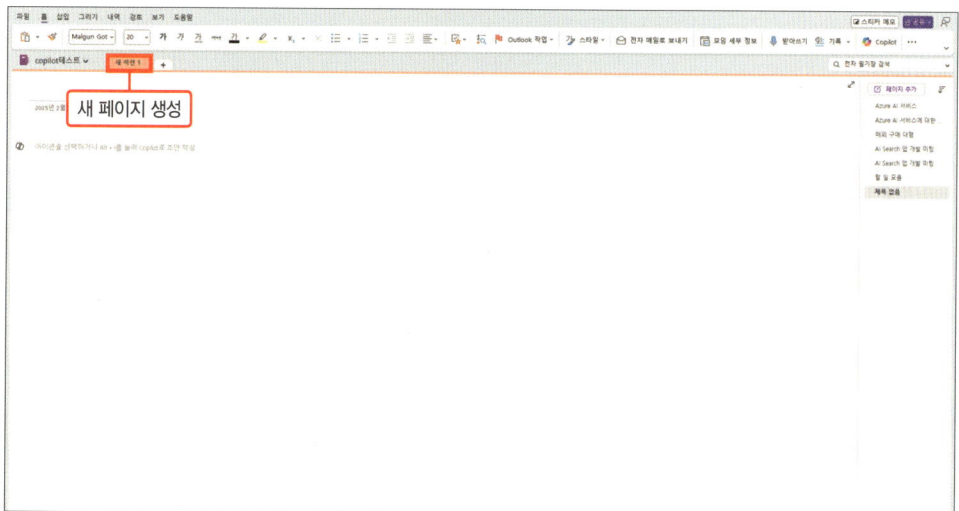

2 페이지의 빈 화면에 표시되는 Copilot 아이콘 을 클릭하면 Copilot 입력 창이 나타납니다.

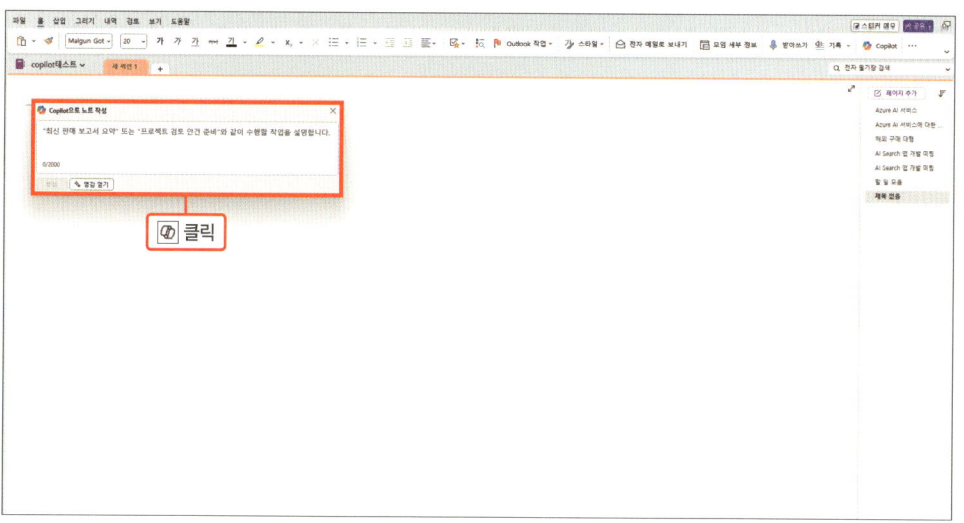

4장 유용한 M365 Copilot 앱 209

3 Copilot 입력 창에 다음과 같이 입력한 후 [생성]을 클릭합니다.

> 친구의 생일 파티 계획을 세워 줘.

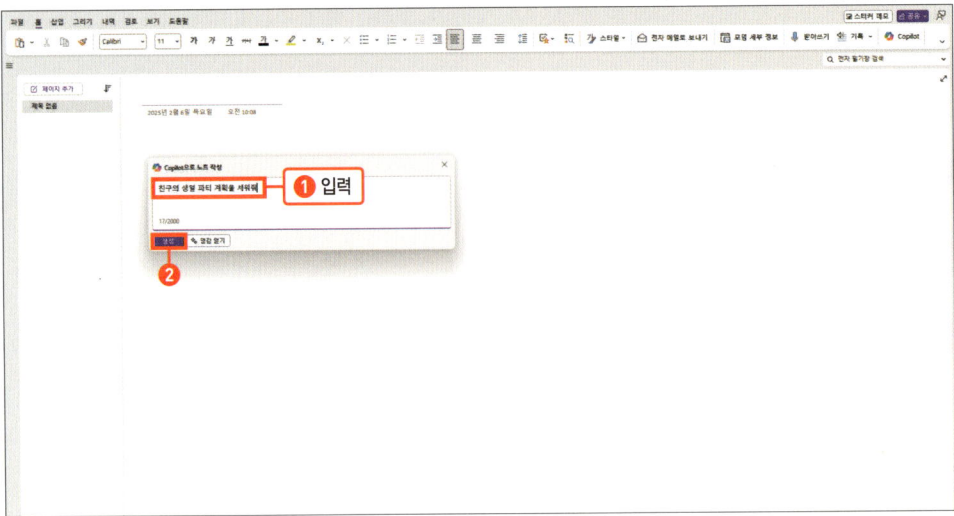

4 잠시 기다리면 Copilot이 파티 계획의 초안을 작성해 줍니다. Copilot이 생성한 초안이 마음에 들지 않는다면 [새로 생성] 을 선택하여 새로운 초안을 생성할 수 있습니다. 여기서는 [유지]를 선택했습니다.

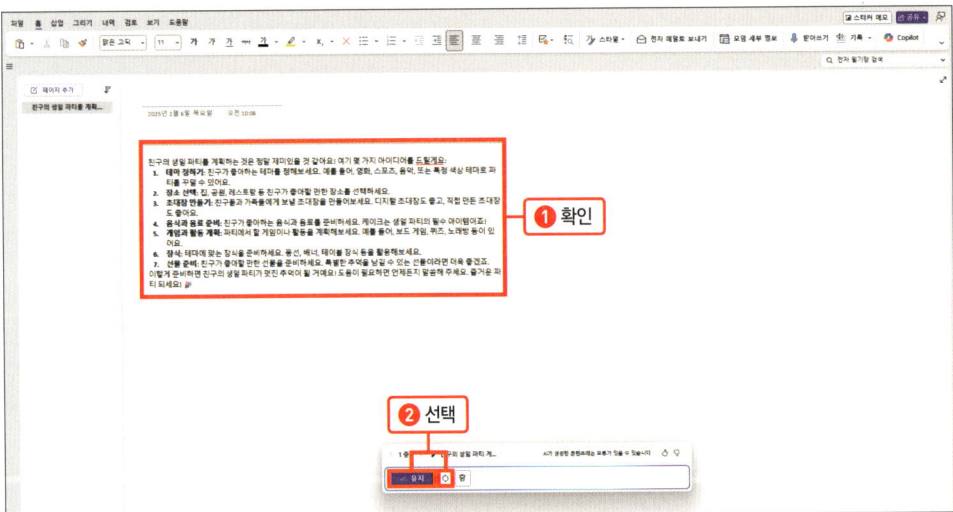

5 이번에는 Copilot이 작성해 준 초안을 바탕으로 구체적인 할 일 목록을 만들어 보겠습니다. 페이지의 모든 내용을 선택한 후 Copilot 아이콘 을 클릭하면 제안 항목이 표시됩니다. 선택한 내용을 바탕으로 할 일 목록을 만들 것이므로 [**작업 목록 만들기**]를 선택합니다.

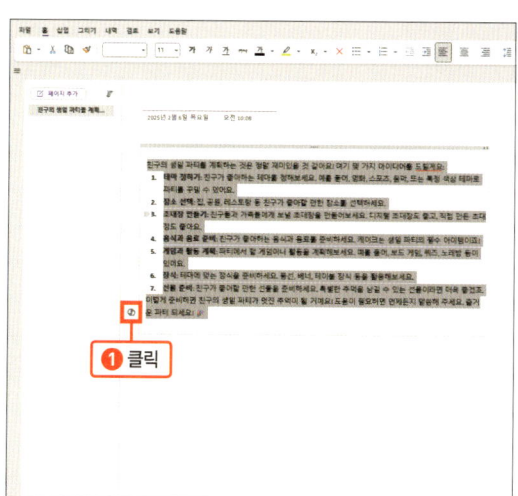
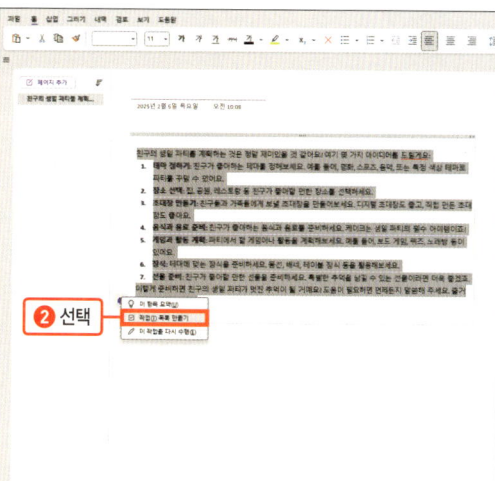

6 잠시 기다리면 Copilot이 할 일 목록을 만들어 줍니다.

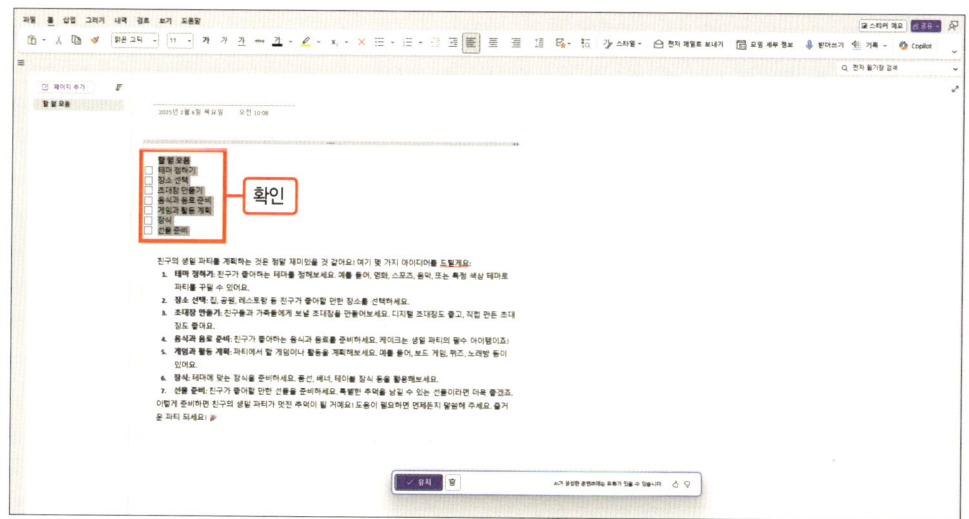

미팅 메모를 바탕으로 프로젝트 초안 만들기

📎 예제2.one

실습 예제는 AI Search 앱 미팅 중 주요 사항을 원노트에 메모한 것입니다. 이번에는 미팅 메모를 바탕으로 프로젝트 초안을 만드는 방법을 알아보겠습니다.

1 메뉴의 [홈]-[Copilot] 을 선택합니다.

2 Copilot 입력 창에 다음과 같이 입력한 후 [보내기] ▶를 클릭합니다.

> 프로젝트 계획 보고서 초안을 작성해. 프로젝트 계획을 만드는데 도움이 되도록 고객 피드백을 참고해.

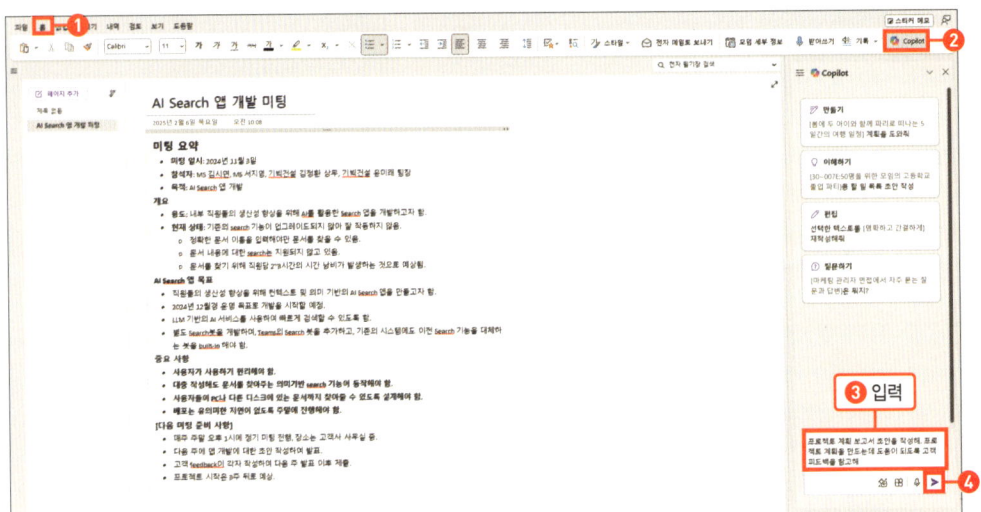

3 잠시 기다리면 Copilot이 프로젝트 초안을 작성해 줍니다.

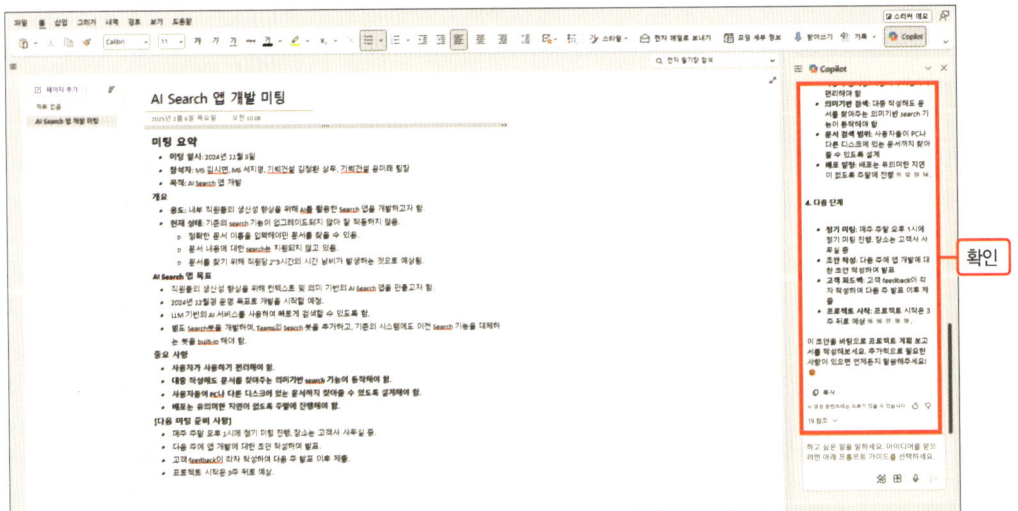

4 Copilot이 생성한 초안을 새 페이지로 옮긴 후 내용을 보강하면 프로젝트 초안을 간단하게 완성할 수 있습니다.

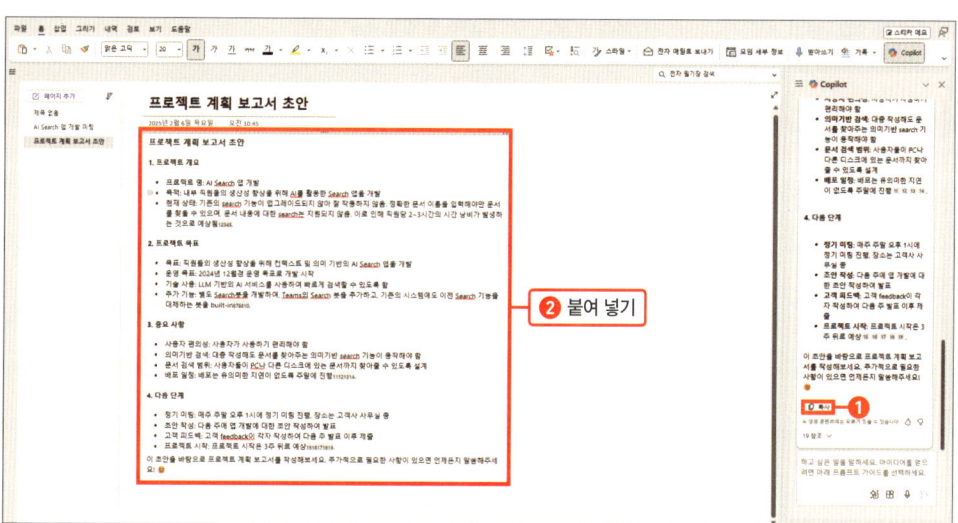

실습 3 | 루프 Copilot

루프는 M365에 추가된 생산성 앱으로, 일련의 업무를 수행할 때 콘텐츠와 작업을 통합하는 혁신적인 공동 작업 환경을 제공합니다. 루프는 강력하고 유연한 캔버스를 제공하며, M365 앱스와 자유롭게 오가면서 동기화할 수 있어 팀이 함께 사고하고, 계획하고, 창작하는 데 도움을 줍니다. 또한 업무를 창의적으로 구상하고 실현하며 동료와 쉽고 빠르게 협력할 수 있는 효율적인 업무 공간을 제공합니다.

루프는 아직 단독 앱으로는 제공되지 않으므로 웹 페이지(https://loop.cloud.microsoft)에서 사용하거나 팀즈의 웹 버전에서 사용할 수 있습니다. 사용자의 환경에 따라 메뉴 이름이 다를 수 있습니다. 여기서는 영어 화면을 기준으로 설명하며, 한글 메뉴와 영어 메뉴를 병기합니다.

TIP M365 라이선스에 따라 루프 Copilot이 제공되지 않거나 한글 메뉴를 지원하지 않을 수 있습니다. 좀 더 구체적인 사항은 구독 중인 M365 라이선스 정보를 참고하세요.

→ 루프의 세 가지 요소

루프 '구성 요소'는 공유되는 모든 위치에서 동기화 상태를 유지하는 이식 가능한 콘텐츠입니다. 루프의 장점은 콘텐츠를 팀즈, 아웃룩 등에 이식할 수 있다는 것입니다. 다음 그림처럼 루프의 구성 요소를 복사한 후 Copilot Chat이나 메일에 붙여 넣으면 공유받은 사용자의 루프에 바로 이식되어 내용을 업데이트하지 않아도 공동 작업을 시작할 수 있습니다. 이렇게 이식된 구성 요소는 공유받은 사용자들이 편리한 형태로 협업을 진행할 수 있습니다.

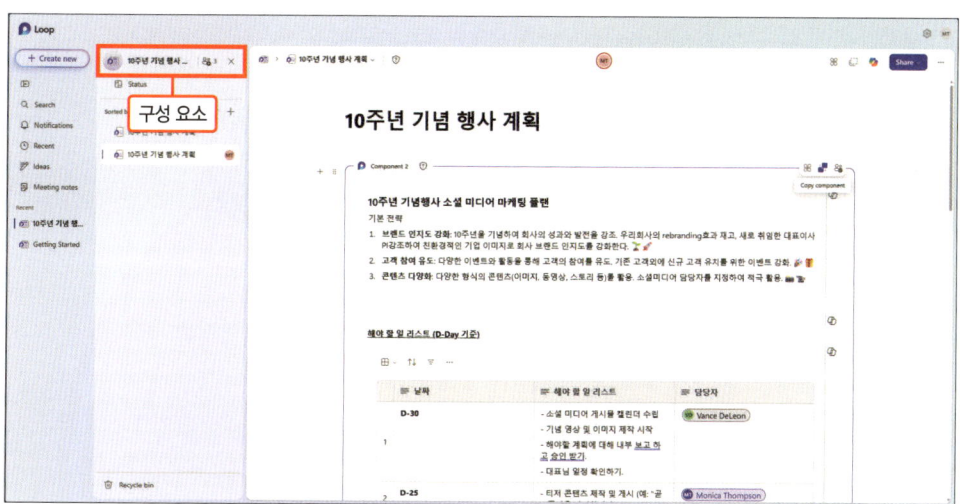

'페이지'는 아이디어의 크기에 맞게 계속 확장할 수 있습니다. 페이지는 M365에서 링크나 구성 요소로 공유할 수 있으며 Copilot Chat의 페이지에서 함께 편집할 수도 있습니다.

[+새로 만들기]를 클릭하면 새로운 작업 영역이 생성됩니다. 작업 영역은 사용자와 협업하는 사용자가 모든 항목을 살펴보고 그룹화할 수 있는 공유 공간으로, 모든 사용자가 작업 중인 내용을 쉽게 파악하고 진행 상황을 추적할 수 있습니다. 작업 영역은 루프에서 가장 높은 단위이며, 사용자의 기준에 따라 작업 영역을 새롭게 만들고, 작업 영역 아래에 페이지와 구성 요소를 추가할 수 있습니다.

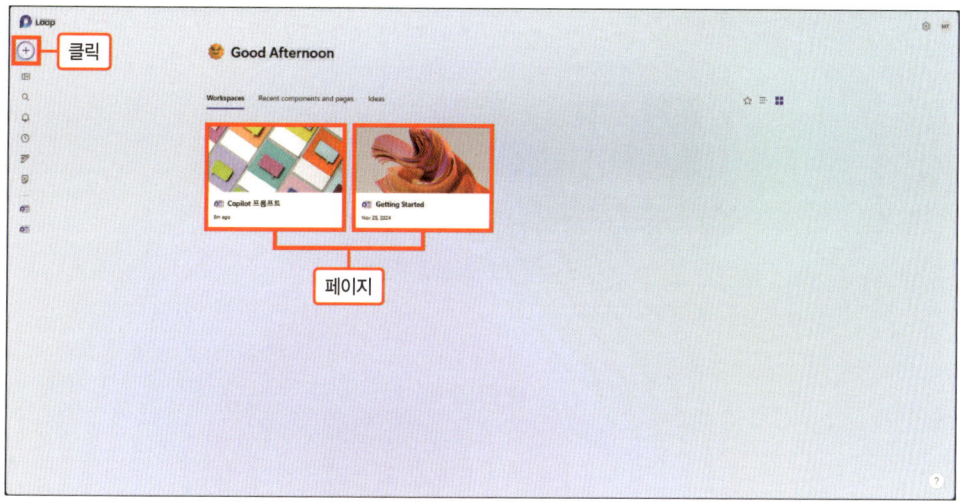

TIP 루프의 기본 사용법은 Microsoft에서 제공하는 공식 학습 가이드(https://www.microsoft.com/ko-kr/microsoft-loop)를 참고하세요.

계획 초안 만들고 협업하기

1. 루프 시작 화면에서 [+(새로 만들기)]-[새 작업 영역(New workspace)]을 선택합니다.

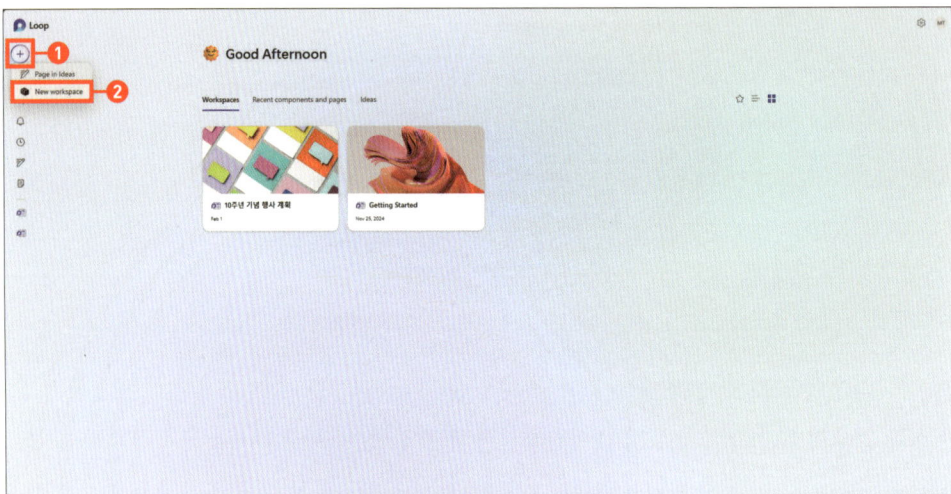

2. [새 작업 영역 만들기(Create a new workspace)]에서 작업 영역의 제목을 입력한 후 [만들기(Continue)]를 클릭하고 페이지의 제목을 입력합니다. 여기서는 '10 주년 기념행사 계획'을 입력했습니다.

3 2 에서 생성한 작업 영역을 선택합니다.

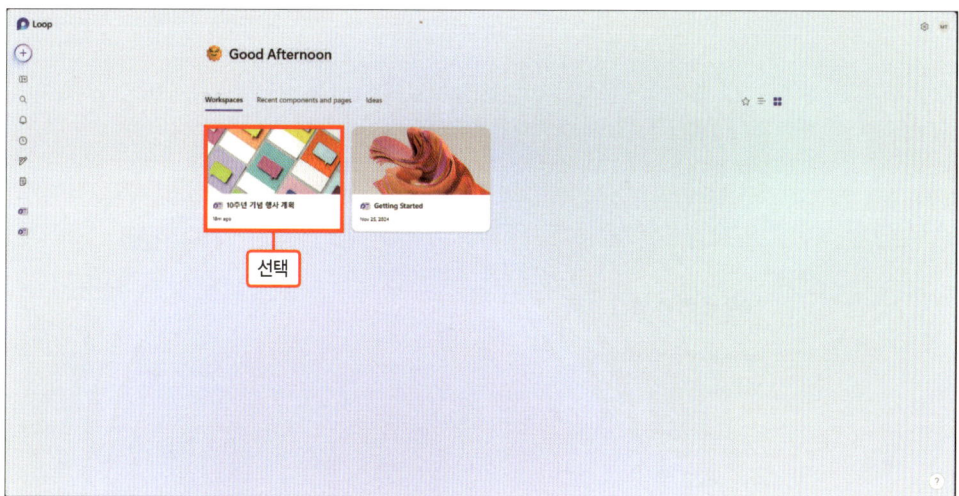

4 [+새 페이지 만들기(Create new)]를 클릭하면 선택한 작업 영역에 새 페이지가 생성됩니다.

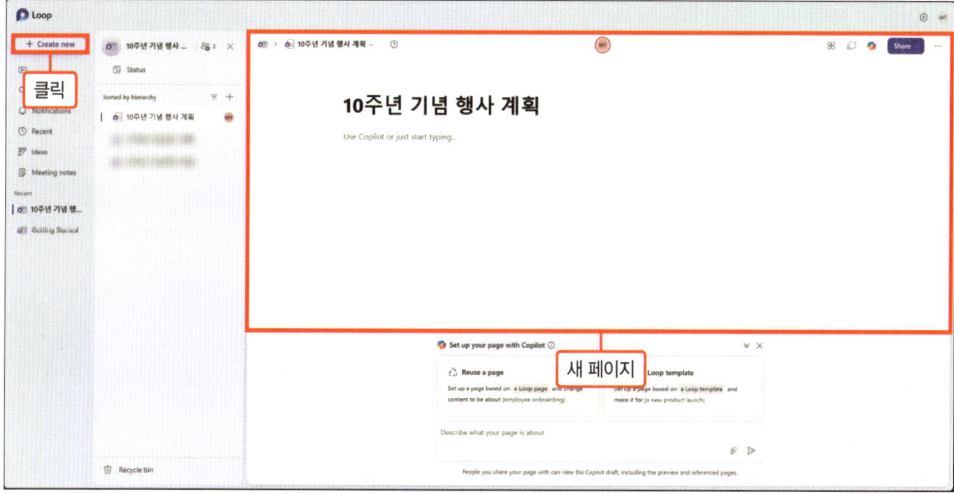

5 Copilot 아이콘 을 클릭한 후 Copilot 입력 창에 다음과 같이 입력하고 [보내기] 를 클릭합니다.

> 회사 10주년 기념 행사를 계획 중이야. 소셜 미디어에 게시할 전체 계획을 기획해 줘. 기존 전략이 있어야 하며 할 일 목록과 내용, 소셜 미디어 캘린더를 D-Day 기준으로 정리해 줘.

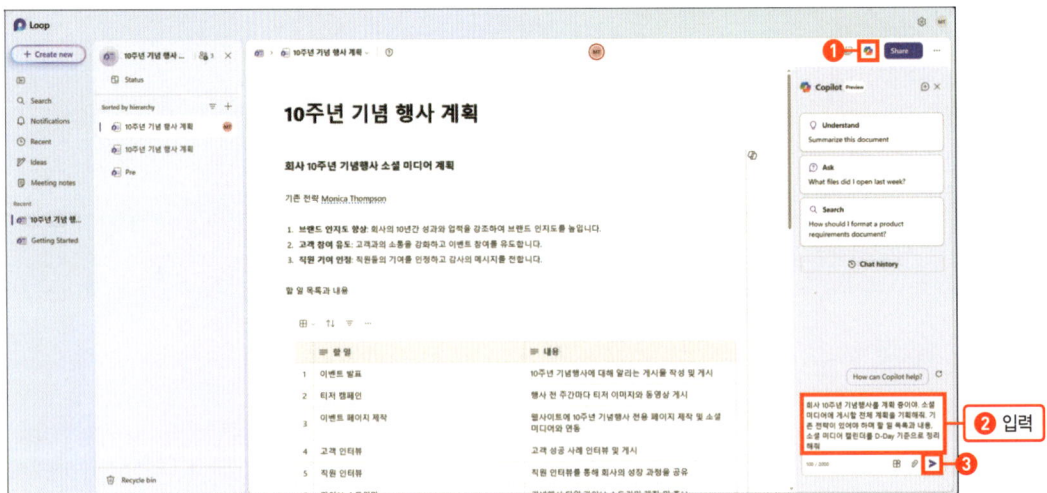

6 잠시 기다리면 Copilot이 요청한 내용을 생성해 줍니다.

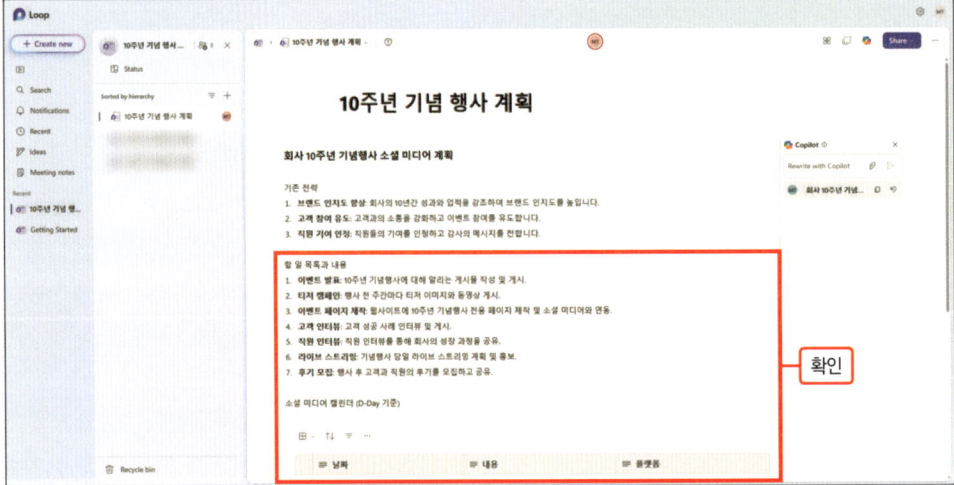

7 페이지에서 '@'를 입력하면 페이지를 공유할 대상을 선택할 수 있습니다. '@'를 입력하면 최근 함께 협업한 사용자의 목록이 표시되며, 목록에 없는 사용자와 공유하려면 해당 사용자의 메일 주소를 직접 입력해야 합니다. 페이지를 공유받은 사용자에게는 현재 페이지에 대한 편집 권한이 부여되며, 공유한 페이지를 공동 편집할 수 있습니다.

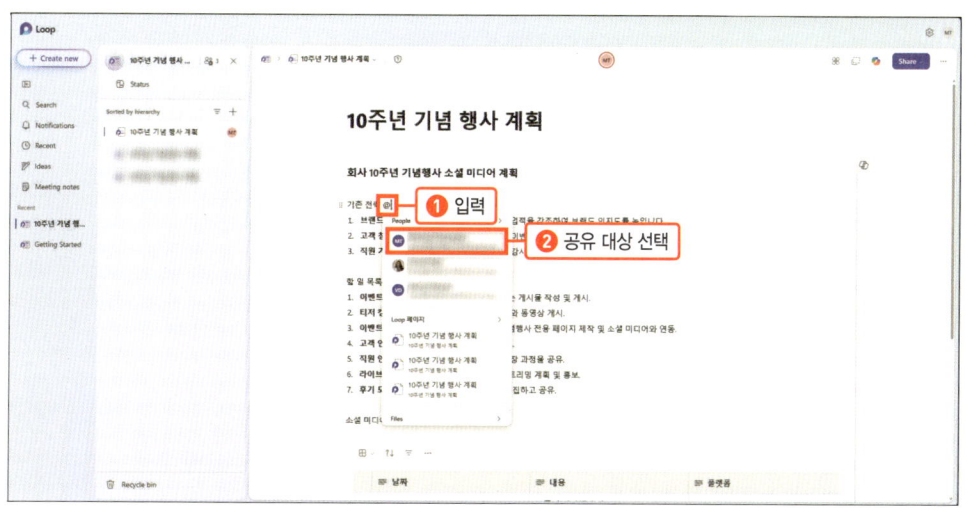

8 페이지의 [Loop 구성 요소로 복사]를 클릭하여 링크로 페이지를 공유할 수도 있습니다.

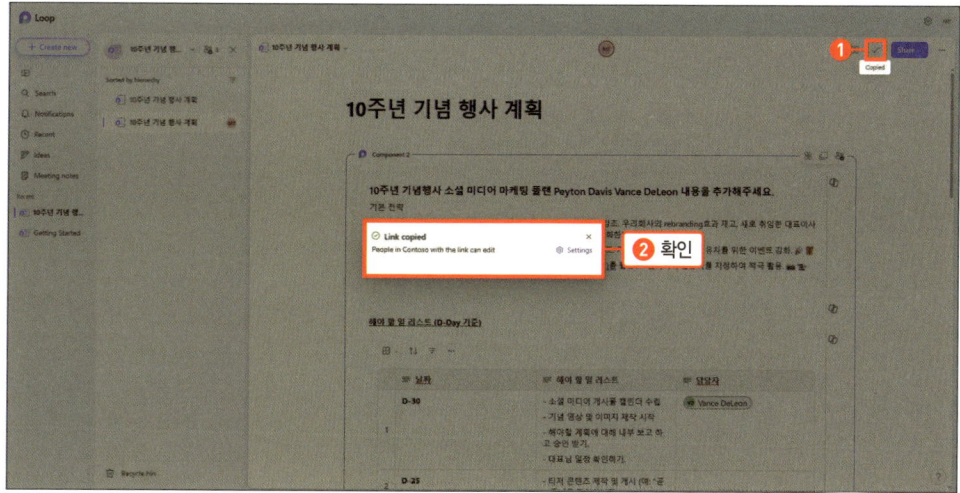

4장 유용한 M365 Copilot 앱 219

9 협업 리스트를 만들어 페이지를 공유받은 사용자에게 업무를 배정할 수도 있습니다. 협업 리스트를 만들기 위해 Copilot 입력 창에 다음과 같이 입력한 후 [보내기]를 클릭합니다.

> 할 일 목록 및 내용을 표로 변환해 줘.

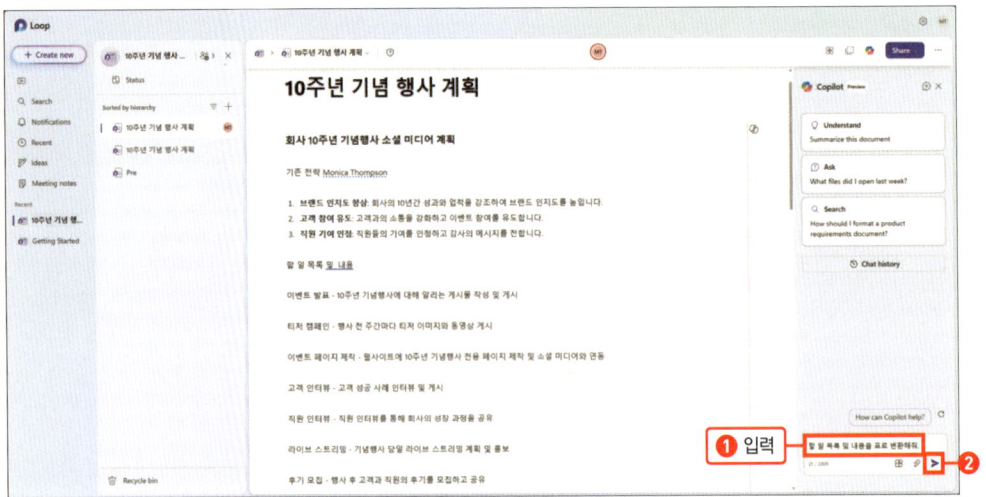

10 잠시 기다리면 Copilot이 할 일 목록을 표로 정리해 줍니다.

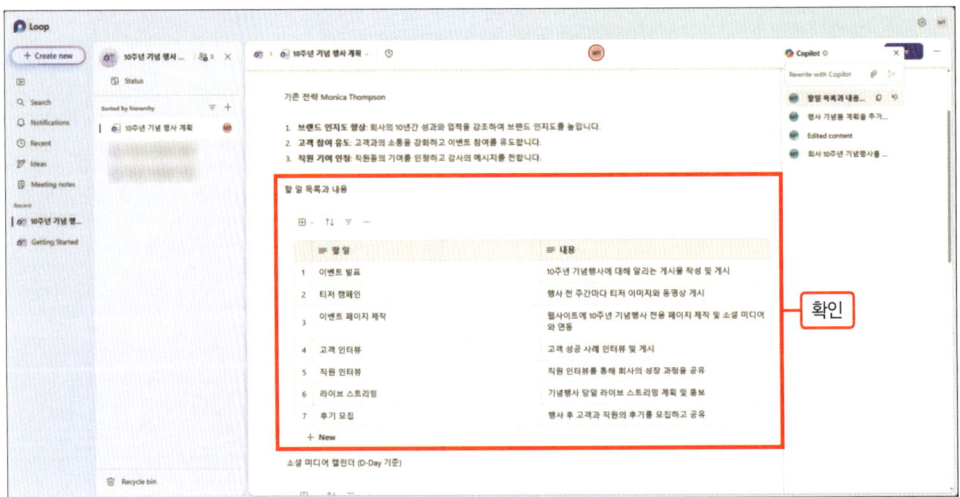

11 할 일 목록의 담당자 행을 추가한 담당자란에 '@'를 입력하면 담당자를 배정할 수 있습니다. 할 일을 배정받은 사용자에게는 팀즈나 아웃룩으로 알람이 전송됩니다.

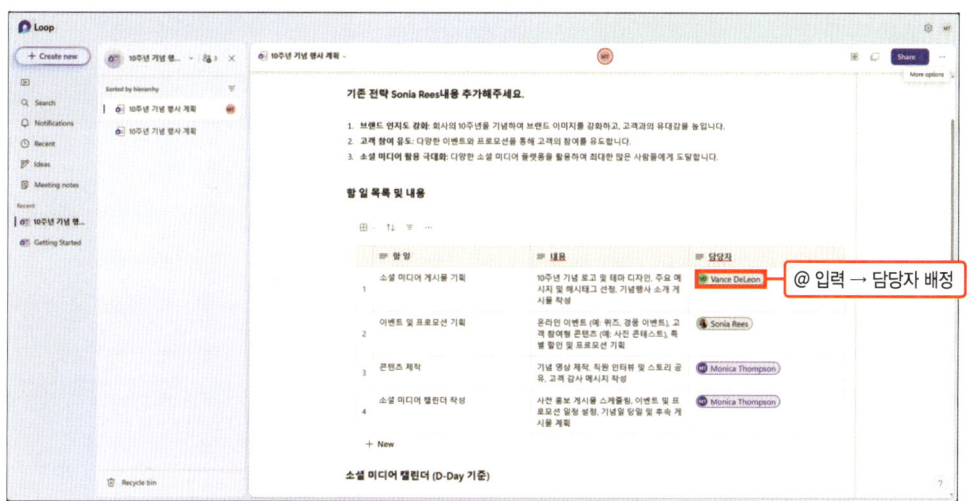

TIP 루프 Copilot에서는 '@'이나 '#' 등의 마크다운 언어를 사용할 수 있으며 번역, 페이지 요약 등 다양한 프롬프트도 사용할 수 있습니다.

Copilot Chat

Copilot Chat은 팀즈에 내장된 Copilot Bot으로, M365 Copilot의 중추적인 역할을 맡아 웹 데이터와 업무 데이터를 기반으로 다양한 업무 콘텐츠를 효율적으로 통합하는 데 기여합니다. 또한 확장성이 뛰어나 M365 앱스, 웹 사이트, 모바일, 데스크톱 버전에서 모두 사용할 수 있습니다. 하지만 Copilot Chat은 팀즈 내에서 구동되므로 M365 팀즈를 사용해야 합니다. 여기서는 팀즈의 웹 버전을 바탕으로 실습을 진행하지만, 데스크톱 버전에서도 동일하게 실습할 수 있습니다.

실습 1 Copilot Chat 시작하기

Copilot Chat은 업무 협업 플랫폼인 팀즈를 기반으로 작동하는 Copilot입니다. 팀즈에 빌트인되어 있는 Copilot Chat은 M365 업무 환경 내에서 사용자의 대량의 업무 데이터를 포괄적으로 검색하고 분석하여 빠르게 현황을 파악하는 데 도움을 줍니다.

Copilot Chat은 아이디어를 브레인스토밍하고 스토리보드부터 의제의 핵심 요약에 이르기까지 다양한 콘텐츠의 초안을 작성하거나 각각의 앱에서 처리한 업무에 대해 포괄적으로 검색하여 결과를 제시해 주기 때문에 유용하게 활용할 수 있습니다. 또한 특정 파일이나 메시지에 대해 질문하거나 업무 데이터를 빠르게 찾을 수 있어 개인 검색 엔진처럼 활용할 수 있습니다. 즉, Copilot Chat은 검색, 통합, 비교, 요약, 생성, 분석 등 M365 Copilot의 다양한 기능을 더욱 확장하여 활용할 수 있는 통합 엔진입니다.

1 팀즈를 실행한 후 [Copilot] 을 선택합니다.

2 Copilot 창에서 [업무]를 선택하면 M365 환경에서 Copilot Chat을 사용할 수 있습니다. Copilot Chat은 사용자의 M365의 엔터프라이즈 보안 환경 안에서 작동하므로 사용자가 입력하는 프롬프트가 외부로 유출되거나 AI를 통해 학습되지 않으며, Copilot이 제공하는 답변은 사용자가 속한 기업의 M365 데이터 기반으로 제공되므로 사용자의 업무 향상에 도움을 줍니다.

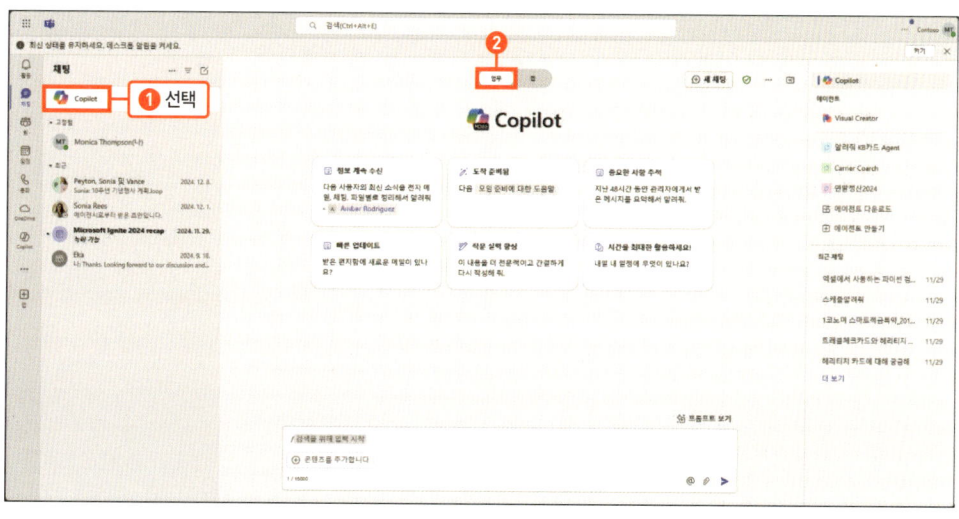

5장 Copilot Chat 223

3 Copilot 화면에서 [웹]을 선택하면 M365 내의 업무 데이터가 아닌, 웹 기반의 데이터를 찾아 업무에 활용할 수 있습니다.

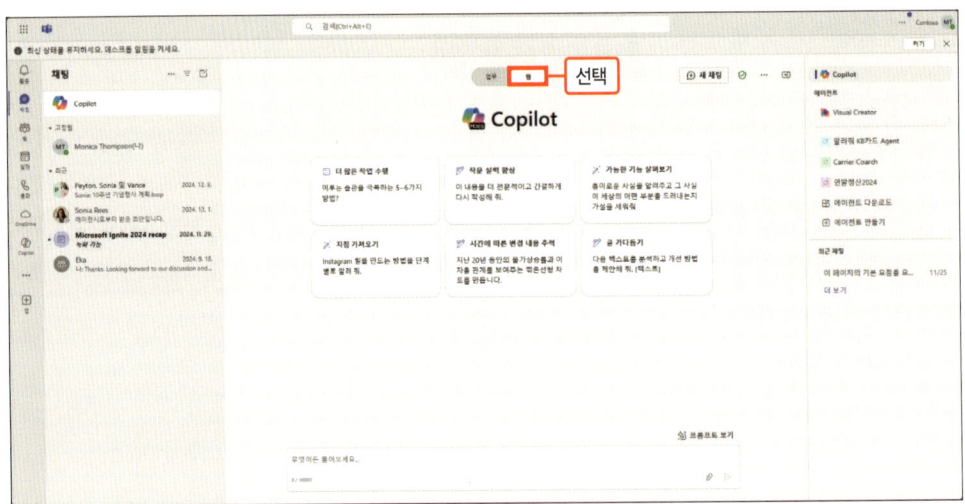

4 Copilot 창에서 […]를 선택하면 [웹 콘텐츠]를 활성화할 수 있습니다. 이것은 M365 Copilot 의 확장 기능 중 하나입니다. 이 설정은 기업의 M365 관리자가 설정을 관리할 수 있으며, 조직 전체 **[웹 콘텐츠]**를 활성화하면 다음 그림처럼 사용자가 웹 콘텐츠 허용/차단 여부를 선택할 수 있습니다. 여기서는 **[웹 콘텐츠]**가 허용된 상태에서 실습을 진행했습니다.

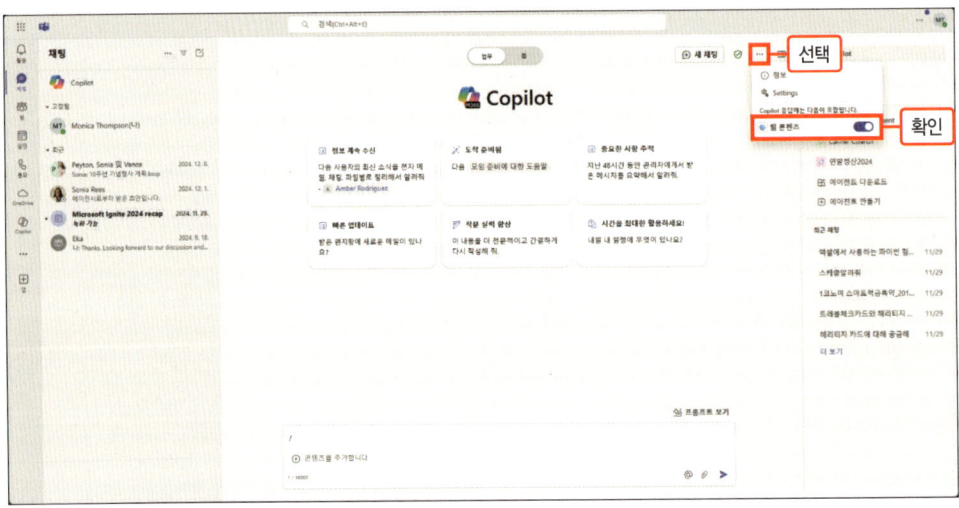

TIP Copilot 창에서 [웹]를 클릭하면 Copilot에서 활용할 수 있는 프롬프트 라이브러리를 확인할 수 있습니다. Copilot 프롬프트 갤러리에 대한 좀 더 자세한 내용은 53쪽을 참고하세요.

- 웹 콘텐츠 차단: [업무] 화면에서 Copilot이 제시하는 답변은 M365 내의 업무 데이터만을 기반으로 합니다. 웹 데이터를 기반으로 답변을 얻고 싶다면, Copilot 창에서 [웹]으로 전환하여 Copilot을 사용하면 됩니다.
- 웹 콘텐츠 허용: [업무] 화면에서 Copilot이 제시하는 답변은 M365 내의 업무 데이터뿐만 아니라 웹 검색을 통해서도 답변을 가져옵니다.

5 Copilot Chat의 프롬프트 입력 창에 '/'를 입력하거나 [+콘텐츠를 추가합니다]를 클릭하면 워드, 엑셀, 파워포인트, PDF, 웹 페이지 URL, 팀즈에서 채팅, 이메일, 캘린더, 루프 페이지 등을 첨부할 수 있으며 첨부 파일의 종류는 Copilot 업데이트에 따라 추가 또는 변경될 수 있습니다.

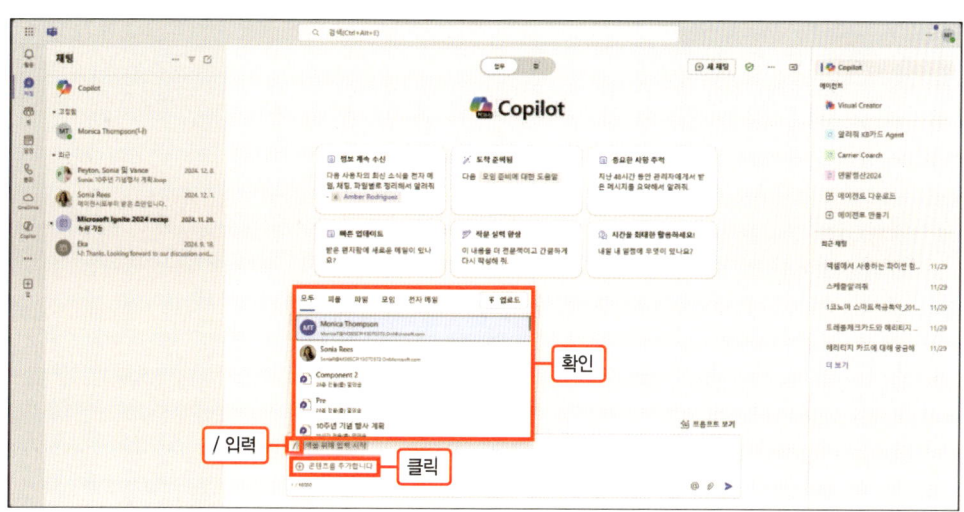

TIP Copilot Chat에서는 여러 개의 [채팅] 창을 표시할 수 있습니다. 다른 주제의 프롬프트를 사용하려면 [새 채팅]을 클릭하여 새 창에서 Copilot을 사용하는 것이 더 정확한 결과를 얻을 수 있습니다.

M365 Copilot은 M365 계정 정보를 기반으로 권한이 부여되므로 M365 사용자에게 부여된 권한 범위 내에서만 정보를 검색해 제공합니다. Copilot Chat에서도 프롬프트가 수행될 때 사용자 계정에 권한이 없는 사이트나 문서에 대한 정보는 열람할 수 없으며, 이에 따라 사용자에게 권한이 없는 정보는 답변에 포함되지 않습니다.

실습 2 | Copilot Chat 실무에 활용하기

Copilot Chat을 활용하면 프로젝트, 채팅, 메일 등으로 주고받은 메시지 또는 미팅 내용을 요약하여 중요한 현황을 빠르게 파악할 수 있습니다. 많은 직장인이 업무를 진행할 때 대부분의 시간을 정보 검색에 소비한다는 연구 결과가 있습니다. Copilot Chat을 사용하면 회사 내부에 공유된 정보 및 개인 업무 데이터를 더욱 빠르게 찾고 요약하여 활용할 수 있습니다. 이뿐만 아니라 M365의 엑셀, 워드, 파워포인트에서 개별로 작동하는 일부 기능을 Copilot Chat에서도 활용할 수 있습니다.

↔ 파일 비교

실무에서는 많은 문서를 생산하기도 하지만, 기존 문서를 비교하는 경우도 많습니다. 이때에도 Copilot Chat을 활용할 수 있습니다. 이번에는 개별 파일을 하나씩 열어 확인하지 않고도 문서를 비교하는 방법에 대해 알아보겠습니다. 여기서는 두 개의 엑셀 문서를 비교해 보겠습니다.

1 팀즈에서 [Copilot]을 선택합니다.

2 Copilot 입력 창에 다음과 같이 입력한 후 [보내기]를 클릭합니다.

> /파일과 /파일을 비교해 줘.

3 Copilot Chat이 2에서 입력한 두 개 파일의 비교 결과와 엑셀 파일을 제시해 줍니다. 문서 비교 기능은 최근에 추가된 기능으로, Copilot의 업데이트 배포 시점에 따라 결과가 다를 수 있습니다.

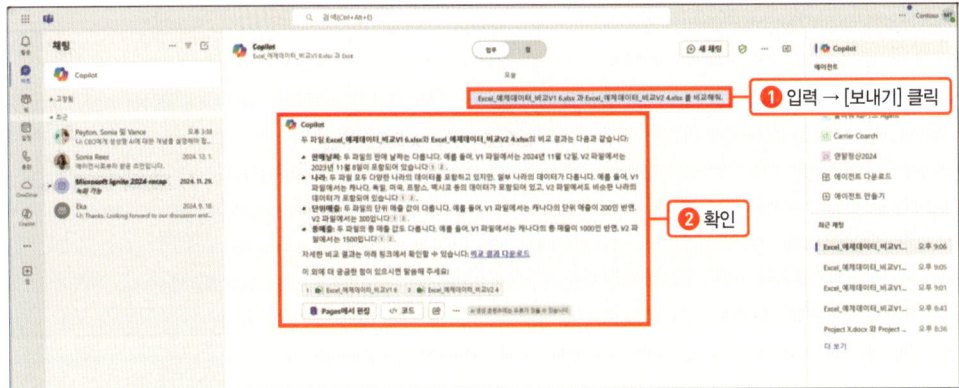

226

④ Copilot 답변의 [비교 결과 다운로드]를 클릭하여 실행합니다.

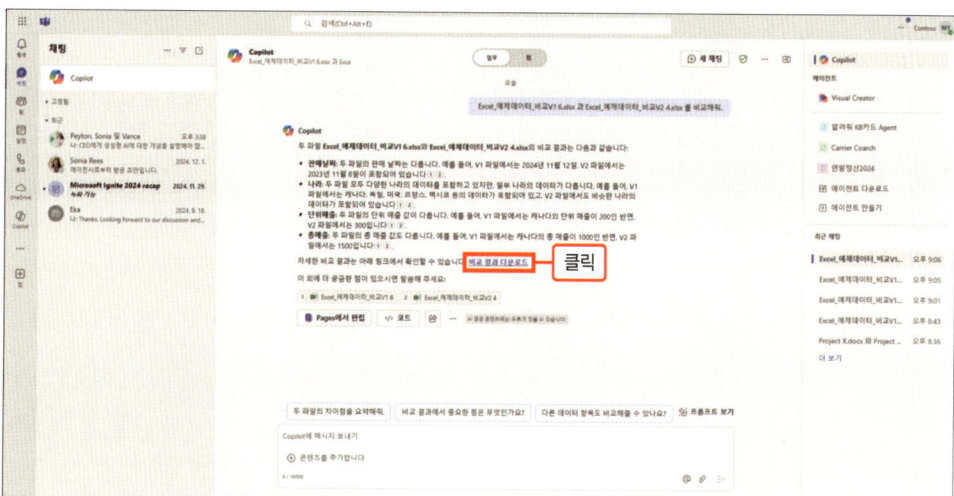

⑤ 첫 번째로 선택된 파일을 기준으로(Self), 두 번째 파일(Other)의 내용이 열별로 비교되었습니다.

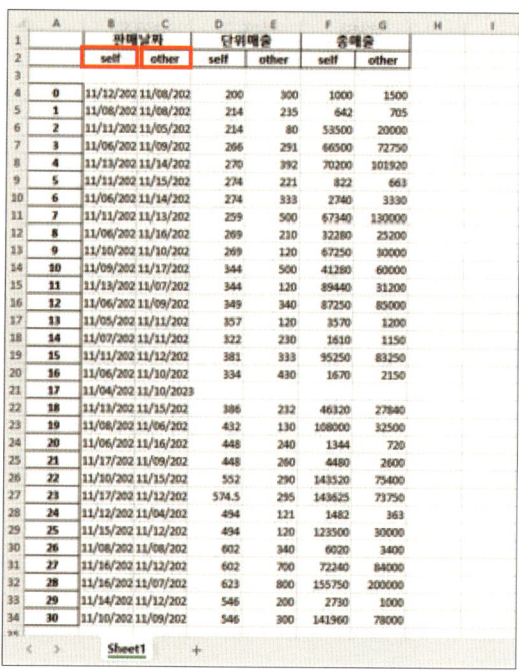

5장 Copilot Chat 227

6 Copilot Chat에 입력하는 프롬프트를 보강하면 한층 심화된 분석도 가능합니다. Copilot 입력 창에 다음과 같이 입력한 후 [보내기]를 클릭합니다.

> /파일과 /파일의 매출 차이를 비교하는 테이블을 아래의 형식으로 만들어 줘. |나라|2023년 총 매출|2024년 총 매출|차이|판단기준| . 연도별 총 매출은 모든 날짜의 총 매출을 더해 줘. 판단 기준은 총 매출이 성장했으면 '성장', 감소했으면 '감소'로 표시해 줘.

TIP 마크다운 문법을 활용한 프롬프트 입력 방법에 대한 자세한 내용은 48쪽을 참고하세요.

7 잠시 기다리면 Copilot이 두 개 파일의 비교 결과와 엑셀 파일을 제시해 줍니다. 답변의 링크를 클릭하여 엑셀 파일을 실행해 보세요.

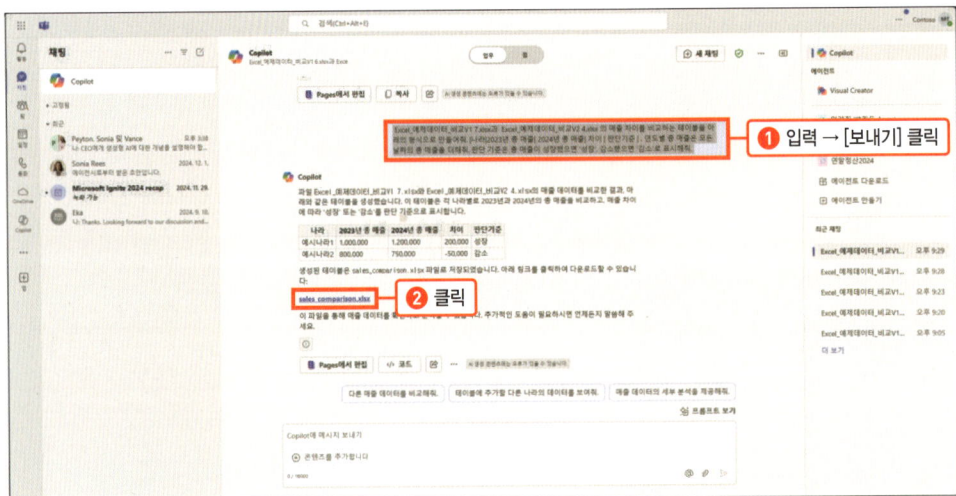

8 6 에서 입력한 프롬프트와 같이 나라별로 각 연도에 맞게 매출을 정리하고 비교 분석한 것을 확인할 수 있습니다. 문서 비교 기능은 계속 업데이트 되고 있으므로, 원하는 결과를 얻을 수 없다면 새 Copilot Chat 입력 창에 다시 요청하거나 프롬프트를 수정하면서 연습해 보세요.

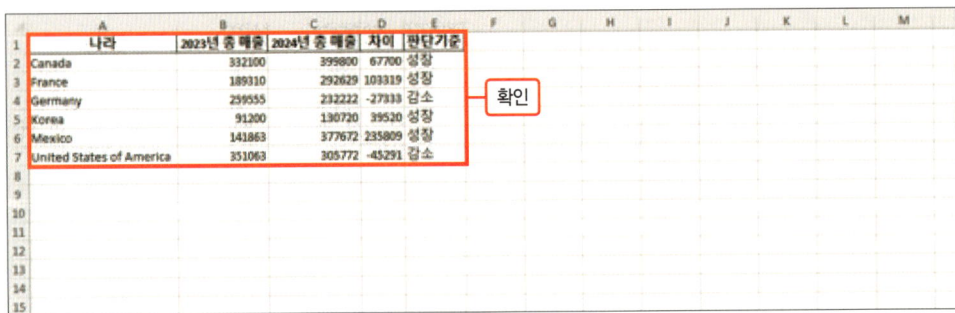

보고서 초안 생성하기

Copilot Chat을 활용하면 프로젝트, 채팅, 메일 등으로 주고받은 메시지, 미팅 내용 그리고 파일을 참고하여 업무 내용을 파악하고, 앞으로 진행할 프로젝트의 보고서 초안을 작성할 수 있습니다. 이번에는 'Project X' 업무 진행과 관련된 내용을 바탕으로 원드라이브 데이터를 활용해 Copilot Chat으로 보고서 초안을 작성하는 방법을 알아보겠습니다.

TIP 기업의 내부 문서, 채팅, 이메일을 기반으로 작동하는 Copilot Chat의 특성상 실습 예제의 제공이 어려우므로 여기서 제시하는 프롬프트를 업무에 활용해 보세요.

1 팀즈에서 [Copilot]을 선택합니다.

2 Copilot 입력 창에 다음과 같이 입력한 후 [보내기]를 클릭합니다.

> /Project X와 관련된 내용을 모두 찾아 줘.

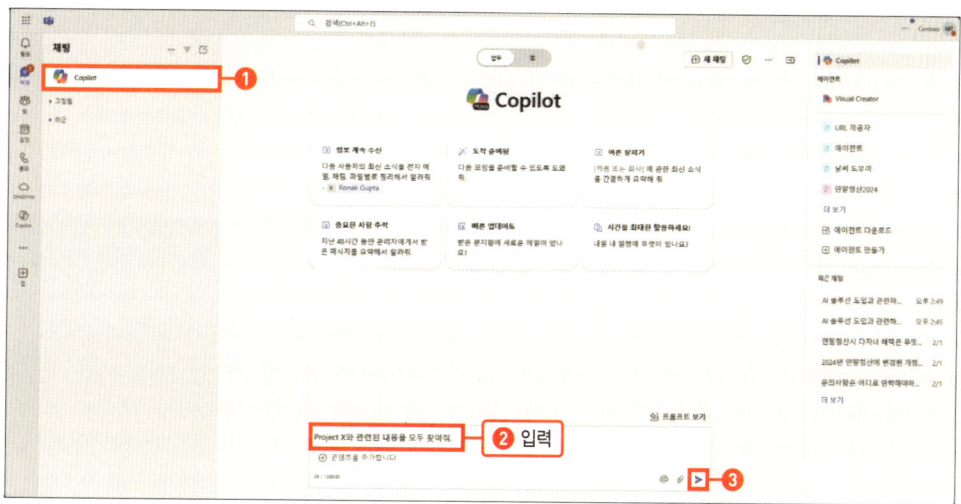

3 잠시 기다리면 Copilot Chat이 지난 일정 중 Project X와 관련된 미팅, 메일, 팀즈 채팅 등 요청한 주제와 관련된 파일의 내용까지 포괄적으로 모두 찾아 정리해 줍니다. 다양한 업무 경로를 통해 진행된 내용이 포괄적으로 정리되어 업무 진행에 도움을 받을 수 있습니다.

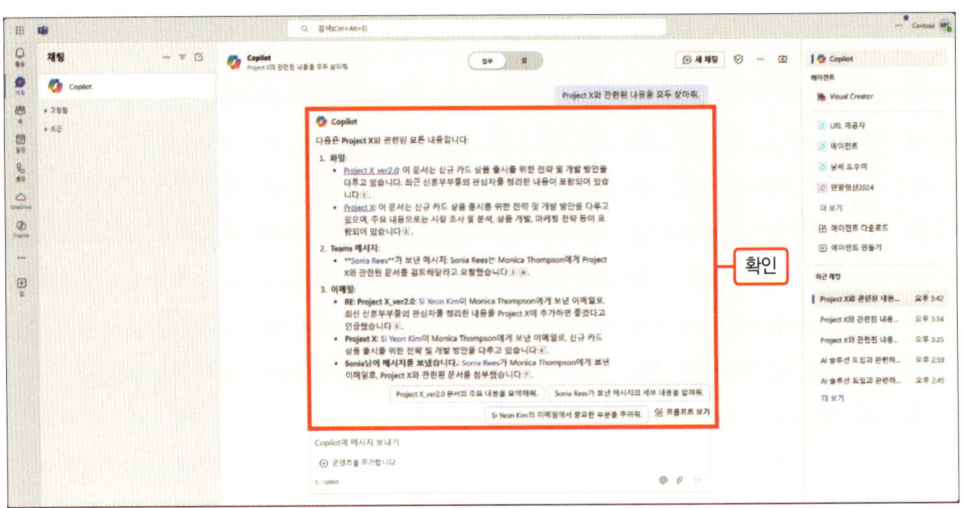

4 통합 검색의 결과로 제시된 두 개 파일을 따로 확인하지 않고도 Copilot Chat에서 하나의 워드 문서로 통합하여 생성할 수 있습니다. Copilot 입력 창에 다음과 같이 입력한 후 [보내기]를 클릭합니다.

> /Project X_ver2.0과 /Project X 의 내용을 정리해서 하나의 Word 파일로 만들어 줘.

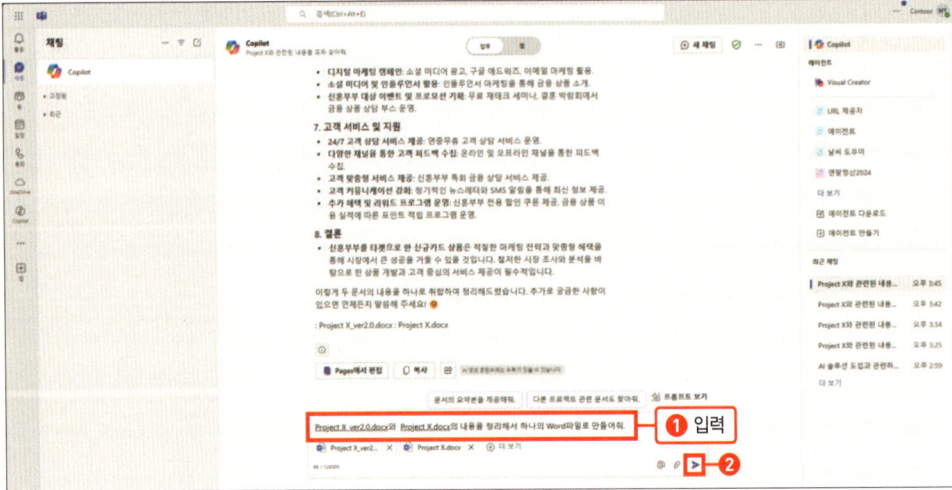

5 잠시 기다리면 Copilot이 문서를 생성해 줍니다. 답변의 링크를 클릭합니다.

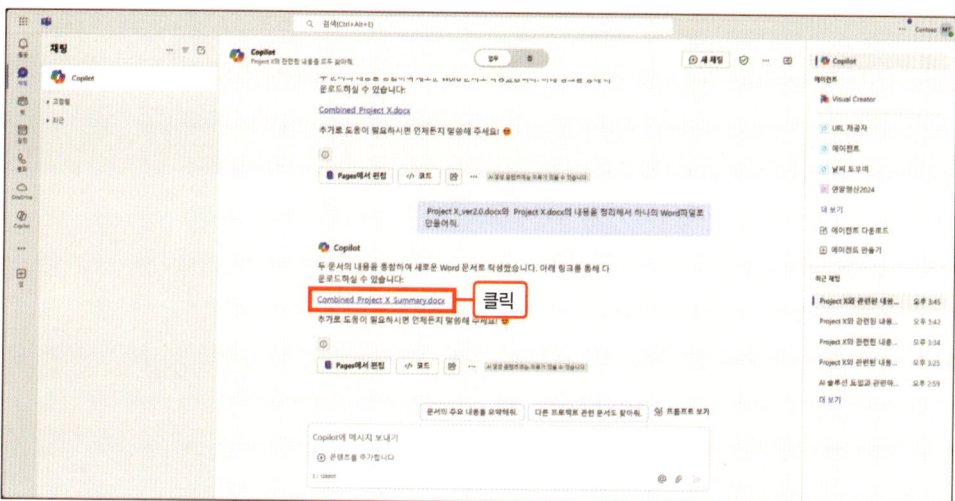

6 Copilot이 생성한 문서를 확인할 수 있습니다. 해당 문서를 편집하면 보고서 초안을 간단하게 완성할 수 있습니다. 이렇게 Copilot Chat과 M365 앱스를 함께 활용하여 업무에 적용하면 업무 생산성을 빠르게 향상시킬 수 있습니다.

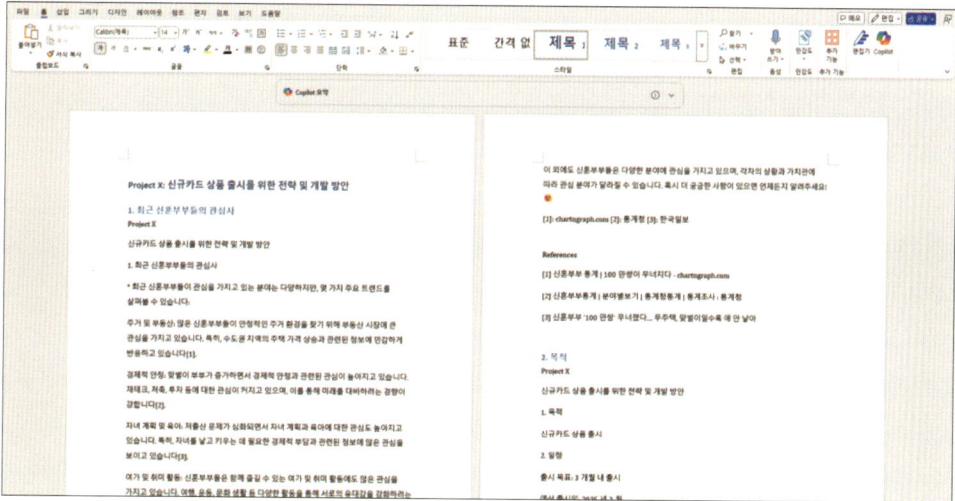

내부 문서 및 기업 정책 검색하기

1 Copilot Chat은 대화형 형식으로 빠르고 관련성 높은 최신 정보를 제공하므로 여러 검색 결과를 일일이 확인할 필요가 없습니다. 예를 들어, 회사 내부 정책이 셰어포인트 Online에 저장되어 있다면, 다음과 같은 프롬프트를 활용하여 간편하게 필요한 정보를 찾을 수 있습니다.

▶ 우리 회사의 휴가 정책을 알려 줘.

▶ PO를 제출하기 위한 사전 준비 절차를 알려 줘.

▶ /[사람]의 팀원이 누구인지 알려 줘.

▶ 각 팀원의 역할을 자세히 설명해 줘.

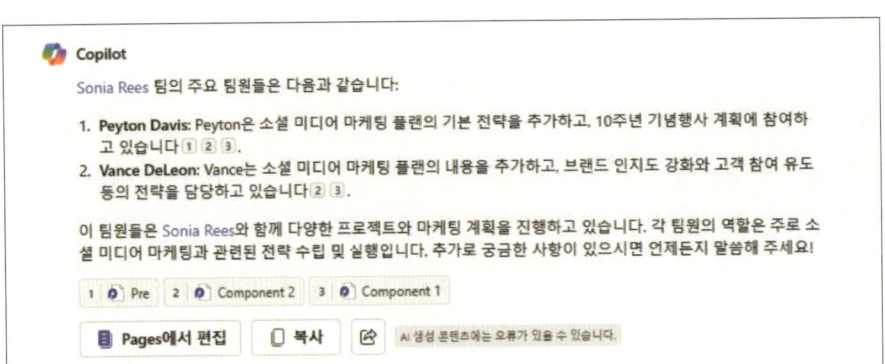

▲ 특정 팀의 팀원과 역할을 물어본 결과

② Copilot Chat은 M365를 기반으로 작동하고 사용자의 계정과 조직 정보가 연동되어 있으므로 기본적인 조직 정보를 파악할 수 있고 관련 문서들을 통해 조직 내에 공유된 동료의 업무를 파악할 수 있습니다. 이밖에도 사용자의 캘린더, 메일, 팀즈를 기반으로 일정을 관리할 수 있습니다. 다음은 Copilot Chat으로 주요 미팅 일정과 미팅 주제를 정리한 것입니다.

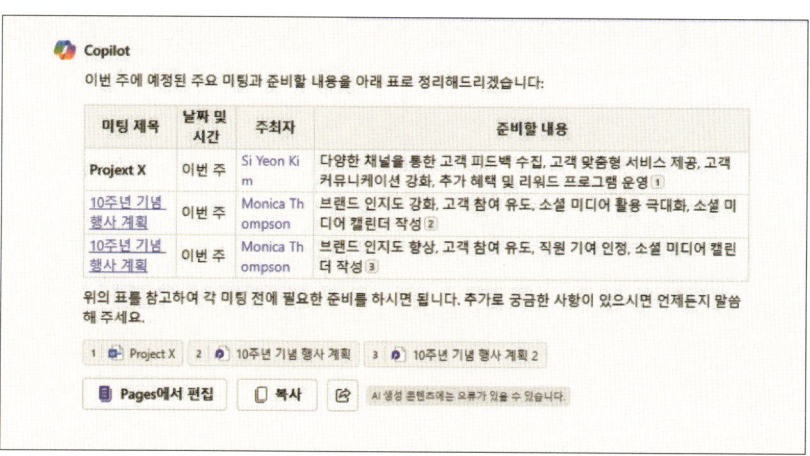

③ Copilot Chat에서는 팀즈 미팅의 내용을 요약받을 수 있습니다. Copilot Chat 입력 창에 '/'를 입력한 후 [모임]을 선택합니다. 그런 다음 Copilot Chat 입력 창에 다음과 같이 입력한 후 [보내기]를 클릭합니다.

> /모임의 내용을 요약해 줘.

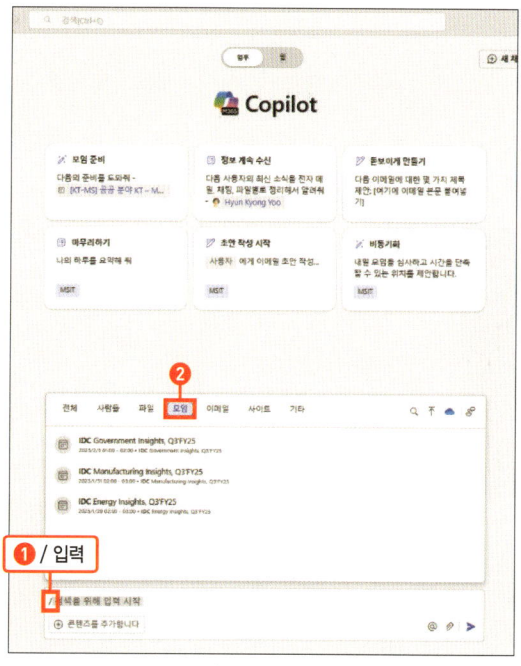
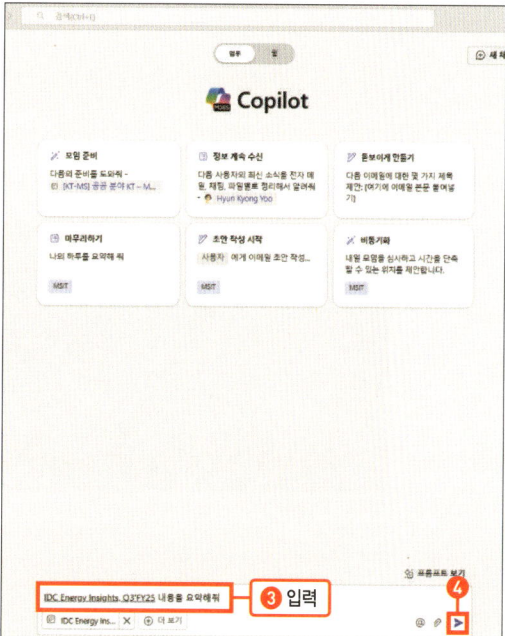

5장 Copilot Chat   233

4 잠시 기다리면 해당 모임에 대한 간략한 요약과 진행된 미팅의 링크를 제시해 줍니다.

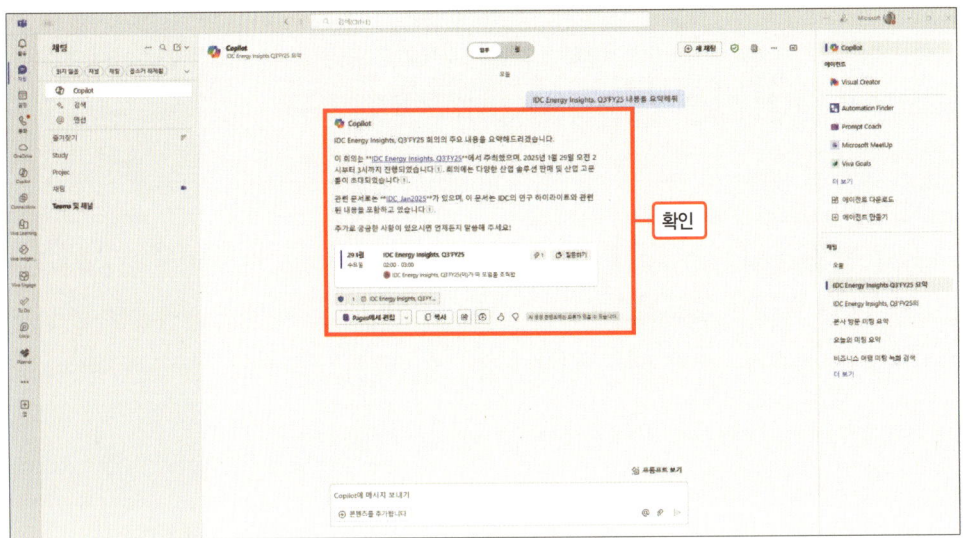

회의 내용 요약하기

Copilot을 통해 빠르게 미팅 요약을 받고, 다음에 해야 할 업무까지 정리된 내용을 확인할 수 있습니다. 다음은 한국 Copilot 담당자들이 국내 고객의 요구 사항을 반영하기 위해 3월 초 본사 방문 전 출장을 위한 추가 회의를 녹화한 것입니다. 팀즈에서 온라인 회의를 진행하며 녹화를 하면 다양하게 활용할 수 있습니다.

1 녹화된 회의의 [AI 요약]을 클릭하면 회의 내용이 요약됩니다. 이를 통해 미팅 내용을 빠르게 파악하고, 향후 해야 할 일까지 정리해 줍니다.

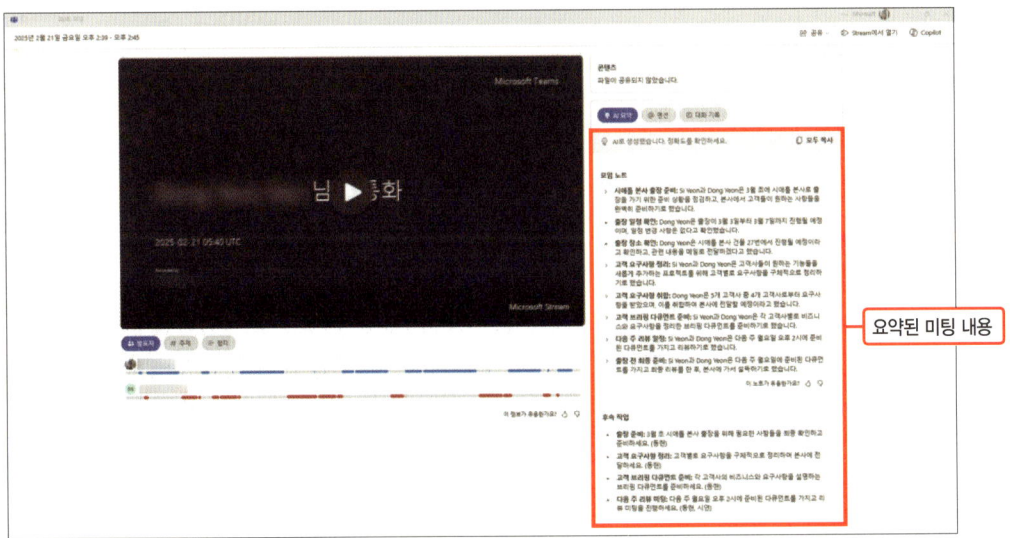

2 장시간 이어진 회의 중 궁금한 사항이 있다면 Copilot 입력 창에 다음과 같이 입력한 후 [보내기]를 클릭합니다.

> 출장 전에 다음 주에 준비할 내용이 뭐야?

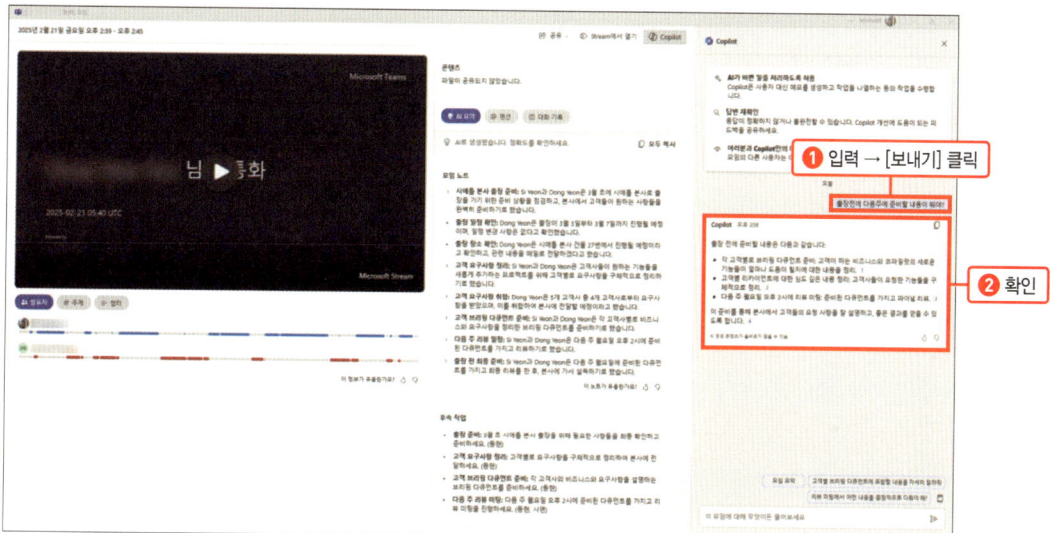

미팅의 내용이 길다면, 모두 들어 보지 않아도 Copilot을 통해 내가 원하는 정보만 쉽고 빠르게 파악할 수 있습니다.

↪ Copilot Chat으로 협업하기

Copilot Chat에 동료들과 협업할 수 있는 새로운 기능이 추가되었습니다. 이를 통해 사용자는 Copilot Chat 내에서 문서를 완성하고, 업무를 더욱 빠르게 진행할 수 있습니다. 이번에는 IT 담당자가 AI 도입을 위해 CEO에게 제출할 보고서 초안을 팀원들과 협업하여 완성하는 방법을 알아보겠습니다.

TIP 기업의 내부 문서, 채팅, 이메일을 기반으로 작동하는 Copilot Chat의 특성상 실습 예제를 제공하기 어려우므로 여기에서 제시하는 프롬프트를 업무에 활용해 보세요.

1 팀즈에서 [Copilot]을 선택합니다.

2 Copilot 입력 창에 다음과 같이 입력한 후 [보내기]를 클릭합니다.

> AI 솔루션 도입과 관련하여 현재 우리 회사의 상황이 어떤지 정리해 줘.

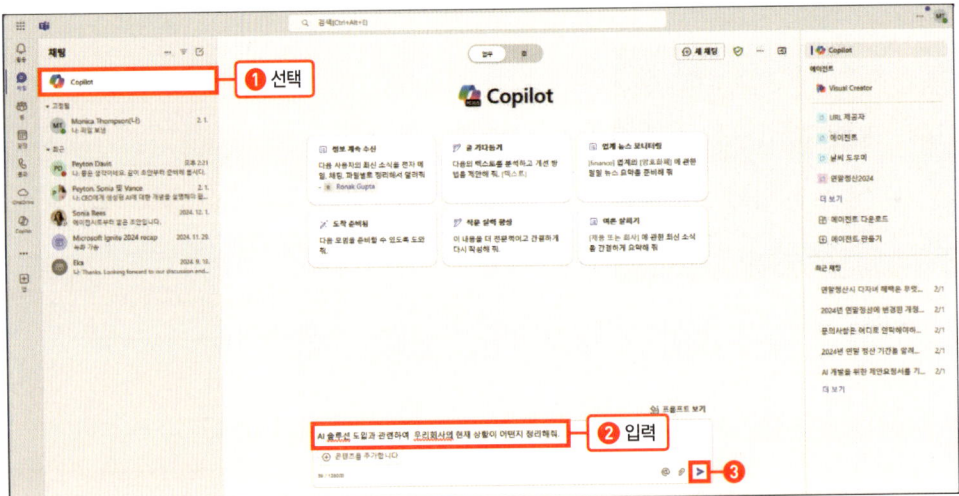

3 잠시 기다리면 Copilot이 팀원과의 소통을 바탕으로 주요 사항을 정리해 줍니다.

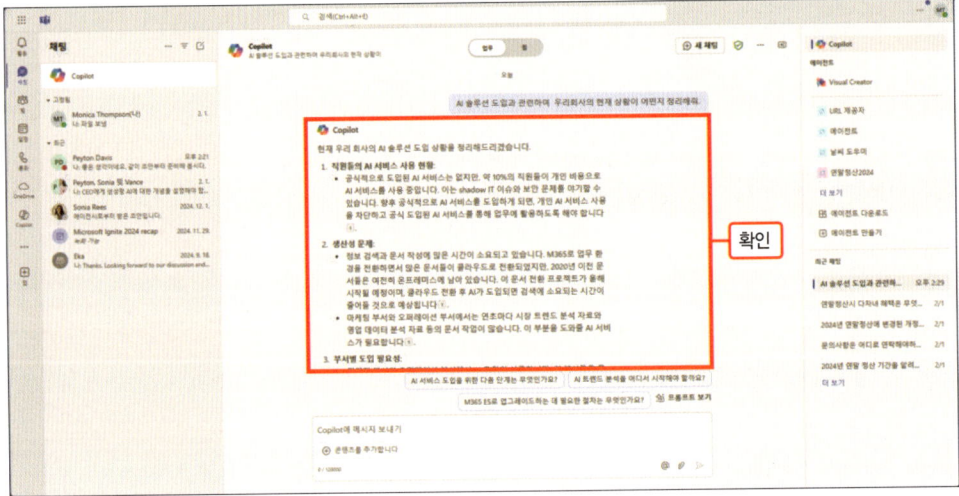

4 Copilot 답변의 [Pages에서 편집]을 클릭하면 Copilot Chat 창의 오른쪽에 [Page 편집] 창이 표시됩니다. 보고서를 완성하기 위해 [Pages에서 편집]을 눌러 동료와 함께 작업을 시작합니다.

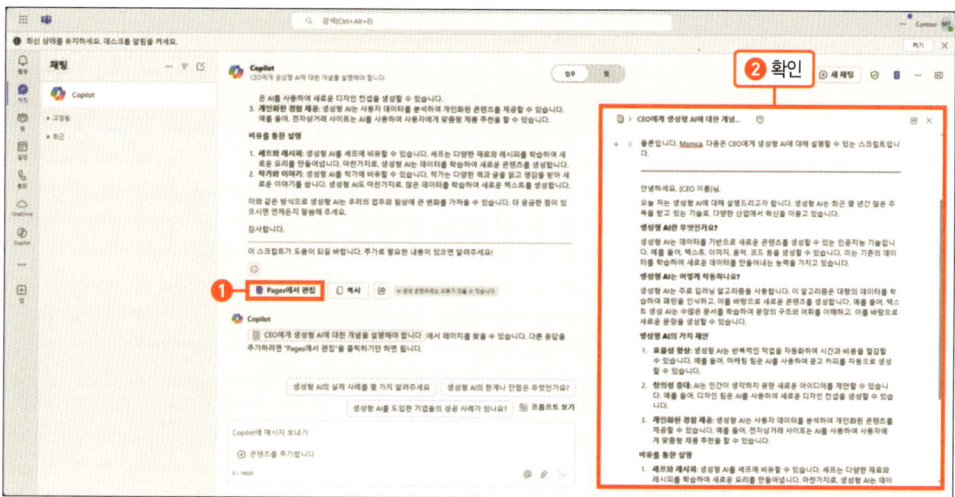

5 [Page 편집] 창의 [공유] 를 클릭하면 page 링크를 복사할 수 있습니다. 복사한 링크를 전달하면 공동 작업자와 Page를 공유하면서 협업할 수 있습니다.

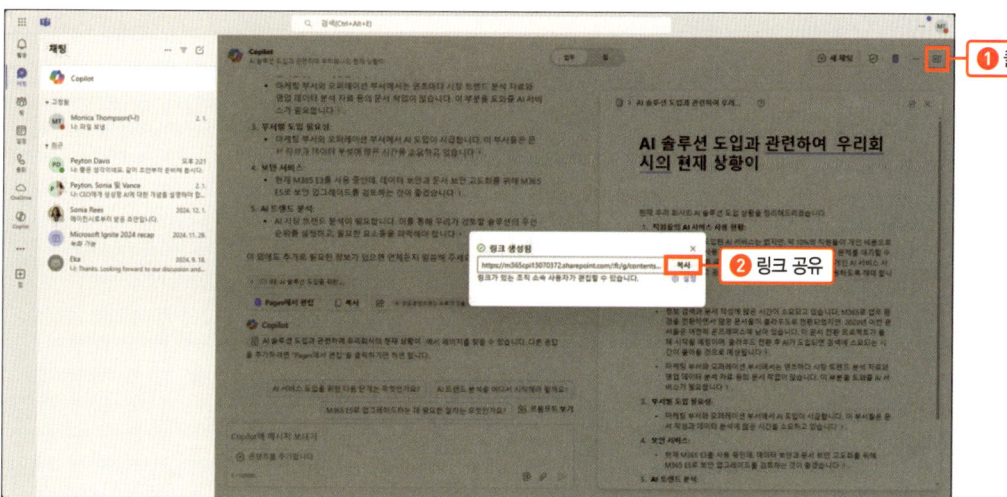

6 링크를 전달받은 사용자가 해당 Page에 접속해 내용을 함께 편집할 수 있습니다.

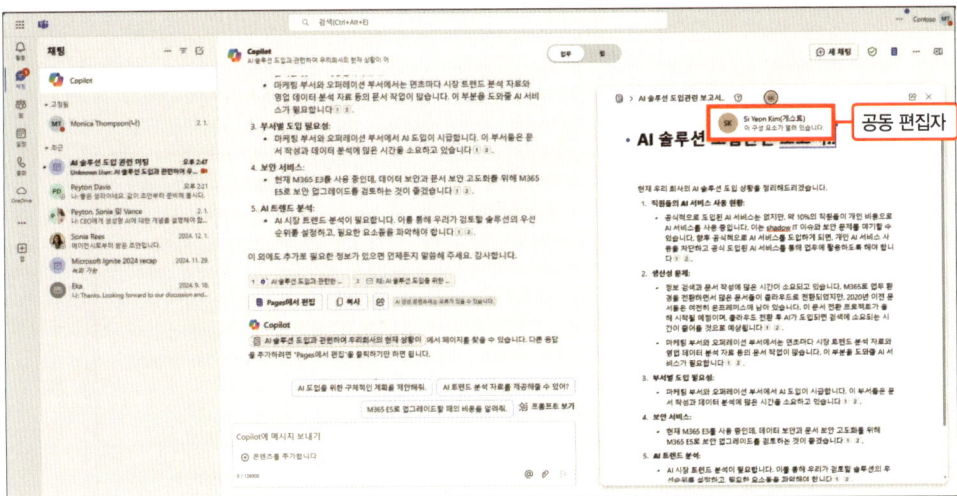

7 이번에는 공동 편집 Page에 AI 솔루션 트렌드와 관련하여 웹 내용을 찾아 추가해 보겠습니다. Copilot 입력 창에 다음과 같이 입력한 후 [보내기]를 클릭합니다.

> 최근 발표된 생성형 AI별 장단점 및 활용 사례를 비교하여 표로 작성해 줘.

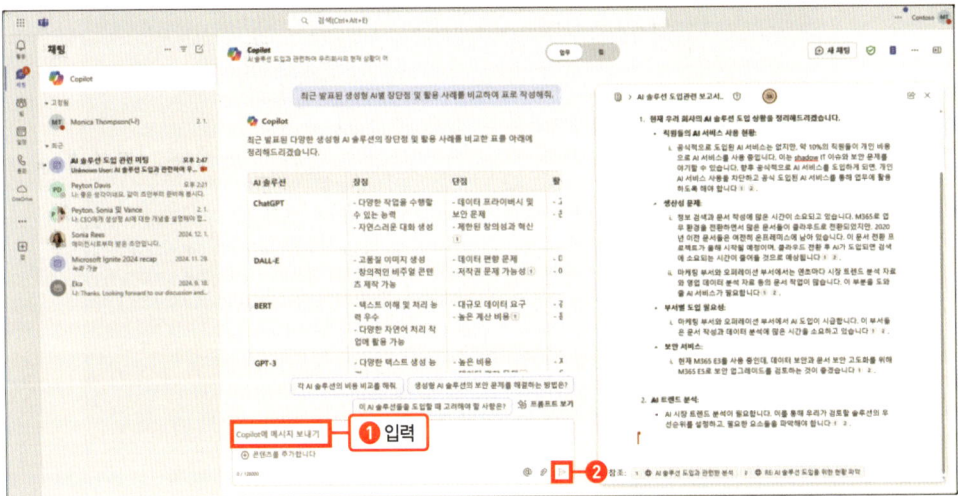

8 Copilot이 제시한 표를 작업 중인 Pages에 추가하기 위해 답변의 **[Pages에서 편집]**을 누르면 기존의 Pages에 표가 추가됩니다.

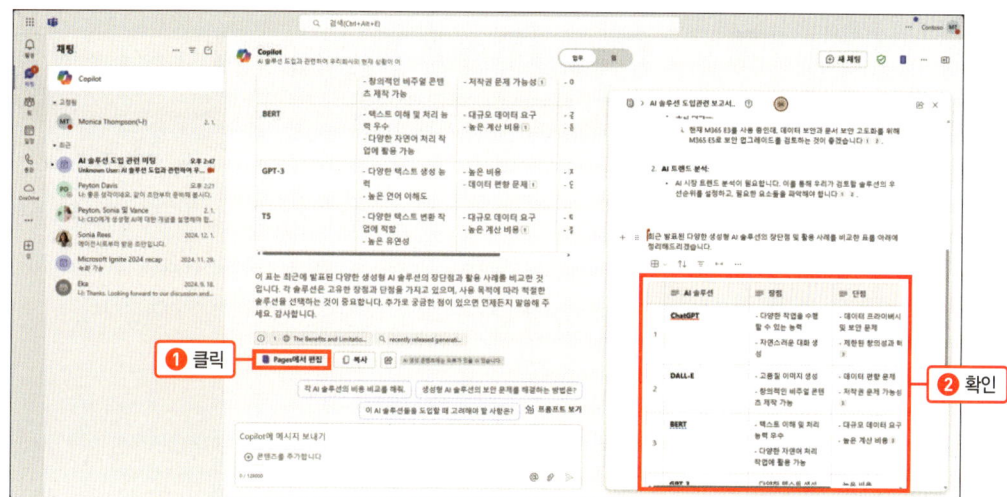

9 Page의 내용을 편집하면 간단하게 보고서 초안을 완성할 수 있습니다.

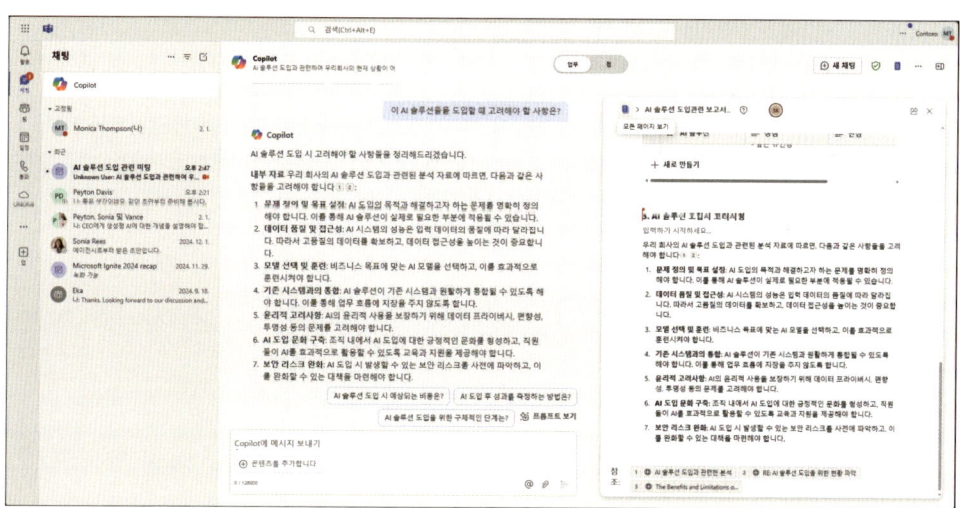

TIP Page 화면의 [모든 페이지 보기]를 클릭하면 작업 중인 내용이 루프에 표시됩니다.

Copilot Agent는 조직의 지식과 데이터 원본에 연결하여 M365 Copilot의 기능을 향상하도록 설계된 특수한 AI 도우미입니다. Copilot Agent는 사용자가 다양한 작업을 수행할 수 있도록 지원하며, 함께 작업하면서 제안을 제공하고, 반복적인 작업을 자동화하며, 정보에 기반한 결정을 내리는 데 필요한 인사이트를 제공합니다.

Copilot Chat은 포괄적인 정보뿐만 아니라 더욱 구체적이고 제한된 범위의 정보나 가이드를 제공하는 용도로도 활용할 수 있습니다. Copilot Agent를 사용하려면 Copilot 라이선스가 필요하며, 에이전트 빌드를 위해서는 팀즈를 함께 사용해야 합니다. 추가로 Copilot Studio까지 보유하고 있다면, 전문적인 에이전트 개발을 통해 더욱 복잡한 업무도 자동화할 수 있습니다.

즉, 기업용 라이선스인 M365 E3/E5와 M365 Copilot 라이선스를 보유한 사용자는 M365 환경 내에서 작동하는 Agent를 개발할 때 Copilot Agent를 추가 라이선스 없이 사용할 수 있습니다. 그 외 사용자는 기본적인 M365 팀즈 및 M365 Copilot 라이선스가 필요합니다. 또한 M365 E3/E5 라이선스 보유 여부와 상관없이 M365 서비스 범위를 벗어난 타사 서비스와의 연동을 위해서는 별도의 Copilot Studio 라이선스가 필요합니다.

> **TIP** Microsoft의 라이선스 정책 변화로 M365 Copilot 라이선스가 없는 사용자라도 사용량 기반 과금 체계를 갖추면 Copilot과 Copilot agent를 사용할 수 있습니다. Copilot Agent에 대한 좀 더 자세한 내용은 Microsoft Copilot Studio 소개 페이지 (https://www.microsoft.com/ko-kr/microsoft-copilot/microsoft-copilot-studio)를 참고하세요.

Copilot Agent는 이미 사용 중인 앱 및 워크플로와 원활하게 통합됩니다. Microsoft 365, 프로젝트 관리 소프트웨어, 고객 지원 플랫폼, 연구 데이터베이스 등과 관계없이 Copilot Agent를 활용하면 기능과 유용성을 향상시킬 수 있습니다. 다음은 Copilot Agent가 기업의 업무에 미치는 영향을 보여 주는 실용적인 사용 예시입니다.

1 프로젝트 관리

- 팀 구성원의 진행률 보고서 요약: Copilot Agent는 다양한 팀 구성원의 업데이트를 컴파일하고 요약하여 프로젝트의 상태 대한 포괄적인 개요를 제공할 수 있습니다.
- 주요 마일스톤 및 잠재적 장애물 식별: 이러한 에이전트는 중요한 중요 시점을 강조하고, 에스컬레이션하기 전에 잠재적인 문제를 식별하고, 수정 작업을 제안할 수 있습니다.

- **모임 안건 초안 작성**: Copilot Agent는 회의의 집중과 생산성을 보장하기 위해 프로젝트 우선 순위 및 진행 중인 작업에 따라 자세한 의제를 작성할 수 있습니다.

2 고객 지원

- **회사의 기술 자료 검색**: Copilot Agent는 방대한 양의 정보를 신속하게 선별하여 관련 솔루션 및 이전에 진행한 지원 티켓을 찾을 수 있습니다.
- **고객 쿼리에 대한 응답 초안 작성**: 문제 해결 단계와 추가 리소스를 통합하여 문제를 효율적으로 해결하도록 명확하고 포괄적인 응답을 만드는 데 도움이 될 수 있습니다.

3 연구 개발

- **연구 수집 및 요약**: Copilot Agent는 최신 연구 논문, 특허 및 산업 동향을 스캔하여 간결하고 이해할 수 있는 형식으로 정보를 제시할 수 있습니다.
- **비교 보고서 만들기**: 이러한 에이전트는 의사 결정 프로세스에 도움이 되는 다양한 자료 또는 접근 방식의 장단점을 간략하게 설명하는 보고서를 만들 수 있습니다.

4 영업 및 마케팅

- **클라이언트 데이터 분석**: Copilot Agent는 고객의 비즈니스, 경쟁 업체 및 업계를 조사하여 영업 전략을 알리는 통찰력 있는 분석을 제공할 수 있습니다.
- **개인 설정된 프레젠테이션 작성**: Copilot Agent는 고객의 특정 요구 사항을 해결하고 회사의 제품 또는 서비스의 이점을 강조하는 사용자 맞춤 프레젠테이션을 개발하는 데 도움이 될 수 있습니다.

5 인사 부서

- **규정 자료 업데이트**: Copilot Agent는 직원 핸드북의 섹션을 다시 작성하여 명확한 규정 준수를 보장하는 데 도움을 줄 수 있습니다.
- **새 정책에 따른 추가 사항 제안**: Copilot Agent는 최근 회사 정책 및 법적 요구 사항을 기반으로 규정 가이드의 빈틈을 식별하고 추가 사항을 제안하여 가이드라인을 세우는 데 도움을 줍니다.

→ Copilot Agent 사용하기

Copilot Agent는 M365 Copilot 라이선스를 가진 사용자에게만 제공됩니다. Copilot Agent를 통해 사용자는 Copilot의 기능을 확장하고, 특정 요구 사항에 맞게 나만의 Copilot을 제작할 수 있습니다.

> **TIP** Microsoft의 최신 발표에 따르면, Copilot 라이선스가 없어도 새로운 Copilot Chat에서 사용량 기반 과금 체계로 Copilot Agent를 사용할 수 있게 될 예정입니다.

Copilot Agent는 M365 팀즈 앱 스토어나 Copilot Chat 창에서 기업 내에 이미 개발되어 승인된 Copilot Agent를 Copilot Chat 창에 추가하여 사용할 수 있습니다.

이미 개발된 Copilot Agent는 팀즈의 왼쪽 메뉴 바에서 **[앱]**을 선택하면 표시되는 **[앱]** 창에서 원하는 Copilot Agent의 **[추가]**를 선택하여 Copilot Chat 창에 추가할 수 있습니다.

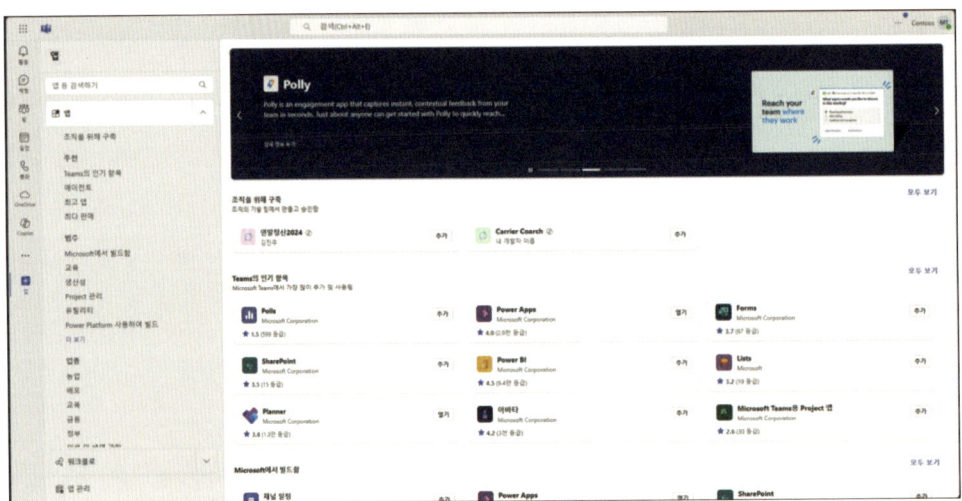

> **TIP** Copilot Agent가 표시되지 않는다면 사내 M365 담당자에게 문의하세요.

이번에는 연말정산에 사용할 나만의 Copilot Agent를 만드는 방법을 알아보겠습니다.

1 Copilot Chat 창의 **[에이전트 만들기]**를 선택합니다.

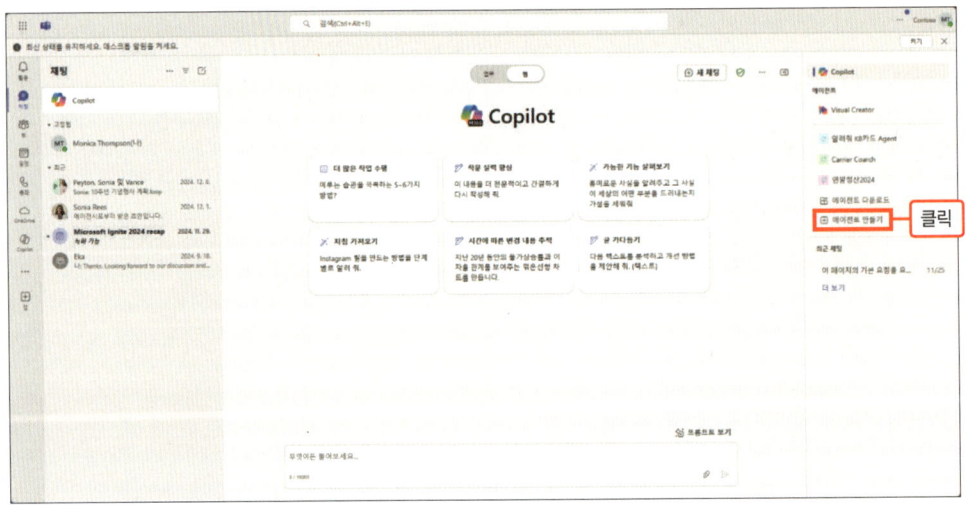

> **TIP** [에이전트 만들기]가 표시되지 않는다면 구독 중인 라이선스의 지원 범위를 확인하세요

2 Copilot Studio에서 **[구성]**을 선택하면 사용자만의 Copilot Agent를 생성할 수 있습니다.

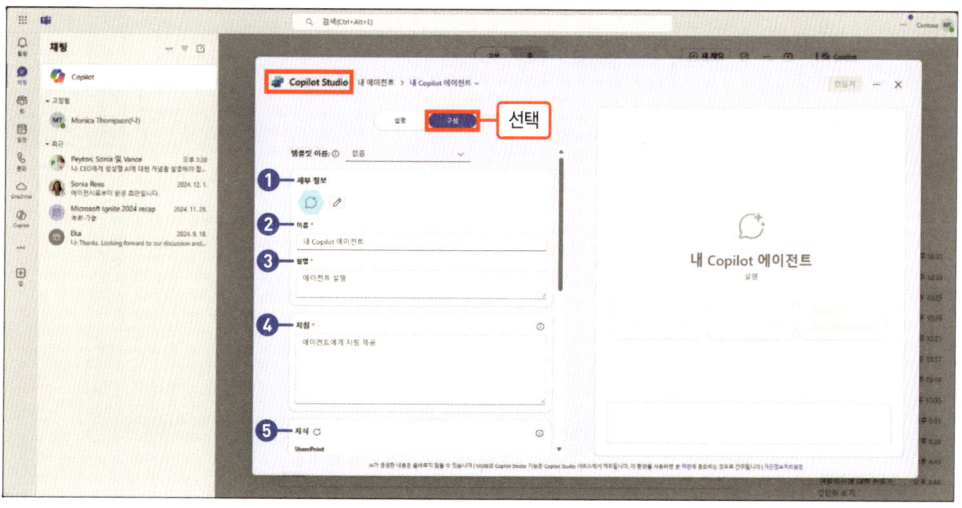

1 **세부 정보**: Copilot Agent의 대표 이미지나 색상을 선택할 수 있습니다.

2 **이름**: Copilot Agent의 이름을 설정합니다.

3 **설명**: 생성할 Copilot Agent에 대한 설명을 추가합니다. 여기에 입력한 내용은 Copilot Agent의 화면에 표시됩니다.

4 **지침**: Copilot Agent의 목적과 규칙을 정의해 줍니다. Copilot Agent가 어떻게 답변할 것인지에 대한 가이드를 제공하는 중요한 항목으로, 지침이 얼마나 자세하게 작성하는지에 따라 Copilot Agent의 정확도를 좌우합니다. 마크다운 문법을 활용하여 Copilot Agent 지침을 정교하게 작성할 수도 있습니다.

5 **지식**: Copilot Agent가 참고할 자료나 관련 정보가 있는 웹 사이트, 폴더, 파일 등을 추가할 수 있습니다.

> **TIP** 현재(2025년 3월)는 셰어포인트의 폴더와 파일만 추가할 수 있으며, Copilot Agent의 업데이트에 따라 원드라이브도 포함될 예정입니다.

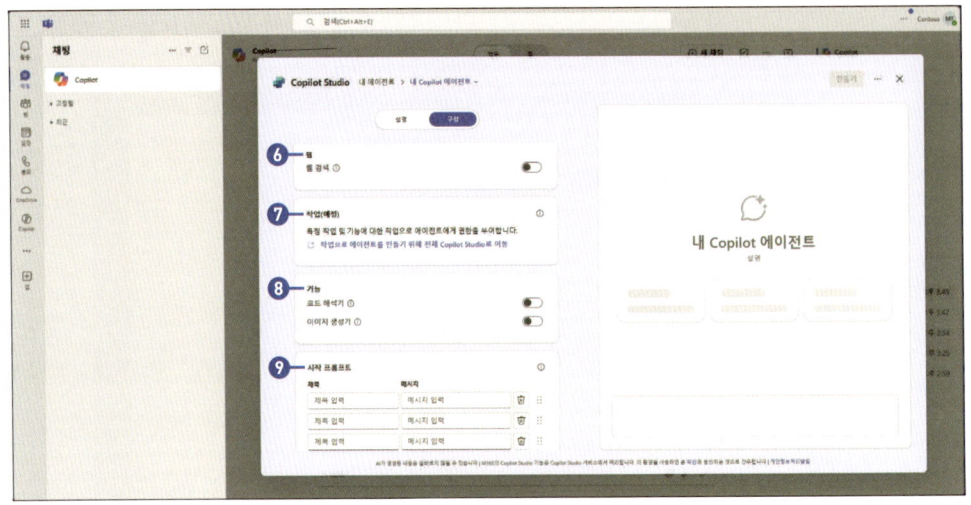

6 웹: Copilot Agent의 답변 범위에 웹 검색을 넣을 것인지를 지정합니다. Copilot Agent를 내부 문서에 제한적으로 범위를 좁혀 사용하려는 경우, 웹을 Disable시키고, 만약 내부 문서에 없는 답변을 웹 검색을 통해 제공해 주길 원한다면 웹을 Enable한 후 지침에 관련한 세부 지침을 지정하는 것이 좋습니다(웹 검색 Enable 후 지침 예시 : "내부 문서에 답변이 없는 경우, '웹 검색을 통해 답변을 제시합니다'라는 안내와 함께 웹에서 결과를 검색해 줘." 등).

7 작업: 이 기능은 특정 작업 및 기능의 자동화 등 Copilot Studio에서 전문적으로 작성하는 내용으로 이 책에서는 사용하지 않습니다.

8 기능: Copilot Agent의 기능에 코드를 해석하거나 이미지 생성에 대한 기능을 추가하고자 할 때 Enable하여 사용합니다.

9 시작 프롬프트: Copilot 창을 열었을 때 상단에 표시되는 가이드입니다. 이 agent에서 많이 사용되는 프롬프트가 있다면 미리 추가해서 클릭만으로 바로 답변을 받을 수 있도록 구성할 수 있습니다.

③ 각 항목에 원하는 사항을 입력합니다. 여기서는 다음과 같이 입력했습니다.

- 세부 정보: 분홍색
- 이름: 2024년 연말정산
- 설명: 이 Copilot Agent는 2024년 연말정산 개정 세법에 대해 안내해 주는 에이전트입니다.
- 지침:
  - 외부 링크는 사용하지 않고, 제공된 문서에서만 답변을 찾아 줍니다.
  - 답변 내용은 정중한 어조로 답변을 요약 정리해서 제시해 줍니다.
  - 질문받은 내용이 작업을 통해 답변 전달이 가능한지 확인한 후 답변 전달이 어렵다면 "해당 질문은 웹에서 추가로 찾아보았습니다."라는 메시지와 함께 웹에서 정보를 찾아서 전달합니다.

- 지식: 제공된 '2024년 귀속 연말정산 안내문'을 선택합니다. 웹 콘텐츠에서도 내용을 찾아오도록 지침을 정했으므로 [웹 콘텐츠] 부분은 [On]으로 변경합니다.

- Actions: 추가하지 않음

- 기능 : 추가 안 함

- 시작 프롬프트:

  - 2024년 연말정산 기간: 2024년 연말정산 기간을 알려 줘.

  - 2024년 개정 세법: 2024년 연말정산에 변경된 개정 세법을 확인해 줘.

  - 연말정산 헬프: 사항은 어디로 연락해야 하는지 알려 줘.

4 원하는 항목을 모두 입력한 후 Copilot Studio 화면 아래에서 [만들기]를 클릭합니다.

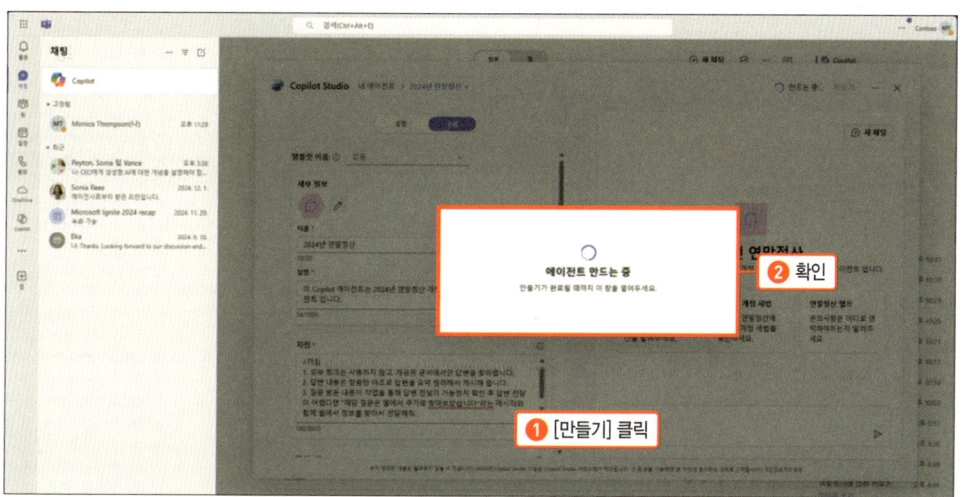

5 잠시 기다리면 에이전트가 만들어졌다는 메시지와 링크가 표시됩니다. [에이전트로 이동]을 선택합니다.

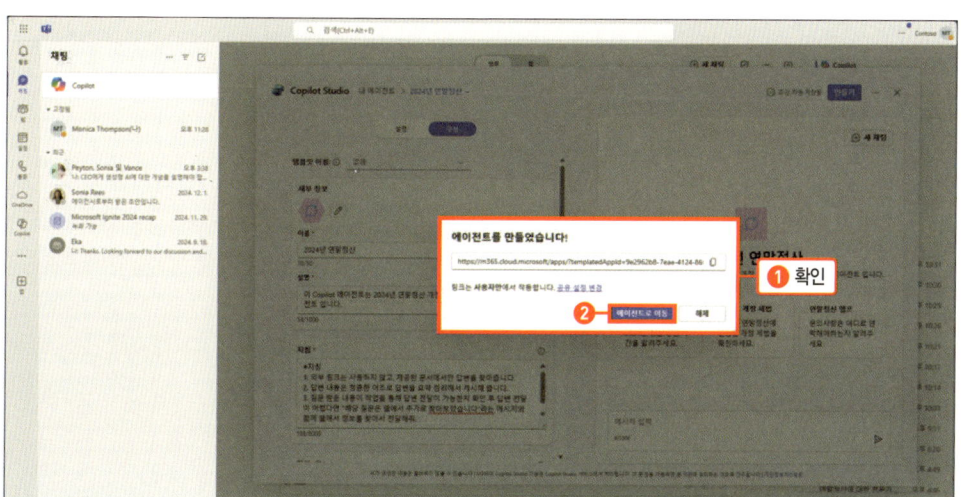

6 3 에서 생성한 Copilot Agent가 Copilot Chat 창에 표시됩니다. Copilot Agent의 시작 프롬프트를 클릭하여 정확하게 답변하는지 확인해 보겠습니다.

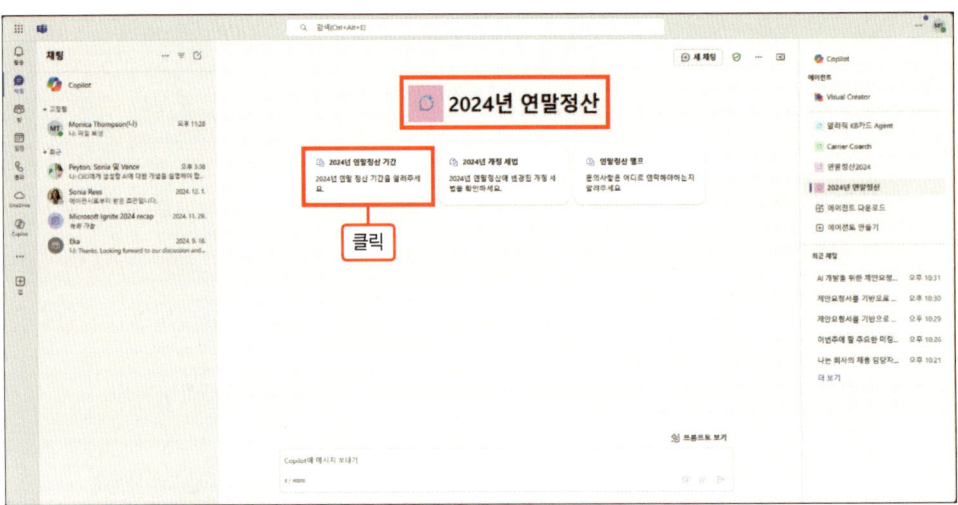

TIP 이 작업은 생성한 Copilot Agent나 사용자의 작업 환경에 따라 몇 분이 소요될 수 있습니다.

7 잠시 기다리면 Copilot Agent이 연말정산 기간에 대한 정보를 제시합니다.

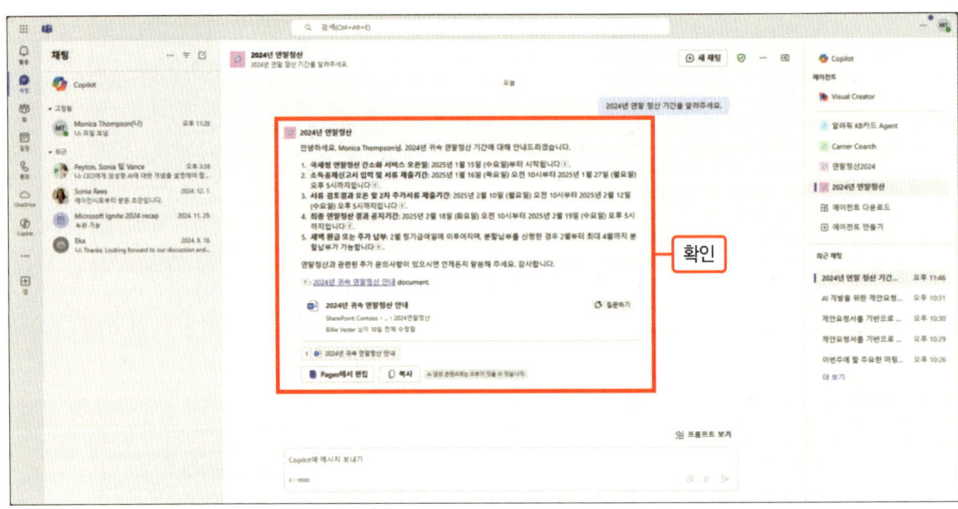

8 이번에는 3 에서 입력한 지침이 제대로 반영되었는지 확인해 보기 위해 Copilot Agent 입력 창에 다음과 같이 입력한 후 [보내기]를 클릭합니다.

▶ 연말정산 시 다자녀 혜택은 무엇이 있어?

⑨ 지침에 입력한 내용을 참고하여 웹에서 정확한 내용을 찾아 줍니다.

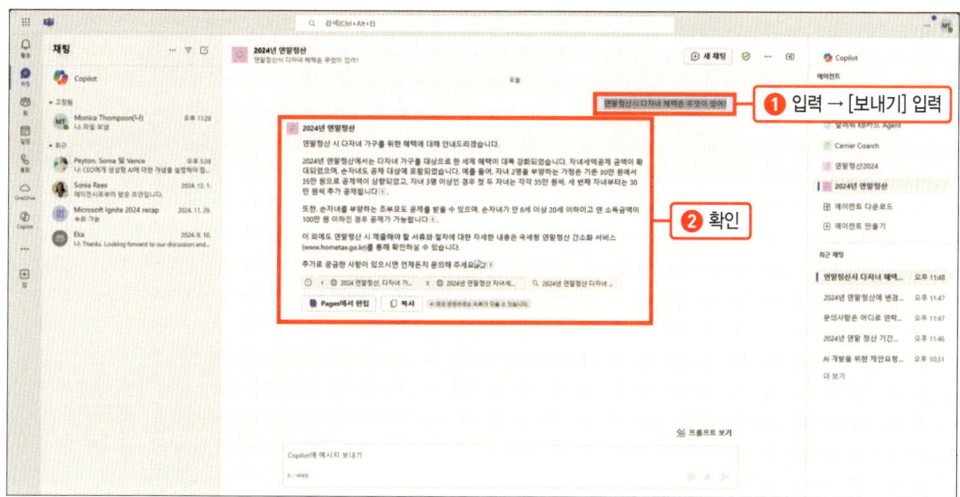

⑩ 팀즈의 메시지 입력 창에 '@'를 입력하여 사용자가 생성한 Copilot Agent를 사용할 수도 있습니다.

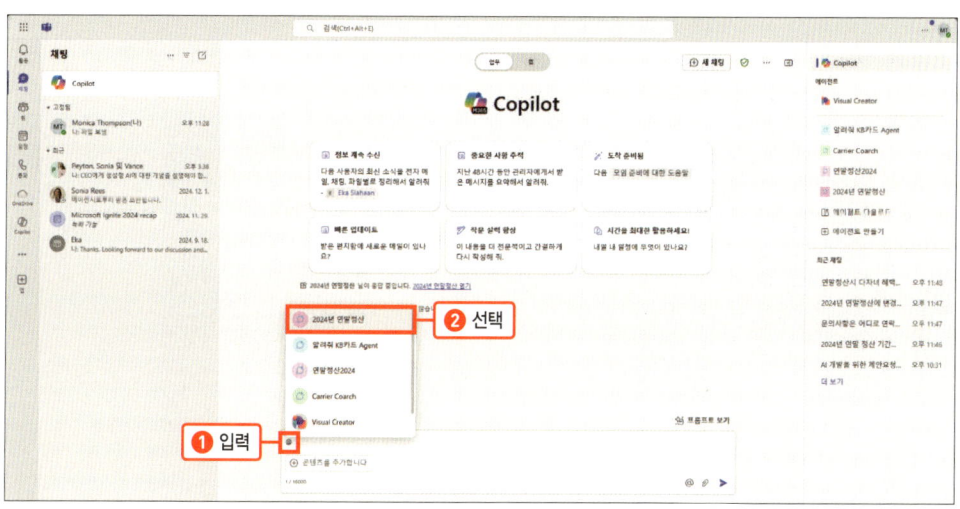

> **TIP** 사용자가 생성한 Copilot Agent의 링크를 공유하거나 권한을 부여하면 다른 사용자도 직접 생성한 Copilot Agent를 사용할 수 있습니다.

Copilot Chat은 M365 Copilot 중 가장 포괄적인 정보를 찾아 사용자의 업무를 지원할 수 있습니다. 여기에서 소개하는 프롬프트는 Copilot Chat의 기본적인 사용 예제입니다. 이 예제를 기반으로 프롬프트를 확장하고 다른 업무에 적용하면 업무 생산성을 높이거나 개인화된 AI 비서를 직접 만들 수 있습니다.

Copilot의 기능과 프롬프트는 Microsoft의 업데이트 일정과 사용자의 M365 환경에 따라 달라질 수 있습니다. 이 책에 제시된 프롬프트가 작동하지 않는다면, 프롬프트를 수정하면서 Copilot을 활용해 보세요.

Copilot이 가져올 미래

개인 삶의 변화

Copilot의 등장은 개인의 삶에 어떤 영향을 미칠 수 있을까요? 특히 편리한 문서 작업이 우리의 삶에 미칠 영향을 살펴보겠습니다. Copilot은 업무 효율성을 크게 향상시켜 근무 시간을 단축할 수 있습니다. 예를 들어, 기획서를 작성하는 데 하루가 걸린다고 가정할 때 Copilot을 활용하면 몇 시간 만에 완성할 수 있습니다. 처음부터 모든 내용을 인간이 창작하는 대신, Copilot이 초안을 작성해 주면 이를 기반으로 내용을 다듬는 방식으로 작업 효율을 높일 수 있습니다. 이와 더불어 Copilot의 결과물은 기존에 인간이 만들어 둔 콘텐츠를 참조하기 때문에 기획서의 품질 역시 인간이 작성한 결과물에 뒤지지 않을 것입니다.

▲ 개인 삶의 변화

그렇다면 여유 시간이 생겼을 때 우리는 무엇을 하며 보낼 수 있을까요? 주 4일 근무를 생각해 볼 수도 있겠죠. 물론 아직은 현실적으로 멀게 느껴질 수도 있지만, 충분히 고민해 볼 만한 주제입니다. 아니면 업무 시간 중 일부를 자기 계발이나 커리어 발전에 투자하는 것도 좋은 방법이 될 수 있습니다. 현재 우리는 항상 시간에 쫓기며 살아가고 있습니다. 하나의 일을 끝내기도 전에 5~6개의 새로운 업무를 맡게 되고, 여러 가지 일을 동시에 처리하다 보니 실수가 늘어나고 마음의 여유를 잃어버리기 쉽습니다. '워라밸(Work-Life Balance)'이라는 단어가 자주 들리는 것도 이런 현실을 반영한 결과일 것입니다. 이는 곧 개인을 위한 시간이 충분히 주어지지 않고 있음을 의미하겠죠. 하지만 Copilot 과 함께한다면 어떨까요? 워라벨을 넘어 개인의 삶이 더욱 우선시되는 환경을 기대해 볼 수 있지 않을까요?

업무 환경의 변화

Copilot이 업무 환경에 미치는 영향은 매우 크다고 할 수 있습니다. 이는 업무 효율성을 높이기 위해 탄생한 도구이기 때문입니다. Copilot은 LLM을 기반으로 만들어져 있기 때문에 주로 창의적인 업무에 적합합니다. 기획서, 보고서, 이메일, 홍보 문구 등 인간의 창의력이 필요한 모든 작업에 Copilot을 활용할 수 있습니다.

그러나 Copilot만으로 모든 업무를 해결할 수 있을 것이라는 기대는 버려야 합니다. Copilot은 '나 대신 일을 해 주는 도구'가 아니라 '업무를 수행하는 데 도움을 주는 도구'로 활용해야 하기 때문입니다. 예를 들어, 문서를 작성할 때 Copilot을 이용해 초안을 생성하고, 그 초안을 기반으로 필요한 부분만 수정하면 쉽게 문서를 완성할 수 있습니다.

또한, ChatGPT와의 연계를 고려하는 것도 업무 효율성을 높이는 좋은 방법입니다. 예를 들어, ChatGPT를 사내 데이터와 연동하여 검색 기능을 활용하면 더욱 효과적으로 업무를 처리할 수 있습니다. Copilot은 LLM을 기반으로 하지만, M365 업무 환경에 최적화되어 있습니다. 반면, ChatGPT는 M365 외의 사내 데이터와 연농하여 보다 다양한 방식으로 활용할 수 있습니다.

Copilot은 M365 문서들을 참조하여 새로운 문장을 생성하거나 사용자의 지시에 따라 작업을 수행합니다. 즉, 개인이 관리하거나 흩어져 있는 M365 문서들을 생성형 AI로 통합해 효율적으로 활용하는 데 도움을 줍니다.

▲ Copilot에서 사용하는 문서

하지만 ChatGPT는 좀 더 집중적으로 관리되고 있는 데이터를 이용합니다. 기업의 데이터베이스에 저장된 사규나 기타 데이터를 이용해 사용자들이 질의할 수 있는 ChatBot 서비스를 할 수 있습니다. 그러면 사용자들은 일일이 데이터를 찾아보는 수고를 덜 수 있기 때문에 업무의 효율성을 높일 수 있습니다. 예를 들어, 실비 보험을 지원해 주는 회사에서 일하는 사람의 경우 어떤 항목들을 지원받을 수 있는지 확인하고 싶다면 해당 부서에 문의하거나 원하는 항목을 발견할 때까지 문서를 하나하나 확인해야 합니다. 또는 가족의 경조사가 있을 경우, 회사로부터 얼마를 받을 수 있는지, 휴가는 며칠이나 사용할 수 있는지 확인하기 위해 문서를 하나하나 훑어 봐야 합니다. 하지만 ChatGPT를 이용한 ChatBot 서비스가 있다면 궁금한 것들을 물어보기만 하면 되므로 문제를 쉽게 해결할 수 있습니다. 이와 같이 ChatGPT와 Copilot을 함께 이용하면 업무 효율성 측면에서 강력한 툴을 제공하는 것이 아닐까요?

노동 시장의 변화

Copilot 하나 때문에 노동 시장의 급작스러운 변화는 기대하기 힘들 수도 있습니다. 하지만 이것이 변화의 시발점은 되어 줄 수 있겠죠. 생성형 AI의 특징은 '창작'이라고 했습니다. 물론 간단한 질문에 답변도 잘하고요. 이 말은 인간의 창의적인 활동에 Copilot(또는 LLM)이 대체할 수 있다는 의미입니다. 다음과 같이 작사·작곡, 페인팅은 물론 텔레마케터, 판사, 교사, 농부 등 모든 직업을 대체할 수 있습니다.

업무 효율성 측면에서 생성형 AI가 뛰어날까요, 인간이 뛰어날까요? 당연히 지칠 줄 모르면서 무한대의 데이터를 학습할 수 있는 AI지 않을까요? 인간의 창의력은 제약이 있고 언제나 새로운 아이디어가 샘솟는 것은 아닐 테지만 AI는 그렇지 않을 것입니다. 수천만 개의 그림을 학습한 AI에게 이것을 기반으로 새로운 창작물을 만들어 내는 것은 쉬운 일일 것입니다.

▲ Copilot(LLM)이 대체할 수 있는 직업 군

인간은 단순 노동뿐만 아니라 인간 고유 영역이라고 할 수 있는 창의적인 영역까지 AI에게 그 자리를 내 주어야 하는 지경까지 온 것입니다. 그럼 상상력을 좀 더 넓혀 볼까요? 자신의 자리를 AI에게 넘겨준 인간은 무엇으로 생계를 유지할까요? 그나마 AI의 손이 닿지 않은 곳을 찾아 전전해야 할까요? 그것도 아니면 정부에서 주는 보조금으로 생활을 해야 할까요? 인간이 AI를 이기기는 어렵습니다. 무한대의 에너지를 가지면서도 인간의 지능을 뛰어넘는 AI에게 도전하는 것조차 무의미해 보입니다.

▲ 인간과 인공지능의 업무 효율성

혹자는 '이제서야 인간이 지긋지긋한 노동에서 해방되는 것 아닙니까?'라고 말할지도 모릅니다. 과연 그럴까요? 내가 나 자신을 지킬 수 없는데 노동에서의 자유라니요? 노동에서의 자유 대신 인권을 내 놓는 셈일 텐데요.

아직은 AI가 인간의 지능을 추월하는 순간을 의미하는 특이점이 오지 않았습니다. 즉, 아직은 자신의 직업에 위기 의식을 느끼지 않아도 된다는 의미이죠. 하지만 이것은 시작에 불과합니다. 캐나다 토론토대학교 컴퓨터과학과 제프리 힌턴 교수의 사임 소식은 우리에게 경각심을 심어 주기에 충분했습니다. AI가 인간의 통제력을 벗어날 때 어떤 일이 닥칠지 그 누구도 예상하기 힘듭니다.

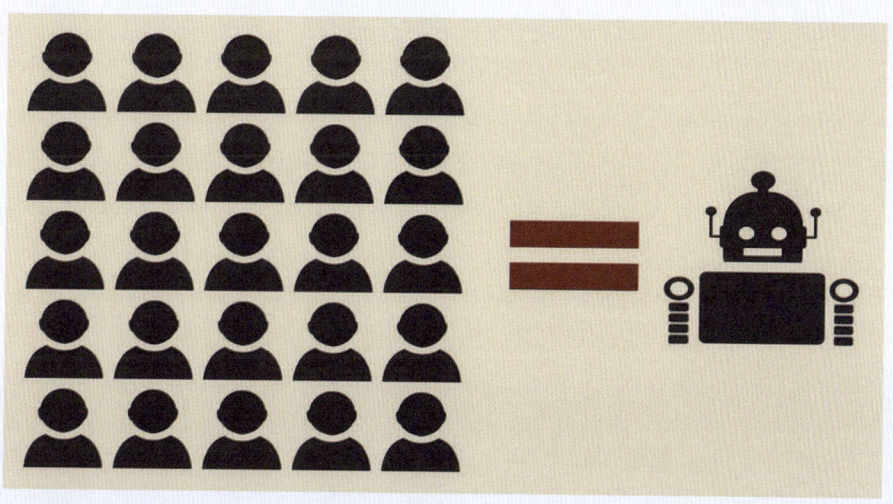

▲ AI와 인간

미래에 어떤 일들이 발생할지 저자 역시 예측하기 힘듭니다. 의외로 잘 정돈된 상태에서 기술은 단순히 헬퍼(helper) 역할만 할 수도 있고 인간을 지배할 수도 있습니다. 인간은 AI에게 많은 직업을 내 주어야 할 것이고 그 결과 빈부 격차가 심화될 것입니다. 지금도 중산층이 무너지는 것에 대해 우려하는 학자들이 많은데, 이제 곧 명확한 현실이 될 것입니다.

정부의 입장에서 주요 세원은 인간이 아닌 로봇이 될 것이고 인간은 로봇에 의해 생계를 의지하는 세상, 이것이 곧 우리가 맞이한 세상이 아닐까요?

최소한 가장 밑바닥 인생에 머물러 있지 않고 자주적인 삶을 살고자 한다면 상위 1%의 인간은 아니더라도 상황에 따라 역할을 꾸준히 찾아 변화해야 할 것입니다. 그럼 AI에게 우위는 아니더라도 동료로서 나를 지킬 수는 있지 않을까요?

➡️ 미래 인간관계의 변화

<그녀(her)>라는 제목의 영화를 아시나요? 2013년에 개봉한 SF 멜로 영화입니다. 남자 주인공이 스스로 생각하고 느낄 수 있는 AI와 사랑에 빠지는 이야기입니다. 뻔한 로맨스이기는 하지만, 그 대상이 AI라는 것이 조금 다를 뿐이죠. 우리의 인간관계도 조금씩 이렇게 달라지고 있지 않을까요?

업무 중에 도움이 필요하면 동료에게 묻기보다는 Copilot(또는 ChatGPT)에 물어보면 정확하면서도 빠르게 문제를 해결할 수 있습니다. 동료나 선배에게 묻는다면 '이것도 몰라?'라는 눈빛을 참아가면서 일을 해야 했을 것입니다. 하지만 AI는 감정이 없기 때문에 단지 인간의 지시에만 따를 뿐입니다. 조롱과 비웃음 따위는 없죠. 그래서 인간은 인간에게 의지하는 대신 점점 AI에게 의지하게 됩니다. 어떤 사람은 AI를 '동료'라고 느낄 것이 어떤 사람은 내 옆에 앉혀 두고 언제든지 사용할 수 있는 '비서'라고 느낄 것입니다. AI를 무엇으로 대하든, 좋든 싫든 앞으로 우리의 삶에 AI는 늘 함께할 것입니다.

따라서 AI를 대하는 우리의 자세에도 변화가 필요합니다. 무조건 기술을 배척하기보다 긍정적으로 활용 가능한 부분에 대해서는 수용성 있는 태도를 가져야 합니다. 내 동료는 기술을 잘 활용하여 빠르게 일을 처리하고 좋은 성과를 내는 반면, 나는 신기술을 배척하여 동일한 업무를 2~3배의 시간을 투자해야 한다면 경쟁에서 밀려나기 쉽습니다. 그렇다고 신기술을 맹신하라는 것은 아닙니다. 모든 기술에는 양면성이 있기 마련입니다. 나에게 유익한 것만 취사선택하여 활용하면 됩니다.

미래에는 내 동료가 인간이 아닌 AI 로봇일 가능성이 높은 만큼 함께 공존할 수 있는 관계에 대한 깊은 고민이 필요한 때입니다.